Oggi in Italia

Instructor's Resource Manual

Oggi in Italia
A First Course in Italian

Seventh Edition

Instructor's Resource Manual

Franca Celli Merlonghi

Ferdinando Merlonghi

Joseph A. Tursi
State University of New York at Stony Brook, Emeritus

Brian Rea O'Connor
Boston College

Test Bank by
Rita M. Ferreri Leonardi
with the collaboration of
Joseph A. Tursi

Houghton Mifflin Company   Boston   New York

Director, World Languages: Beth Kramer
Sponsoring Editor: Randy Welch
Senior Development Editor: Sandra Guadano
Assistant Editor: Judith Bach
Project Editor: Harriet C. Dishman / Elm Street Publications
Senior Manufacturing Coordinator: Priscilla J. Bailey
Associate Marketing Manager: Claudia Martínez

Copyright © 2002 by Houghton Mifflin Company. All rights reserved.

Houghton Mifflin Company hereby grants you permission to reproduce the Houghton Mifflin material contained in this work in classroom quantities, solely for use with the accompanying Houghton Mifflin textbook. All reproductions must include the Houghton Mifflin copyright notice, and no fee may be collected except to cover the cost of duplication. If you wish to make any other use of this material, including reproducing or transmitting the material or portions thereof in any form or by any electronic or mechanical means including any information storage or retrieval system, you must obtain prior written permission from Houghton Mifflin Company, unless such use is expressly permitted by federal copyright law. If you wish to reproduce material acknowledging a rights holder other than Houghton Mifflin Company, you must obtain permission from the rights holder. Address inquiries to College Permissions, Houghton Mifflin Company, 222 Berkeley Street, Boston, MA 02116-3764.

Printed in the U.S.A.

ISBN: 0-618-11223-5

2 3 4 5 6 7 8 9 —PAT— 06 05 04 03

Contents

Introduction ix

AUDIOSCRIPT

Lezione preliminare 3
Lezione 1 6
Lezione 2 9
Lezione 3 12
Lezione 4 17
Lezione 5 22
Lezione 6 26
Lezione 7 30
Lezione 8 34
Lezione 9 38
Lezione 10 42
Lezione 11 47
Lezione 12 52
Lezione 13 55
Lezione 14 59
Lezione 15 63
Lezione 16 67
Lezione 17 71
Lezione 18 75

VIDEOSCRIPT

Module 1 81
Module 2 82
Module 3 83

Module 4	85	
Module 5	87	
Module 6	88	
Module 7	89	
Module 8	91	
Module 9	92	
Module 10	93	
Module 11	94	
Module 12	96	

ANSWER KEYS

Workbook Answer Key	101
Lab Manual Answer Key	115
Video Manual Answer Key	121

TEST BANK

		Esame	Scripts
Lezione 1	Esame A	127	355
	Esame B	132	355
Lezione 2	Esame A	138	356
	Esame B	144	357
Lezione 3	Esame A	150	357
	Esame B	156	358
Lezione 4	Esame A	162	359
	Esame B	168	360
Lezione 5	Esame A	174	361
	Esame B	180	362
Lezione 6	Esame A	186	363
	Esame B	191	364
Lezione 7	Esame A	196	365
	Esame B	203	366
Lezione 8	Esame A	209	367
	Esame B	216	368

		ESAME	SCRIPTS
Lezione 9	Esame A	223	369
	Esame B	229	370
Lezione 10	Esame A	236	371
	Esame B	242	372
Lezione 11	Esame A	249	373
	Esame B	256	374
Lezione 12	Esame A	263	375
	Esame B	270	376
Lezione 13	Esame A	278	377
	Esame B	284	378
Lezione 14	Esame A	291	379
	Esame B	297	380
Lezione 15	Esame A	304	381
	Esame B	310	382
Lezione 16	Esame A	317	383
	Esame B	324	384
Lezione 17	Esame A	330	385
	Esame B	336	386
Lezione 18	Esame A	342	387
	Esame B	349	388
Test Bank Answer Key	390		

Introduction

Audioscript

The Audioscript is a written transcript of the recorded program that accompanies *Oggi in Italia, Seventh Edition*. Approximate durations are supplied for each recorded lesson so that instructors can adapt the audio material to their needs.

The recorded program provides approximately ten hours of material and is available upon adoption of the text. It is also available for student purchase.

Each recorded lesson contains the following elements:

1. Core material from the text lesson, recorded without pauses, plus a brief comprehension check on the core material.

2. **Pronuncia:** pronunciation drills, through *Lezione 12*, recorded with pauses for student repetition, plus brief dialogues that use the featured sounds in context.

3. **Comprensione:** varied listening-comprehension activities that integrate lesson structures and vocabulary in the form of advertisements, public announcements, formal and informal exchanges, telephone conversations, situational vignettes, TV news broadcasts, interviews, and so on.

Note: Throughout, the (#) symbol indicates a pause in the recording for student oral repetition or for a written response.

The recordings of conversations, ads, interviews, and other material designed for the listening-comprehension activities are likely to challenge students, especially at the beginning of the course. Encourage students to listen more than once to an exercise and to read the questions or items pertaining to a passage before listening so that they'll know what to listen for. Explain that they don't need to understand every word of a conversation, ad, or description to get the gist. With practice, students will find that they understand more and more.

Videoscript

The Videoscript is a written transcript of the *Parliamo italiano!* video program that accompanies *Oggi in Italia*, Seventh Edition.

The video program provides sixty minutes of material and is available upon adoption of the text. It is also available for student purchase.

Answer Keys to Workbook, Lab Manual, and Video Manual

The Answer Keys, located at the end of the Videoscript, contain answers to exercises in the Workbook, the Lab Manual, and the Video Manual. For open-ended, directed activities, sample answers are provided. For exercises that invite personal responses or creative composition, "Answers will vary" is indicated. Instructors who wish to may duplicate the answer keys and distribute them to students for self-correction.

Test Bank

The *Oggi in Italia* Test Bank provides two ready-to-copy tests (**Esame A** and **Esame B**) for each lesson. The two tests represent different levels of difficulty, **Esame B** being the more challenging. The tests cover listening, vocabulary, reading, grammar, writing, and culture. Vocabulary, grammar, and reading comprehension are tested through a variety of activities that include fill-ins, multiple choice, sequencing, matching, true/false, cloze paragraphs, and question-answer items. Some activities combine more than one topic from a chapter. The **Cultura (Opzionale)** sections draw on cultural and factual information contained in the text lessons. Tests may be used as exams or as reinforcement aids; tests are estimated to take an entire class period. Individual portions can be used as quizzes. The total point value for each test, excluding the **Cultura** sections, is one hundred points. Points earned on the **Cultura** sections may be added to the total test score. Suggested point values are given for each section to aid instructors in correction.

Instructors are directed to have students listen to each **Comprensione** activity from the Instructor's Test Cassette twice, but some instructors may feel that once is sufficient. The emphasis placed upon listening skills throughout the semester, as well as the level and ability of the students, will determine which procedure is appropriate for each group of students. In some instances, students are asked to skim written information before listening to the recorded material. Instructors may stop the recording at any point if they feel students need more time.

The **Scrittura** sections offer brief composition topics pertinent to the lessons. When possible, topics elicit use of grammatical points covered in the text lessons.

Test Bank Scripts

Listening Skills and Writing: Each test begins with a listening-comprehension activity that checks the student's comprehension of a dialogue, monologue, news broadcast, advertisement, or similar dramatization. Scripts for the listening portions of the tests are provided following the *Lezione 18* tests. The recorded scripts are on the Instructor's Testing Cassettes, which accompany the *Oggi in Italia* Test Bank and are available upon adoption of the program.

Test Bank Answer Key

The answer key provides exact answers to most exercises in the tests. Where variation or alternate answers are possible, suggested answers are given. For exercises that invite personal responses or creative composition, "Answers will vary" is indicated.

ANCILLARY COMPONENTS

- Instructor's Annotated Edition
- Instructor's Resource Manual
- Instructor's Test Cassettes
- Workbook/Lab Manual/Video Manual
- Audio Program (cassettes and CDs)
- *Parliamo italiano!* Video
- *Oggi in Italia* Multimedia CD-ROM 3.0
- Overhead Transparencies
- Situation Cards Kit
- Computerized Test Bank
- Web site

Audioscript

Lezione preliminare

Il saluto

Attività 1. Comprensione dei dialoghi. In these dialogues, two teachers introduce themselves to their students. As you listen, identify with a check mark who is a teacher and who is a student. **Ascolti.**

(Professor Landini)	Buon giorno.
	Sono Giovanni Landini.
	Sono il professore d'italiano.
	Lei come si chiama?
(Maurizio)	Buon giorno, professore.
	Mi chiamo Maurizio Ferroni.
(Professoressa Venturi)	Buon giorno.
	Sono la professoressa d'italiano.
	Mi chiamo Luciana Venturi.
	E lei come si chiama?
(Simona)	Buon giorno, professoressa.
	Mi chiamo Simona Barbieri.

Attività 2. Buona sera! Come sta? In these dialogues, you will hear people greet each other. As you listen, indicate with a check mark how each person is feeling. **Ascolti.**

(Signor Carboni)	Buona sera, dottor Salvini. Come sta?
(Dottor Salvini)	Bene, grazie, e lei?
(Signor Carboni)	Molto bene, grazie... Arrivederla, dottore.
(Signorina Polidori)	Buona sera, signora Masetti. Come sta?
(Signora Masetti)	Abbastanza bene, e lei?
(Signorina Polidori)	Bene, grazie... A più tardi, signora.

Attività 3. Che peccato! Giulia Campo is walking through piazza San Marco on her way to class when she meets her friend Giacomo Mannini. While Giulia and Giacomo chat, Professor Renzi appears. As you listen to their conversation, match the characters with the descriptions in your lab manual. **Ascolti.**

(Giulia)   Ciao, Giacomo, come stai?
(Giacomo)   Non c'è male, grazie, e tu?
(Giulia)   Bene, grazie... Ah, ecco il professor Renzi. Buon giorno, professor Renzi.
(Professor Renzi)   Buon giorno, signorina Campo. Buon giorno, signor Mannini.
(Giacomo e Giulia) Buon giorno, professore.

The professor continues on his way.

(Giacomo)   Hai lezione d'italiano con il professor Renzi?
(Giulia)   Sì, fra cinque minuti.
(Giacomo)   Ti piace l'italiano?
(Giulia)   Sì, mi piace molto. Scusa, Giacomo, ma sono in ritardo.
(Giacomo)   Che peccato! Arrivederci, Giulia, buona giornata!
(Giulia)   Grazie! Ciao, Giacomo. A presto.

Pronuncia

Attività 4. Pronuncia: L'alfabeto italiano. Listen and repeat each letter of the Italian alphabet. **Ascolti e ripeta.**

a (#)	h (#)	q (#)
b (#)	i (#)	r (#)
c (#)	l (#)	s (#)
d (#)	m (#)	t (#)
e (#)	n (#)	u (#)
f (#)	o (#)	v (#)
g (#)	p (#)	z (#)

Attività 5. L'alfabeto italiano. You are going to hear six words being spelled. As you listen, write each one. **Ascolti e scriva.**

1. a-r-r-i-v-e-d-e-r-c-i (#)
2. d-o-m-a-n-i (#)
3. G-i-u-l-i-a-n-o (#)
4. l-i-q-u-i-d-o (#)
5. B-e-t-t-i-n-a (#)
6. c-h-i-e-s-a (#)

Attività 6. I suoni delle vocali. Repeat each of the following words, paying attention to the vowel sounds. **Adesso cominciamo.**

americana (#)	lezione (#)	Torino (#)
Anna (#)	minuti (#)	Roberto (#)
matematica (#)	italiano (#)	Ugo (#)
bene (#)	signore (#)	studente (#)
come (#)	sono (#)	università (#)

Attività 7. Ciao, Giulia. Listen to the dialogue between Ugo and Giulia, and repeat each line after it is spoken. Again, pay attention to the vowel sounds. **Ascolti e ripeta.**

(Ugo)   Ciao, Giulia. (#) Come stai? (#)
(Giulia) Benissimo, grazie. E tu? (#)
(Ugo)   Abbastanza bene, grazie. Sei in ritardo? (#)
(Giulia) Sì. Ciao, Ugo. (#)

Comprensione

Attività 8. I numeri da 0 a 20. You will hear fifteen random numbers between 0 and 20. As you listen, write down the corresponding numerals. **Pronti? Cominciamo.**

1. 8 (#)	6. 5 (#)	11. 9 (#)
2. 17 (#)	7. 4 (#)	12. 2 (#)
3. 0 (#)	8. 15 (#)	13. 20 (#)
4. 19 (#)	9. 16 (#)	14. 13 (#)
5. 3 (#)	10. 11 (#)	15. 10 (#)

Attività 9. Parole analoghe. You will hear six words. Repeat each one after the speaker, and then add the missing letters. Don't forget to include accent marks. **Adesso cominciamo.**

(1) famoso (#)   (3) difficoltà (#)   (5) università (#)
(2) studiare (#)   (4) lezione (#)   (6) nazionale (#)

Attività 10. Un po' di geografia. Look at the map as you listen to some statements about Italian geography. Then check whether each statement is true (**vero**) or false (**falso**). **Pronti? Cominciamo.**

1. Milano è un porto.
2. Roma è nel Lazio.
3. La Sicilia e la Sardegna sono isole.
4. La Sicilia è al nord dell'Italia.
5. Il Veneto è una regione.
6. La Svizzera è al sud dell'Italia.
7. Il mare Adriatico è all'est dell'Italia.
8. Le Alpi sono una catena di montagne.

Attività 11. Indirizzi. Arturo tells a friend the addresses of Carla and Giovanni, who have gone home for the summer. As you listen, complete the two addresses. **Ascolti e scriva.**

Carla abita a Firenze, in via Chiara (C-h-i-a-r-a), numero 17. (#) Giovanni abita a Padova, in via Nazionale (N-a-z-i-o-n-a-l-e), numero 19. (#)

Lezione 1
Lei come si chiama?

Attività 1. Comprensione dei monologhi. Listen to two Italian students who introduce themselves. As you listen, write *M* next to the statements about Marco, and *L* next to the ones about Lucia. Some information may not apply to either one. **Ascolti.**

Ciao, mi chiamo Marco Casciani e sono italiano.
Sono di Verona.
Ho venti anni e sono uno studente universitario.
Frequento l'università di Bologna e studio medicina.
Ho un fratello e una sorella.
Mi piace lo sport, ma mi piace anche viaggiare.

Salve, mi chiamo Lucia Savini e anch'io sono italiana.
Ho sedici anni.
Sono una studentessa liceale.
Frequento il liceo scientifico a Napoli.
Non ho un fratello, ma ho una sorella.
Mi piace molto la musica e mi piace anche ballare.

Pronuncia

Attività 2. Pronuncia: Sillabazione e accento tonico. Listen and repeat the following words. Be sure to stress the correct syllable. **Ascolti e ripeta.**

pe · **ni** · so · la (#)	cit · **tà** (#)	an · **ti** · ci · po (#)
Mar · co (#)	mi · **nu** · ti (#)	To · **sca** · na (#)
co · **sì** (#)	stu · **den** · te (#)	fre · **quen** · ta (#)
mi · **ni** · stro (#)	si · gno · **ri** · na (#)	pro · fes · **so** · re (#)

Attività 3. Sei studente? Listen to this dialogue between Gianfranco and Fabio, and repeat each line after it is spoken. Pay attention to pronunciation and to stress. **Ascolti e ripeta.**

(Gianfranco)   Sei studente? (#)
(Fabio)   Sì, frequento l'università. (#)
(Gianfranco)   Studi medicina? (#)
(Fabio)   No, studio farmacia. (#)

Comprensione

Attività 4. I numeri da 21 a 100. You are going to hear some random numbers between 21 and 100. As you listen, write each one. **Ascolti e scriva.**

38 (#), 77 (#), 25 (#), 90 (#), 66 (#), 23 (#), 54 (#), 82 (#), 42 (#), 100 (#), 71 (#), 88 (#)

Attività 5. I numeri di telefono. Caterina is talking on the phone to her friend Corrado. He is planning a party, and she is telling him the phone numbers of some of their classmates. As you listen, write the numbers next to the names. **Ascolti e scriva.**

(Corrado)	Qual è il numero di telefono di Antonella, per favore?
(Caterina)	È 06.95.64.39.2.
(Corrado)	06.95.64.39.2.
(Caterina)	Sì, corretto.
(Corrado)	E il numero di Francesca?
(Caterina)	È 06.25.31.66.8.
(Corrado)	06.25.31.67.8.
(Caterina)	No. È 06.25.31.66.8.
(Corrado)	Bene. E quello di Laura?
(Caterina)	06.44.96.88.5.
(Corrado)	Come? Ripeti, per favore.
(Caterina)	06.44.96.88.5.
(Corrado)	Grazie, Caterina. A domani.

Attività 6. Hai tutto? Pietro is packing to go back to college. His mother asks if he has remembered to pack various items. As you listen to their conversation, check below each object Pietro has packed. **Ascolti.**

(Madre)	Hai una calcolatrice?
(Pietro)	Sì, ed ho anche un lettore ed una radio, ma non ho un computer.
(Madre)	E penne e matite?
(Pietro)	Sì. Ed anche libri e riviste. Poi ho uno stereo ed un orologio, ma non ho uno zaino.
(Madre)	Hai un quaderno e un calendario?
(Pietro)	Ho un quaderno, ma non ho un calendario.

Attività 7. Ad un festa. Michele and Silvia have just met at a party. Listen to the questions that Michele asks and number Silvia's responses in the appropriate order. Before you begin the activity, read the possible responses.

(Michele)	Ciao, mi chiamo Michele, e tu, come ti chiami? (#)
(Silvia)	. . .
(Michele)	Ti piace questa festa? (#)
(Silvia)	. . .
(Michele)	E che mi dici della musica? È bella, non è vero? (#)
(Silvia)	. . .

(Michele) Dimmi, Silvia. Frequenti il liceo o l'università? (#)
(Silvia) ...
(Michele) E pensi di andare all'università? (#)
(Silvia) ...
(Michele) A quale facoltà pensi di iscriverti? (#)
(Silvia) ...
(Michele) Che interessante! Anch'io studio archeologia, ma all'università di Pisa.

Attività 8. Una nuova amica. Listen as Sandra asks her brother Maurizio about his new friend. Then complete Maurizio's responses in your lab manual.

(Sandra) Allora, Maurizio, di dov'è la tua nuova amica Paola? (#)
(Maurizio)
(Sandra) E quanti anni ha? (#)
(Maurizio)
(Sandra) Frequenta l'università o lavora? (#)
(Maurizio)
(Sandra) Ha fratelli e sorelle? (#)
(Maurizio)
(Sandra) A lei piace ballare? (#)
(Maurizio)

Attività 9. Dettato. You are going to hear a short passage, which will be read three times.
(a) First, just listen. **Ascolti.** (Paragraph is read without pauses.)

Carla è una studentessa italiana. / È di Cuneo / ed ha diciannove anni. / Frequenta l'università di Torino / e studia storia. / Studia anche l'inglese / e fra due minuti / ha lezione con il professor Menotti. / Carla è sempre puntuale. /

(b) Now listen again, and fill in the missing words in your lab manual. **Ascolti e scriva.** (Paragraph is repeated with pauses.) (c) Listen again, and check what you wrote. **Ascolti ancora.** (Paragraph is repeated with slight pauses after each sentence.)

Attività 10. Uno studente. A new Italian exchange student just arrived at your school. When you tell him that you're studying Italian, he responds by telling you about himself. Listen to what he says and answer the questions in your lab manual. **Ascolti e scriva.**

Mi chiamo Paolo Cristini, C-r-i-s-t-i-n-i. (#)
Sono di Genova ed ho diciotto anni. (#)
Frequento l'università di Genova e studio legge. (#)
Il mio numero di telefono qui in città è 87.34.97.2. (#)

Lezione 2
E lei chi è?

Attività 1. Comprensione dei monologhi. You will hear two professionals introduce themselves. As you listen, write *R* next to statements about Raffaele, and *L* next to those about Lisa. Some information may not apply to either one. **Ascolti.**

Buon giorno, sono Raffaele Ferroni. Ho quarantasette anni. Sono sposato e ho un figlio. Sono professore di informatica e insegno all'università di Roma. Abito con mia moglie e mio figlio in una piccola villa fuori città. Abbiamo anche due cani e un gatto. Mi piacciono molto gli animali.

Buona sera, io mi chiamo Lisa Ferroni Melani. Sono la sorella di Raffaele. Ho trentadue anni. Anch'io sono sposata, ma non ho figli. Sono architetto e lavoro con mio marito. Abito in un appartamento al centro di Roma. Mi piace abitare in città. Ma non mi piacciono i rumori e il traffico.

Pronuncia

Attività 2. Pronuncia: Il suono della lettera *t*. Repeat the following words, paying attention to the sound of the letter *t*. Remember that in Italian the sound of the letter *t* is unaspirated. In other words, there is no little puff of air accompanying it. **Ascolti e ripeta.**

telefono (#)	italiano (#)	sette (#)
Toscana (#)	venti (#)	trentotto (#)
Teresa (#)	abitare (#)	gatto (#)

Attività 3. Che frequenta Teresa? Listen to this dialogue between Anna and Claudia, and repeat each line after it is spoken. Pay attention to the pronunciation of the letter *t*. **Ascolti e ripeta.**

(Anna)   Quanti anni ha Teresa? (#)
(Claudia) Ha diciassette anni. (#)
(Anna)   Frequenta il liceo scientifico? (#)
(Claudia) No, frequenta l'istituto tecnico. (#)

Attività 4. Pronuncia: Il suono della lettera *d*. Repeat the following words, paying special attention to the sound of the letter *d*. Remember that the letter *d* is pronounced more delicately in Italian than in English. **Ascolti e ripeta.**

di (#)	madre (#)	freddo (#)
dieci (#)	studiare (#)	addizione (#)
domani (#)	medicina (#)	ciddì (#)

Attività 5. Di dov'è? Listen and repeat the dialogue between Vittoria and Alessio. Pay particular attention to the pronunciation of the letter *d*. **Ascolti e ripeta.**

(Vittoria) Di dov'è Davide Ledda? (#)
(Alessio)   È di Domodossola. (#)
(Vittoria) È dottore? (#)
(Alessio)   No, è studente di medicina. (#)

Comprensione

Attività 6. Quali materie studi? Stefano wants to know what courses Bianca is taking this year. Before listening to their dialogue, read the list of courses. Then, while you listen, check those that Bianca is taking. **Adesso cominciamo.**

(Stefano)   Quali materie studi quest'anno all'università?
(Bianca)   Vediamo un po'... La filosofia, la chimica...
(Stefano)   La chimica? Ma non è difficile?
(Bianca)   Non molto. Ho un professore molto bravo.
(Stefano)   Chi ti insegna la chimica, il professor Mori?
(Bianca)   No. Il professor Selmi.
(Stefano)   Studi anche l'informatica?
(Bianca)   No. Non quest'anno. Oltre la filosofia e la chimica, seguo anche un corso di antropologia e uno di letteratura.
(Stefano)   Non studi una lingua straniera?
(Bianca)   Sì, certo. Studio lo spagnolo.
(Stefano)   Cinque materie?
(Bianca)   Sì, proprio cinque. Ho lezione tutti i giorni.

Attività 7. Che giornata! Diana has a busy day ahead of her. While she describes all the things she has to do, write down next to each one what time she plans to do it. **Ascolti e scriva.**

Mamma mia, quante cose devo fare oggi! Alle undici ho lezione di musica. Ma prima di andare a lezione, devo incontrare il professore di storia. Ho un appuntamento con lui alle dieci. Adesso sono le otto e mezzo. Prendo un caffè e esco subito di casa. Prendo l'autobus alle nove così arrivo con un po' di anticipo all'ufficio del professore. Nel pomeriggio ho un appuntamento con il dottore. Vediamo un po'... l'appuntamento è alle cinque meno un quarto. Ah,... all'una mangio con gli amici all'università. Poi studio un'ora in biblioteca. Alle tre ho lezione di giapponese. Dopo l'appuntamento con il dottore, torno a casa. Penso di essere a casa alle sei. Che giornata! Domani dormo fino a mezzogiorno.

Attività 8. Uno o più di uno? You are going to hear some statements about people and things. As you listen, check whether each statement refers to one or more than one person or thing. Read over the list before listening to the sentences. **Pronti? Cominciamo.**

Michele e Silvia sono studenti all'università di Palermo.
Non hai un quaderno? Non hai neanche una penna? Allora ecco tre fogli di carta e una matita.
Milano e Torino sono città industriali del nord Italia.
I dischi di Alberto non sono sul tavolo. Sono sulla sedia vicino allo stereo.
Eleonora e Alessia sono due signorine di Napoli. Sono care amiche di Stefano.

Attività 9. Uno o più di uno? Rosella is planning a party. Right now she is telling her mother who is coming and who isn't. As you listen, indicate whether each sentence refers to one or more than one person. **Ascolti.**

1. Il fratello di Marina non viene alla festa.
2. Gli amici del signor Nardi arrivano alle otto.
3. La moglie di Ettore viene da sola.
4. L'avvocato Berti arriva tardi.
5. Le sorelle di Giovanni vengono con la metropolitana.
6. I signori Rodano arrivano con un certo anticipo.
7. Le signorine Di Stefano non vengono.
8. La professoressa Ciardi viene in bicicletta.

Attività 10. Dettato. You will hear a short passage, which will be read three times. (a) First, just listen. **Ascolti.** (Paragraph is read without pauses.)

Mi chiamo Laura Pastore / e sono la sorella di Umberto. / Ho una laurea in lingue straniere / ed insegno al liceo scientifico / Enrico Fermi di Catania. / Mio fratello invece / è professore di storia / ed insegna all'università di Palermo.

(b) Now listen again and add the missing words in your lab manual. **Ascolti e scriva.** (Paragraph is repeated with pauses.) (c) Listen again, and check what you wrote. **Ascolti ancora.** (Paragraph is repeated with slight pauses after each sentence.)

Attività 11. Di chi è? Paolo's friends came to his apartment for pizza and left a lot of things behind. Paolo and a friend are trying to figure out to whom each item belongs. As you listen, connect each item with its owner. **Pronti? Cominciamo.**

(L'amico)   Ecco un quaderno e un libro d'italiano.
(Paolo)   Oh, sì, sono di Marta.
(L'amico)   E lo zaino e la videocassetta di chi sono?
(Paolo)   Lo zaino è di Marco e la videocassetta è di Carlo.
(L'amico)   La penna e la matita sono di Giovanni, non è vero?
(Paolo)   No. La penna è di Marisa e la matita è di Alberto.
(L'amico)   E questo giornale e quella rivista di chi sono?
(Paolo)   Il giornale è di Luisa e la rivista è di Marcello.

Lezione 3
Che cosa fai di bello?

Attività 1. Comprensione del dialogo. Listen carefully to the dialogue between Fabio and Paola. You will hear some statements about it in the next activity. If necessary, listen to the dialogue again. **Pronti? Cominciamo.**

Fabio Salvati ha fame ed entra nel bar Savoia per mangiare qualcosa. Ordina un panino e un'aranciata. Mentre aspetta, telefona a Paola Bellini con il telefonino.

(Paola) Pronto, chi parla?
(Fabio) Ciao, Paola, sono Fabio. Come stai?
(Paola) Bene, grazie. E tu?
(Fabio) Bene. Senti, Paola, che cosa fai di bello oggi?
(Paola) Niente di speciale. Perché?
(Fabio) Hai voglia di uscire questo pomeriggio? Andiamo a prendere un gelato alla gelateria Ranieri vicino al parco.
(Paola) Buona idea. A che ora passi a prendermi?
(Fabio) Verso le sei, va bene?
(Paola) Sì, così io studio un paio d'ore. Domani ho l'esame di chimica.
(Fabio) D'accordo. Allora, a più tardi!
(Paola) A presto.

Attività 2. Chi dei due? You will hear five statements based on the dialogue. Write the number of the statement beside the name of the person to whom it refers, either Fabio or Paola. **Cominciamo.**

1. Telefona con il telefonino.
2. Oggi non fa niente di speciale.
3. Domani ha l'esame di chimica.
4. Ordina un panino al bar perché ha fame.
5. Studia fino alle sei.

Pronuncia

Attività 3. Pronuncia: Il suono della lettera *l*. Repeat the following words, paying particular attention to the sound of the letter *l*. Remember that in Italian the sound of the letter *l* is pronounced nearer to the front of the mouth than it is in English. **Ascolti e ripeta.**

legge (#)	gelato (#)	bello (#)
liceo (#)	solo (#)	allora (#)
lezione (#)	telefonare (#)	sorella (#)

Attività 4. La sorella di Danilo. Listen to the dialogue between Beatrice and Marco, and repeat each line after it is spoken. Pay special attention to the pronunciation of the letter *l*. **Ascolti e ripeta.**

(Beatrice) Ecco la sorella di Danilo. (#)
(Marco)   La sorella di chi? (#)
(Beatrice) Di Danilo. (#)
(Marco)   Che bella! Lavora con te? (#)
(Beatrice) No. Lavora all'università. (#)

Attività 5. Pronuncia: Il suono della lettera *p*. Listen and repeat the following words, paying particular attention to the pronunciation of the letter *p*. Remember that in Italian the letter *p* is unaspirated. (In other words, it is not accompanied by a little puff of air, as it is in English.) **Ascolti e ripeta.**

padre (#)	Alpi (#)	giapponese (#)
parola (#)	Napoli (#)	appartamento (#)
piccolo (#)	anticipo (#)	cappuccino (#)

Attività 6. L'appartamento. Listen to the dialogue between Pino and Angelica, and repeat each line after it is spoken. Pay special attention to the pronunciation of the letter *p*. **Ascolti e ripeta.**

(Angelica) Pino, ti piace quest'appartamento? (#)
(Pino)   Sì, mi piace, ma è troppo piccolo. (#)
(Angelica) Però è a due passi dalla pasticceria dove lavoro. (#)
(Pino)   È vero, ma per due persone è proprio piccolo. (#)

Comprensione

Attività 7. Dov'è, per favore? Listen to the dialogue between Alessandra and the concierge at her hotel. As you follow the concierge's directions, provide the identification number for each building listed after the map. **Pronti? Cominciamo.**

(Alessandra) Scusi, dov'è la banca, per favore?
(Portiere)   La banca è in via Barberini, tra il negozio e il cinema.
(Alessandra) E il ristorante?
(Portiere)   È in via Nazionale, tra l'albergo e il bar.
(Alessandra) Ho anche bisogno di andare in biblioteca. Dov'è?
(Portiere)   In corso Italia, vicino all'ospedale.
(Alessandra) E il museo?
(Portiere)   È in corso Trieste. Dietro alla stazione.
(Alessandra) Ah, un'altra cosa, e poi basta. C'è un ufficio postale qui vicino?
(Portiere)   Sì, è all'angolo di via Nazionale e via Barberini.
(Alessandra) Grazie e arrivederla.
(Portiere)   Prego, signorina. Buona giornata!

Attività 8. Descrizioni. You will hear some very short dramatizations of idiomatic expressions using **avere.** As you listen, match each numbered dramatization with the corresponding drawing. Don't worry if you don't understand every word. Just listen carefully for the expressions using **avere. Ascolti.**

1. È tardi. È quasi mezzanotte e fra poco vado a dormire perché ho sonno.
2. Perché non mangi qualcosa se hai fame? Sulla stufa c'è un bel piatto di lasagne. Sono ancora calde, e sono molto buone.
3. Apri la finestra! Non hai caldo? Fuori c'è il sole ed è una bellissima giornata.
4. Fabrizio è un bambino di tre anni, ma non ha paura di quel cane così grande.
5. Vuoi sapere quanti anni ha Tommaso? Diciotto. Oggi è il suo compleanno. Lo celebriamo con una bella torta.
6. Non scrivo perché la mia penna non funziona. Ho un foglio di carta ma ho bisogno di una penna. Chi ha una penna?
7. Andiamo al bar a prendere qualcosa da bere. Non hai sete? Io ho molta sete. Andiamo a prendere un'aranciata o una Coca-Cola.

Attività 9. Domande e risposte. You will hear four questions. After you hear each question, complete the partial answer in your lab manual with appropriate subject pronouns.

1. Telefoni a Carla? (#)
2. Pensate di guardare la televisione tu e Mirella? (#)
3. Frequentano l'università Corrado e i suoi amici? (#)
4. Abitate al centro della città voi e Luciano? (#)

Attività 10. Marco Tirani. Listen to a description of Marco. As you listen, number his activities in your lab manual in the order in which you hear them described. Then summarize what he usually does and what he's doing today, using the correct verb forms.

Di solito Marco Tirani arriva a casa verso le tre del pomeriggio. Mentre mangia un panino e beve un'aranciata, ascolta un CD del suo gruppo musicale preferito. Poi porta il cane al parco e gioca con lui per quasi un'ora.

Ma oggi Marco torna a casa tardi. Questo pomeriggio lavora fino alle sei e poi passa a casa della sua amica Angela. Mangia con lei e guarda un po' la televisione prima di tornare a casa.

Attività 11. Una telefonata. Marisa is calling Giorgio's house and his brother Dante answers the phone. You will hear only Marisa's portion of the conversation. After you hear each of Marisa's lines, complete Dante's partial replies.

(Marisa) Pronto? Sono Marisa Cerami. C'è Giorgio? (#)
[(Dante) Giorgio non c'è in questo momento.]
(Marisa) Dov'è? (#)
[(Dante) È andato al supermercato.]
(Marisa) Ma tu sei Dante, suo fratello? (#)
[(Dante) Sì. Va tutto bene?]
(Marisa) Sì, posso parlare anche con te. (#)

[(Dante) Si tratta della festa di domani sera?]
(Marisa) Esatto. (#)
[(Dante) Hai bisogno del nostro aiuto?]
(Marisa) Potete darmi una mano? (#)
[(Dante) Certo, con piacere. Puoi contare su di noi.]
(Marisa) Grazie! Perché non mi telefonate quando torna Giorgio? (#)
[(Dante) D'accordo. Giorgio torna tra mezz'ora.]

Attività 12. Dettato. You will hear six pairs of questions and answers. The question will be repeated, followed by a pause. During the pause, write the answer you heard.

Esempio: Che cosa fai di bello?
           Niente di speciale.
           Che cosa fai di bello?   You write *Niente di speciale.*

Pronti? Cominciamo.

1. Dov'è l'ospedale?
   È in via Dante.
   Dov'è l'ospedale? (#)
2. Che ore sono?
   Sono le tre e venti.
   Che ore sono? (#)
3. Dove'è il bar?
   È vicino alla biblioteca.
   Dov'è il bar? (#)
4. Chi risponde al telefono?
   La sorella di Maria.
   Chi risponde al telefono? (#)
5. Che cosa compra Piero?
   Compra una rivista.
   Che cosa compra Piero? (#)
6. Va bene?
   D'accordo.
   Va bene? (#)

Attività 13. Pronto? You will hear a telephone conversation between Luca and Valeria. As you listen, write *L* next to the statements about Luca, and *V* next to those about Valeria. **Adesso cominciamo.**

(Luca)   Pronto?
(Valeria) Ciao, Luca. Sono Valeria. Cosa fai di bello?
(Luca)   Niente, perché?
(Valeria) Devo andare in biblioteca a prendere due libri. Hai voglia di venire con me?
(Luca)   Sì. Anch'io ho bisogno di un libro per l'esame di storia di domani.
(Valeria) Allora passo a casa tua fra quindici minuti. Va bene?
(Luca)   D'accordo.

Attività 14. Messaggio telefonico. Luciana is visiting Ravenna, where her friend Sabrina lives. Listen to the message that Luciana left on Sabrina's answering machine. As you listen, fill in the missing information in your lab manual. **Ascolti.**

Ciao, Sabrina. Sono Luciana e sono appena arrivata a Ravenna. Sono all'albergo Michelangelo. È in via Garibaldi, numero 20, vicino alla stazione. (#) Il numero di telefono qui è 05.32.77.90.78.1. (#) Telefonami stasera. Torno in camera alle nove. Qui nella mia camera ho due audiocassette di musica rock per te. (#)

Lezione 4
Cosa prendono i signori?

Attività 1. Comprensione del dialogo. Listen to the dialogue. In the next activity, you will answer some questions about it. If necessary, listen to the dialogue again. **Ascolti.**

È giovedì pomeriggio. Lorenzo Genovesi e Bettina Marinaro sono seduti ad un bar all'aperto. Desiderano bere qualcosa di fresco. Leggono il menù e decidono anche di mangiare qualcosa. Dopo una lunga attesa, Lorenzo perde la pazienza e chiama il cameriere.

(Lorenzo) Cameriere, scusi, desideriamo ordinare qualcosa.
(Cameriere) Sì, subito. . . . Bene, che cosa prendono i signori?
(Bettina) Un'aranciata e un tramezzino al tonno.
(Lorenzo) Io invece prendo un panino al prosciutto e un tè freddo.
(Cameriere) Molto bene. Torno subito.
(Lorenzo) Allora, Bettina, sei libera sabato sera?
(Bettina) Credo di sì, perché? Che si fa?
(Lorenzo) Ho due biglietti per il teatro. Conosci il gruppo Folclore di Sardegna?
(Bettina) Sì, mi piacciono molto le danze e i canti sardi.
(Lorenzo) Allora si va?
(Bettina) Sì, ma dopo lo spettacolo andiamo a fare anche quattro salti in discoteca.
(Lorenzo) Perché no. La discoteca chiude molto tardi.
(Bettina) Ah, ecco il cameriere.
(Cameriere) Signori, ecco il cappuccino e il gelato.
(Lorenzo) Ma no! Avevamo ordinato un'aranciata, un tè freddo, un tramezzino al tonno e un panino al prosciutto.
(Cameriere) Oh, mi dispiace, c'è un po' di confusione. Torno subito.

Attività 2. Vero o falso? You will hear five statements based on the dialogue. Check **vero** if the statement is true and **falso** if it is false. **Cominciamo.**

1. Dopo una lunga attesa, Bettina perde la pazienza e chiama il cameriere.
2. Bettina ordina un'aranciata ed un tramezzino al tonno.
3. Lorenzo non ha fame, ma ha sete e ordina un caffè freddo.
4. Lorenzo invita Bettina ad andare a teatro.
5. A Bettina non piace la musica della Sardegna.

Pronuncia

Attività 3. Pronuncia: La lettera *h*. Listen and repeat the following sentences. Remember that the letter *h* is always silent in Italian. **Ascolti e ripeta.**

Quanti anni hai? (#)
Oh, che peccato! (#)
Dov'è l'Hotel Pilato? (#)
Non ho un hobby. (#)
Chiamo il cameriere? (#)
Che cosa fai oggi? (#)

Attività 4. Pronuncia: Il suono delle lettere *qu*. Listen and repeat the following words. Remember that in Italian the letters *qu* are pronounced /kw/, as in **quando** and **quanti**. **Ascolti e ripeta.**

qualcosa (#)	quindici (#)
quando (#)	cinque (#)
quattro (#)	liquido (#)
quaderno (#)	frequentare (#)

Attività 5. Quel quadro. Listen to the dialogue between a customer and an artist, and repeat each line after it is spoken. Pay special attention to the pronunciation of the letters *qu*. **Ascolti e ripeta.**

(Cliente)   Quanto costa quel quadro? (#)
(Artista)   Quale? Quello grande? (#)
(Cliente)   No. Quello piccolo. (#)
(Artista)   Quaranta euro. (#)

Attività 6. Pronuncia: Dittonghi e trittonghi. Listen and repeat the following words, paying attention to the pronunciation of diphthongs and triphthongs. **Ascolti e ripeta.**

grazie (#)	Pietro (#)	Siena (#)	vuoi (#)
buono (#)	stadio (#)	fai (#)	puoi (#)
vuole (#)	piano (#)	sei (#)	aiutare (#)

Attività 7. Giochiamo a pallone? Listen to the dialogue between Gianfranco and Fabio, and repeat each line after it is spoken. Pay attention to pronunciation and to stress. **Ascolti e ripeta.**

(Gianfranco)   Giochiamo a pallone? (#)
(Fabio)   Ma siamo quattro gatti! (#)
(Gianfranco)   Chiama i tuoi amici. (#)
(Fabio)   Non so se desiderano giocare. (#)

Comprensione

Attività 8. Che settimana! Giulio is telling a friend how busy he is this week. As you listen, write down next to each of his activities the day of the week he plans to do it. **Ascolti e scriva.**

Ho molto da fare questa settimana! Sai, mercoledì c'è il concerto di Lucio Dalla e la mia amica vuole proprio andare ad ascoltarlo. Martedì ho l'esame di matematica e quindi domani, lunedì, devo studiare almeno tre ore. Penso di studiare con Carlo che sa sempre tutto sulla matematica. Poi venerdì sera parto per la montagna. Sono ospite degli amici di mia sorella. Sabato andiamo a sciare. Se fa bel tempo, andiamo a sciare anche domenica mattina. Torno a casa domenica sera. Ah, ma non ti ho detto che giovedì non ho lezione. Cioè non vado all'università perché vado al museo con la classe di storia dell'arte. Andiamo a vedere una mostra delle opere di Michelangelo. Come vedi, sono molto occupato!

Attività 9. Logica o no? You will hear seven statements using time expressions. Some make sense and some don't. Indicate with a check mark the statements that make sense. **Ascolti.**

1. Sei libera giovedì pomeriggio? C'è un concerto alle otto.
2. Lunedì mattina ho l'esame di antropologia.
3. Stamattina ho lezione d'italiano alle venti.
4. Il pomeriggio prendo sempre un tè freddo.
5. Stasera sono impegnato e libero allo stesso tempo.
6. Oggi è lunedì e dopodomani è domenica.
7. Ci serva subito, cameriere. Abbiamo i biglietti per il teatro tenda domani sera.

Attività 10. Al picnic. You will hear a dialogue in which Marta, in charge of the picnic basket, asks her friends what they would like. Listen carefully and check in your lab manual what each friend wants to eat or drink.

(Marta)	Eccoci qui. È ora di mangiare qualcosa. Avete fame e sete? Tu, Angelica, cosa prendi?
(Angelica)	Io prendo un tramezzino al tonno e un bicchiere di acqua minerale. (#)
(Marta)	Benissimo. Ecco a te. E tu, Piero? Anche a te piace mangiare un tramezzino al tonno?
(Piero)	No, per carità! Io ho voglia di un panino al prosciutto e bevo volentieri un tè freddo.
(Marta)	Servito! Andiamo avanti. Luciano, credo di conoscere i tuoi gusti: un panino al prosciutto, un tramezzino al tonno, un pezzo di pizza e una bottiglia di acqua minerale, non è vero?
(Luciano)	Ma che brava! Hai proprio indovinato. Ho una fame da lupi e una grande sete. Ma hai abbastanza da mangiare per tutti?
(Marta)	Certamente. Vuoi chiedere a Luisa cosa vuole? È mezz'ora che legge il giornale.
(Luciano)	Luisa, cosa prendi? Se non decidi subito, Marta chiude il cestino e lo porta in macchina.
(Luisa)	Ah, scusate, ma io non ho molta fame.
(Luciano)	Allora, ti diamo qualcosa da bere?
(Luisa)	Sì, un caffè, grazie.
(Marta)	D'accordo. Tutti a posto, allora.

Attività 11. Che si fa sabato sera? A group of friends is discussing what to do on Saturday evening. Listen carefully to what they say and in your lab manual check what they all eventually agree to do.

(Marcello) Allora, ragazzi, che si fa sabato sera?
(Laura) A me piace andare ad un bar all'aperto a bere qualcosa.
(Antonio) Che noia! Andiamo a un ristorante a mangiare qualcosa di buono.
(Marisa) Tu hai sempre voglia di mangiare. Perché non si va a teatro invece? C'è uno spettacolo musicale molto bello al Teatro La Pergola.
(Luigi) Ma stai scherzando? Prima di tutto, non è facile comprare i biglietti così tardi e poi i biglietti costano molto. Perché non andiamo a fare un bel giro in macchina?
(Nicola) Ma no, possiamo andare a casa mia dove si può guardare la partita di calcio Roma-Juventus. Non vi sembra una buona idea?
(Silvana) Tu hai sempre la testa nel pallone. Io dico: andiamo prima a prendere una pizza e poi corriamo a fare quattro salti in discoteca. Non vi pare una buona idea?
(Nicola) Prima a mangiare e poi a ballare? Per me non è una cattiva idea. Che ne dite, ragazzi?
(Tutti) Brava Silvana!
(Nicola) Silvana, le tue idee sono sempre geniali. Facciamo come dici tu.

Attività 12. Formulare le domande. You will hear six statements. For each one, supply the appropriate word to complete the corresponding question. **Ascolti e risponda.**

1. Silvana chiede un favore a sua sorella. (#)
2. Marisa legge il giornale in biblioteca. (#)
3. Nicola vede i suoi amici domani pomeriggio. (#)
4. Chiudo la finestra perché ho freddo. (#)
5. Suo fratello si chiama Raffaele. (#)
6. Prendiamo un cappuccino, grazie. (#)

Attività 13. Dettato. You will hear five pairs of questions and answers. Each question will be repeated. Write the answer you heard.

Esempio: Cosa fai lunedì?
Lunedì lavoro.
Cosa fai lunedì?   You write *Lunedì lavoro.*

Adesso cominciamo.

1. Cosa fai domani mattina?
   Vado al museo con Angela.
   Cosa fai domani mattina? (#)
2. Sei libero giovedì sera?
   No, mi dispiace.
   Sei libero giovedì sera? (#)
3. Sei impegnato oggi pomeriggio?
   Credo di sì, perché?
   Sei impegnato oggi pomeriggio? (#)

4. Prendi il latte la mattina?
   No, prendo una spremuta d'arancia.
   Prendi il latte la mattina? (#)
5. Prendi qualcosa da bere o da mangiare?
   Prendo qualcosa da bere, grazie.
   Prendi qualcosa da bere o da mangiare? (#)

Attività 14. Una piccola storia. You will hear three sentences—*a*, *b*, and *c*—that tell a story when arranged in the right order. Write down the order in which they should occur. **Ascolti e scriva.**

a. Il cameriere dice a Luciano, "Mi dispiace, ma il bar chiude adesso." (#)
b. Luciano ha sete e cerca un bar. (#)
c. Luciano vede un bar, entra ed ordina una spremuta d'arancia. (#)

Attività 15. Domande. You will hear five questions. For each one, choose the logical response. **Ascolti e scelga.**

1. Ciao, Stefano, sei libero stasera? (#)
2. Prendete una limonata o un bicchiere d'acqua? (#)
3. Cosa c'è in programma domani? (#)
4. A che ora chiude il ristorante? (#)
5. Fa bel tempo domani? (#)

Lezione 5
Ad una festa mascherata

Attività 1. Comprensione del dialogo. Listen to the dialogue. The next activity will ask you some questions about it. If necessary, listen to the dialogue again. **Adesso cominciamo.**

È la settimana di Carnevale e in tutta la città c'è un'atmosfera di allegria. Giulia Magrini e Francesca Cipriani vanno in giro per le vie del centro. Mentre guardano le vetrine dei negozi, sentono la voce del loro amico Massimo Damiani.

(Massimo)   Salve, ragazze, come mai siete qui? Dove andate?
(Giulia)   Siamo qui per fare acquisti. Cerchiamo un costume originale.
(Massimo)   Venite anche voi alla festa mascherata a casa di Roberto?
(Francesca) Certo, anche noi conosciamo Roberto. Ma tu, hai già un costume particolare?
(Massimo)   Sì, penso di indossare un costume semplice ed economico, una bella toga romana. Capite bene che non ho voglia di spendere molto. Voi invece quali costumi avete in mente?
(Giulia)   Io preferisco un costume elegante. Desidero vestire come una bella donna dell'alta società dell'Ottocento. Il problema è che il vestito è molto caro.
(Massimo)   E tu, Francesca, chi preferisci essere?
(Francesca) Ancora non lo so. Giulia mi suggerisce di indossare un'uniforme militare.
(Massimo)   Davvero? Ti piace per caso la carriera militare?
(Francesca) No, ma per una sera posso dare ordini a tutti gli invitati.
(Massimo)   Allora, agli ordini, signor generale! Ora però vado perché è tardi. Ci vediamo alla festa. Ciao.

Attività 2. Vero o falso? You will hear five statements based on the dialogue. Check **vero** if the statement is true, and **falso** if it is false. **Ascolti e risponda.**

1. I negozi del centro non hanno le vetrine.
2. Massimo telefona a Giulia e la invita ad una festa mascherata.
3. Giulia e Francesca vanno ad una festa mascherata a casa di Roberto.
4. Massimo pensa di indossare una toga romana alla festa mascherata.
5. Massimo vuole fare la carriera militare.

Pronuncia

Attività 3. Pronuncia: I suoni delle lettere *c* e *ch*. Listen and repeat the following words. Remember that *ch* is always pronounced hard, as in *chemistry*, and that *c* and double *c* before *e* and *i* are pronounced soft, as in *ancient*. **Ascolti e ripeta.**

perché (#)	caro (#)	ricevere (#)	dieci (#)
maschera (#)	piccolo (#)	piacere (#)	facile (#)
chi (#)	Franco (#)	liceo (#)	vicino (#)
chiamo (#)	costume (#)	centro (#)	cappuccino (#)
vecchio (#)	ricco (#)	voce (#)	faccia (#)

Attività 4. Che macchina piccola! Listen to the dialogue between Simonetta and Lorenzo, and repeat each line after it is spoken. Pay attention to the sounds of the letter *c*. **Ascolti e ripeta.**

(Simonetta) Che macchina piccola! (#)
(Lorenzo) Non ti piace la mia macchina? (#)
(Simonetta) Non mi piacciono le macchine piccole. (#)
(Lorenzo) È piccola ma è veloce. Com'è la tua? (#)
(Simonetta) Vecchia e poco veloce. (#)

Comprensione

Attività 5. Come sono i tuoi amici? You will hear a dialogue in which Beatrice asks Fabrizio about his friends Enrico and Massimo. Listen carefully and in your lab manual circle the adjectives used to describe each one.

(Beatrice) Fabrizio, perché non mi parli dei tuoi amici?
(Fabrizio) Io ho tanti amici. Quali dei miei amici ti interessano?
(Beatrice) Enrico, per esempio. Che cosa mi dici di Enrico? Com'è?
(Fabrizio) È alto e magro.
(Beatrice) Spiritoso! Questo lo so. Mi piace sapere quali sono alcune sue caratteristiche personali. È gentile o è sgarbato?
(Fabrizio) Figuriamoci! Enrico è un ragazzo gentile. Non è affatto sgarbato. Anzi, è molto cortese e sincero.
(Beatrice) E Massimo? Tu parli spesso di Massimo, ma io non lo conosco affatto.
(Fabrizio) Bene, Massimo non è alto. È basso e non è né grasso né magro. È un ragazzo disinvolto e di solito piuttosto allegro.
(Beatrice) È pigro?
(Fabrizio) Al contrario. È un ragazzo dinamico e gli piace molto lo sport. Gioca molto bene a tennis. Se vuoi, te lo presento. Devi sapere che è anche ricco.
(Beatrice) Questo non guasta. Comunque mi piace conoscere tutti e due i tuoi amici.
(Fabrizio) Proprio adesso vado ad incontrare Massimo al bar. Vuoi venire con me?
(Beatrice) Eccomi, sono pronta.

Attività 6. La alta o la bassa? Alessandro and Daniela are talking about Margherita and Tiziana. As you listen, check off the adjectives they use to describe Margherita, and those they use to describe Tiziana. **Adesso cominciamo.**

(Alessandro) Sai come si chiama la sorella di Alfredo?
(Daniela) Quale delle due? La alta o la bassa?
(Alessandro) Alfredo ha due sorelle?
(Daniela) Sì, certo. Non lo sapevi? Margherita è alta e magra.
(Alessandro) Frequenta l'università?
(Daniela) Sì, frequenta la facoltà di legge. È molto intelligente, ma è anche molto antipatica.
(Alessandro) E l'altra?
(Daniela) Ah! L'altra sì che è simpatica. Tiziana studia musica al conservatorio ed è molto carina.
(Alessandro) Conosci molto bene queste due ragazze?
(Daniela) Margherita è una compagna di scuola di mio fratello. Secondo lui, Margherita è timida e nervosa.
(Alessandro) E Tiziana?
(Daniela) Tiziana è divertente, intelligente e anche abbastanza dinamica.
(Alessandro) Ha un amico particolare?
(Daniela) Certo. È la ragazza di mio fratello.
(Alessandro) Che peccato!

Attività 7. Che ne pensi? You will hear some young people asking their friends' opinion about various things. Listen carefully, and complete each answer with the appropriate form of the adjective used in the question.

1. F: È facile lo studio dell'italiano? (#)
2. M: Sono simpatici gli amici di Tommaso? (#)
3. F: È elegante il negozio di Giuseppe in via Frattina? (#)
4. M: Sono belle le figlie del dottor Nardi? (#)
5. F: Sono brutti i costumi dei tuoi amici? (#)
6. M: È bello l'albergo dove state tu e i tuoi amici? (#)
7. F: Com'è quell'orologio? È buono? (#)
8. M: Com'è la bambina di Marta? È buona? (#)
9. F: Sono belli gli zaini dei ragazzi? (#)
10. M: Allora, adesso hai la macchina! Com'è, bella? (#)

Attività 8. Domande. You will hear some questions. As you listen, complete the answers by supplying the appropriate form of the verb used in the question. **Ascolti e scriva.**

1. Non apri le finestre? (#)
2. Cosa suggerite di fare? (#)
3. Lei capisce bene l'italiano, signora? (#)
4. Chi pulisce la camera? (#)
5. Preferisci un tè o un caffè? (#)
6. A chi spedite quella cartolina? (#)
7. Quando finisci di studiare? (#)
8. Dormono molto i bambini di Luisa? (#)

Attività 9. Un'intervista. Pietro is asking Mrs. Monini where she prefers to do her shopping. Listen carefully and in your lab manual, check the shopping places Mrs. Monini frequents and the ones she does not frequent.

(Pietro)	Allora, signora Monini, mi può dire, per favore, dove lei fa di solito i suoi acquisti?
(Signora Monini)	Guardi, le confesso che preferisco fare i miei acquisti in negozi che posso raggiungere con la macchina.
(Pietro)	Immagino quindi che lei eviti i negozi del centro.
(Signora Monini)	Bravo. Ha proprio indovinato. I negozi del centro sono anche molto cari. A me piacciono molto i centri commerciali.
(Pietro)	Oltre ad offrire una facile accessibilità con l'automobile, ci sono altri motivi per cui preferisce i centri commerciali?
(Signora Monini)	Sì. Un altro motivo particolare è la grande varietà di negozi che offrono: dal supermercato al negozio specializzato.
(Pietro)	E che pensa dei negozi di quartiere?
(Signora Monini)	Non vado mai ai negozi del mio quartiere. Non ce ne sono tanti perché alcuni hanno dovuto chiudere a causa della grande concorrenza dei centri commerciali.
(Pietro)	Ma quelli che sono rimasti aperti, perché non li frequenta?
(Signora Monini)	Non sono molto comodi per me. Devo per forza andarci in macchina. E oltre a non trovare facilmente il parcheggio, spesso non trovo neanche tutto quello che cerco.
(Pietro)	E che mi dice dei mercati all'aperto?
(Signora Monini)	Non li frequento perché io lavoro, e, come lei sa, l'orario dei mercati all'aperto è dalle sette del mattino alle due del pomeriggio.
(Pietro)	Capisco. Ognuno ha le proprie esigenze. Un'ultima domanda. A lei piacciono i mercatini specializzati e i mercati dell'usato? Li frequenta?
(Signora Monini)	Non ho molto tempo per frequentare i mercatini specializzati. Ma qualche volta, la domenica, mi piace andare a Porta Portese che è un mercato dell'usato eccezionale.
(Pietro)	Bene, signora. Io la ringrazio molto della sua cooperazione. Buona giornata.

Attività 10. Dettato. The passage you will hear next will be read three times. (a) First, just listen. **Ascolti.** (Paragraph is read without pauses.)

Ho un'idea brillante. / Domenica mattina / vado a Porta Portese / per fare alcuni acquisti. / Lì vendono cose molto carine / ma non molto care. / Adesso telefono a Marcella / per sapere / se vuole venire con me.

(b) Now listen again, and fill in the missing words. **Ascolti e scriva.** (c) Now listen once more, and check what you wrote. **Ascolti di nuovo.**

Lezione 6
In pizzeria con gli amici

Attività 1. Comprensione del dialogo. Listen to the dialogue. The next activity will ask you some questions about it. **Ascolti.**

Edoardo Filippini e Valerio Marotta sono seduti ad un tavolo della pizzeria Il Marinaio. Mentre mangiano una pizza, loro parlano.

(Edoardo)	Giovedì scorso sono andato dal meccanico per un controllo alla mia macchina e ho visto Sergio Pellegrini.
(Valerio)	Ma che dici? Non è partito a giugno per gli Stati Uniti?
(Edoardo)	No, ha cancellato la sua vacanza all'estero. Comunque ho visto il suo ultimo acquisto.
(Valerio)	Che cosa ha comprato?
(Edoardo)	Una bella moto di marca giapponese.
(Valerio)	Accidenti! Ma allora non va più in vacanza?
(Edoardo)	Oh, sì, ma ha cambiato programma. Intanto, beviamo qualcosa? Hai ordinato la birra o il vino?
(Valerio)	Ho ordinato una bottiglia di vino rosso. Questa pizza è buona, ma mette molta sete.
(Edoardo)	(*alla cameriera*) Signorina, il vino, per favore.
(Cameriera)	Va bene, subito.
(Valerio)	Dunque, dove va in vacanza Sergio?
(Edoardo)	Ha deciso di andare in Sicilia. Parte il due agosto. Va con la sua moto nuova.
(Valerio)	Anch'io sono stato in Sicilia l'estate scorsa. Mi è piaciuta molto.
(Edoardo)	Che cosa hai visto lì?
(Valerio)	Ho visto belle città, molte spiagge stupende e panorami favolosi.
(Edoardo)	Ah, ecco il vino. Salute!

Attività 2. Domande e risposte. You will hear five questions based on the dialogue. Respond to each one by completing the answer. **Pronti? Cominciamo.**

1. Che cosa mangiano Edoardo e Valerio? (#)
2. Il loro amico Sergio è andato all'estero? (#)
3. Cos'è l'ultimo acquisto di Sergio? (#)
4. Dove va in vacanza Sergio? (#)
5. Dov'è andato Valerio l'estate scorsa? (#)

Pronuncia

Attività 3. Pronuncia: Il suono della lettera *r*. Listen and repeat the following words, paying attention to the pronunciation of the letter *r*. **Ascolti e ripeta.**

rosso (#)	dire (#)	Edoardo (#)	arrivederci (#)
ragione (#)	trenta (#)	birra (#)	Corrado (#)
cameriera (#)	marca (#)	terra (#)	carriera (#)
Marotta (#)	corso (#)	arrivare (#)	

Attività 4. A che ora arriva il treno? You will hear a dialogue between Signorina Rosi and a clerk at the train station. Repeat each line, paying attention to the pronunciation of *r* and double *r*. **Pronti? Cominciamo.**

(Signorina Rosi)	Scusi, signora. (#)
(Impiegata)	Prego, signorina. Desidera? (#)
(Signorina Rosi)	A che ora arriva il treno da Ravenna? (#)
(Impiegata)	Arriva fra mezz'ora. (#)
(Signorina Rosi)	Grazie. Arrivederci. (#)
(Impiegata)	Prego. Buon giorno, signorina. (#)

Comprensione

Attività 5. Vero o no? You will hear some statements about the seasons and months of the year. Identify the ones that make sense by checking **vero** in your lab manual. **Pronti? Cominciamo.**

1. A luglio e gennaio molte persone vanno in vacanza al mare.
2. Aprile e maggio sono due mesi primaverili.
3. Nella stagione invernale fa caldo a Milano.
4. I mesi dell'anno sono tredici.
5. La festa dell'Indipendenza degli Stati Uniti è a luglio.
6. Febbraio ha trentun giorni.

Attività 6. Abbinamento. You will hear descriptions of the four seasons. As you listen, match the number of each description with the corresponding drawing. **Ascolti.**

1. Fa caldo e molte persone sono andate al mare. Alcune persone che hanno molto caldo sono sedute sotto l'ombrellone.
2. È molto bello camminare nei boschi. Le foglie cadono dagli alberi e le giornate sono fresche e piacevoli. Siamo in pieno autunno.
3. Venite a passare un weekend in montagna. Venite a fare gli sport invernali ed a stare all'aria aperta. C'è molta neve ed è possibile sciare tutti i giorni.
4. Roberto e Sandra passeggiano nel parco vicino all'università. Improvvisamente comincia a piovere. È una breve pioggia primaverile.

Attività 7. Quanto tempo fa? You will hear brief explanations of how long ago certain people went to Italy. Respond by completing the sentences in your lab manual.

Esempio: Enrico è andato in Italia mercoledì. Oggi è giovedì.
          You write **Enrico è andato in Italia** *ieri*.

Ascolti e scriva.

1. Lino è andato in Italia ad ottobre. Ora è dicembre. (#)
2. Mio padre è andato in Italia a luglio. Ora è agosto. (#)
3. Marco è andato in Italia lunedì. Oggi è mercoledì. (#)
4. Mia zia è andata in Italia il due giugno. Oggi è il nove giugno. (#)
5. Rita è partita per l'Italia alle dieci. Ora è mezzogiorno. (#)

Attività 8. La festa. Elena is asking Filippo about a party he attended. Listen carefully, and in your lab manual jot down the information requested.

(Elena)   Sei andato alla festa in casa di Andrea sabato sera?
(Filippo)   Sì, ci sono andato. È stata una festa molto divertente. Ma tu, perché non sei venuta?
(Elena)   Sono uscita con Leonardo. Sai, lui non è stato invitato e quindi siamo andati al cinema.
(Filippo)   Che peccato! Penso che ti saresti divertita molto.
(Elena)   Che cosa avete fatto?
(Filippo)   Abbiamo mangiato tanti panini diversi e una pizza veramente buona che ha preparato la mamma di Andrea. Abbiamo bevuto anche delle bevande squisite a base di frutta oltre all'aranciata e al tè freddo.
(Elena)   Ma non avete ballato?
(Filippo)   Sì che abbiamo ballato. Andrea ha dei CD favolosi. Pensa che siamo usciti dalla festa verso le tre del mattino.
(Elena)   Accidenti! E, dimmi, chi c'era? I soliti amici di Andrea?
(Filippo)   Oltre ai soliti amici, c'erano anche degli studenti stranieri che Andrea ha conosciuto all'università. Eravamo forse trenta persone.
(Elena)   Che interessante! Allora, ho perso veramente una bella occasione per conoscere persone nuove.
(Filippo)   Credo proprio di sì. Sarà per la prossima volta. Sempre che tu non preferisca andare al cinema con Leonardo. A proposito, che film avete visto?
(Elena)   L'ultimo film di Nanni Moretti.
(Filippo)   Ah, *La stanza del figlio*! Anch'io l'ho visto. Ti è piaciuto?
(Elena)   Sì, molto. Sai che ha vinto la Palma d'Oro al Festival di Cannes?
(Filippo)   Sì, lo so. Comunque penso che anche la festa ti sarebbe piaciuta molto.

Attività 9. La fine settimana. Listen carefully as Maria and Patrizia talk about how they spent their weekend. First, in your lab manual, check who did each thing listed. Next, write exactly when each thing was done.

(Maria)   Allora, Patrizia, che cosa hai fatto questa fine settimana? Sei uscita o sei rimasta in casa?

(Patrizia)	Ho fatto tutte e due le cose. Domenica sono rimasta in casa. Ma sabato pomeriggio sono andata in centro.
(Maria)	Da sola?
(Patrizia)	No, sono uscita con mia sorella.
(Maria)	Che cosa avete fatto di bello?
(Patrizia)	Siamo andate in un'agenzia di viaggi per programmare un viaggio per le nostre vacanze.
(Maria)	Pensate sempre di andare in Sardegna, non è vero?
(Patrizia)	Sì. Mi piace molto conoscere la Sardegna.
(Maria)	E la sera che hai fatto? Hai visto Ugo?
(Patrizia)	No, sono andata allo stadio con Luigi a vedere la partita di calcio Roma-Milan. Poi siamo andati al Bar dello Sport con degli amici. E tu, che cosa hai fatto?
(Maria)	Sabato mattina sono andata a vedere il nuovo centro commerciale che hanno appena aperto vicino a casa mia.
(Patrizia)	Ti è piaciuto?
(Maria)	È un po' troppo grande. Il supermercato è immenso. E poi tutti quei ristoranti etnici e bar mi confondono.
(Patrizia)	Ma, dimmi un po', hai visto Sergio questa fine settimana?
(Maria)	Sì, siamo andati in discoteca sabato sera e domenica pomeriggio siamo andati a fare una gita al mare.
(Patrizia)	Non avete avuto freddo?
(Maria)	No, è stata veramente una bella giornata di primavera. Abbiamo camminato sulla spiaggia e così abbiamo preso un po' di sole. Ma naturalmente non abbiamo fatto il bagno.
(Patrizia)	Lo credo. L'acqua è ancora abbastanza fredda.

Attività 10. Dettato. The passage you will hear next will be read three times. (a) First, just listen. **Ascolti.** (Paragraph is read without pauses.)

Un anno fa / sono andato in vacanza / negli Stati Uniti. / Sono partito il nove luglio / e sono rimasto lì / quattro settimane. / Ho visto molte città interessanti / ed ho conosciuto / giovani americani molto simpatici. / Sono tornato in Italia / nel mese di agosto.

(b) Now listen again, and supply the missing words. **Ascolti e scriva.** (c) Now listen once more, and check what you wrote. **Ascolti di nuovo.**

Attività 11. La fortuna di Sergio. You will hear a short paragraph. First read the statements in your lab manual. Then listen and check whether each statement is **corretto** (*correct*), **sbagliato** (*incorrect*), or contains **informazione non data** (*information not given*) in the paragraph. **Ascolti.**

Ogni settimana Sergio compra un biglietto della lotteria. Fino alla settimana scorsa non è mai stato molto fortunato, ma domenica finalmente ha vinto un po' di soldi. Ora cosa fa Sergio con questi soldi? Ha voglia di andare in vacanza in Inghilterra ed ha anche voglia di comprare una motocicletta nuova di marca giapponese. I soldi però non sono sufficienti per andare in vacanza e per fare l'acquisto di una moto nuova. Sergio non è stato fortunato abbastanza. Che peccato!

Lezione 7
Il mercato all'aperto

Attività 1. Comprensione del dialogo. Listen carefully to the dialogue. **Ascolti.**

È sabato mattina. Sono le dieci e Gabriella Marcantonio si sveglia. Si alza dal letto, si lava e si veste. Poi esce per andare a fare la spesa. Questa mattina Gabriella va al mercato all'aperto del suo quartiere, perché lì si compra meglio.

Al mercato Gabriella si ferma alla bancarella di un fruttivendolo.

(Fruttivendolo)	(*Ad alta voce*) Comprate queste belle arance! Guardate che bell'uva! È una delizia. (*A Gabriella*) Buon giorno, signorina, mi dica.
(Gabriella)	Vorrei degli spinaci. Quanto costano?
(Fruttivendolo)	Un euro e settanta centesimi al chilo.
(Gabriella)	Un chilo, per favore.
(Fruttivendolo)	Subito.
(Gabriella)	E l'uva, quanto costa?
(Fruttivendolo)	Due euro. È dolce come il miele. Prenda, assaggi.
(Gabriella)	Sì, grazie. . . . Veramente buona, ma mi sembra un po' cara.
(Fruttivendolo)	Signorina, in tutto il mercato non c'è di meglio.
(Gabriella)	Se lo dice lei. . . . Allora faccia anche un chilo d'uva, per favore.
(Fruttivendolo)	Bene, desidera qualche altra cosa?
(Gabriella)	No, grazie. Per oggi è tutto.
(Fruttivendolo)	Allora, sono tre euro e settanta centesimi. (*Alla moglie*) Maria, sii gentile, da' anche degli odori alla signorina!
(Gabriella)	Grazie, ecco i soldi. Arrivederci.

Attività 2. Vero o falso? You will hear five statements based on the dialogue. For each one, choose **vero** or **falso**. **Cominciamo.**

1. Il fruttivendolo dice che le arance sono dolci come il miele.
2. Gabriella assaggia l'uva prima di comprarla.
3. Gabriella gira tutto il mercato.
4. Dal fruttivendolo Gabriella compra arance, uva e miele.
5. Al mercato Gabriella spende tre euro e settanta centesimi.

Pronuncia

Attività 3. Pronuncia: I suoni della lettera s. Listen and repeat the following words, paying attention to the sounds of the letter *s*. Remember that the letter *s* has two sounds in Italian, *s* as in *sing* and *z* as in *rose*. **Ascolti e ripeta.**

sabato (#)	assaggiare (#)	cosa (#)	mese (#)
soldi (#)	essere (#)	spesa (#)	centesimo (#)
spendere (#)	stesso (#)	confusione (#)	svegliare (#)
spinaci (#)	indossare (#)	desidera (#)	sgarbato (#)

Attività 4. Senti, Susanna. Listen to the dialogue between Stefano and Susanna. Repeat each line, paying attention to the pronunciation of the letter *s*. **Ascolti e ripeta.**

(Stefano) Senti, Susanna. Passo a prenderti stasera? (#)
(Susanna) Sì. Passa verso le sette. (#)
(Stefano) Sarò a casa tua alle sette precise. (#)
(Susanna) Non ti sbagliare. Abito in corso Pesaro sedici. (#)
(Stefano) Non mi sbaglio di sicuro. (#)

Comprensione

Attività 5. Quanti? You are going to hear eight phrases containing numbers. Write each number you hear in the space provided.

Esempio: centocinquanta biglietti   You write *150.*

Ascolti e scriva.

1. trecentosessantacinque giorni (#)
2. mille dollari (#)
3. quattrocento computer (#)
4. quindicimila persone (#)
5. novecentocinquanta negozi (#)
6. un milione di euro (#)
7. duemila anni (#)
8. millequattrocentoventi studenti (#)

Attività 6. Hai comprato tutto? Signora Lisi is talking to her housekeeper Vera, who has just returned from shopping. As you listen, consult the grocery list. For each item, check **sì** if Vera bought it, and **no** if she didn't. **Adesso cominciamo.**

(Signora Lisi) Vera, hai comprato tutto?
(Vera) Quasi tutto. Ho preso il pane dal fornaio e la pasta fresca del negozio lì vicino.
(Signora Lisi) Hai preso gli asparagi al mercato?
(Vera) Sì. Ho comprato anche i fagiolini e i pomodori.
(Signora Lisi) E i carciofi?
(Vera) No. I carciofi erano finiti. Come frutta ho preso le ciliege.
(Signora Lisi) Hai comprato l'uva?
(Vera) L'uva è molto cara di questi tempi. Costa tre euro al chilo. Quindi niente uva.
(Signora Lisi) E i pompelmi?
(Vera) I pompelmi, sì, li ho comprati. Ma ho dimenticato i limoni.
(Signora Lisi) E la carne e il formaggio?
(Vera) Sì, tutto a posto. Ma non ho preso il latte perché il bar vicino casa è chiuso stamattina.
(Signora Lisi) Allora, vai a comprarlo questo pomeriggio?
(Vera) Sì. Il bar apre alle tre e mezzo.

Attività 7. Dal dietologo. Mrs. Paolini is having a discussion with her dietician. Listen carefully, and in your lab manual indicate which foods Mrs. Paolini can and cannot eat.

(Dietologo) Ascolti con attenzione, signora Paolini. Le consiglio di mangiare molta verdura.
(Sig.ra Paolini) Ma, guardi, dottore, a me piace mangiare soprattutto la pastasciutta.
(Dietologo) Signora, le ripeto che la pastasciutta le fa male. Cerchi invece di mangiare un bel minestrone tutti i giorni.
(Sig.ra Paolini) Il minestrone non è il mio piatto preferito.
(Dietologo) Mi dispiace. Provi allora con un bel piatto di brodo vegetale. Ma niente carne, mi raccomando.
(Sig.ra Paolini) E le uova, dottore? Mi dica che posso almeno mangiare le uova.
(Dietologo) Niente uova. Può mangiare del formaggio magro e pesce in abbondanza.
(Sig.ra Paolini) E i dolci? E il gelato?
(Dietologo) Assolutamente no. Mangi la frutta fresca invece. Le consiglio di mangiare la frutta tre o quattro volte al giorno.
(Sig.ra Paolini) Che tristezza! Come faccio a vivere senza il gelato?
(Dietologo) Non ci pensi più di tanto, signora. Segua la dieta che le consiglio. Vedrà che presto si sentirà molto meglio.
(Sig.ra Paolini) Forse mi abituerò ai cibi che lei mi consiglia. Ma questo non significa che mi piacerà mangiare in questo modo.

Attività 8. Al ristorante. Listen carefully as Antonio and Stefania order their dinner at a restaurant. As you listen, write **A** (for Antonio) and **S** (for Stefania) next to the food and drinks each, or both, orders.

(Antonio)   Ah, ecco il cameriere . . . Buon giorno. Cosa avete di buono nel menù di oggi?
(Cameriere)   Buon giorno. Abbiamo vari piatti di pasta come spaghetti alle vongole, spaghetti al pomodoro . . . Poi abbiamo riso con gli spinaci, riso con asparagi e gamberi e . . .
(Stefania)   Per me va bene riso con asparagi e gamberi. Va bene anche per te, Antonio?
(Antonio)   Io veramente preferisco gli spaghetti al burro e parmigiano. Me li può preparare, non è vero?
(Cameriere)   Si figuri! È un piatto molto semplice. E poi, cosa volete che vi porti?
(Antonio)   Ordina prima tu, Stefania.
(Stefania)   Sì, grazie. Io vorrei dei carciofi e del pollo arrosto. Ah, . . . ci metta anche delle patate fritte. Ho una fame! Adesso tocca a te, Antonio.
(Antonio)   Bene, io invece prendo del merluzzo in umido con le melanzane alla griglia.
(Cameriere)   Basta così?
(Antonio)   Per concludere, prendiamo della frutta o del dolce, ed il caffè naturalmente.
(Cameriere)   Come frutta abbiamo le fragole al limone e la macedonia di frutta fresca.
(Stefania)   Io prendo le fragole al limone.
(Cameriere)   Benissimo. E lei, signore, preferisce la frutta o un bel gelato?
(Antonio)   Avete qualche crostata o il tiramisù?
(Cameriere)   Il tiramisù è finito. Ma c'è una crostata di mele molto buona.
(Antonio)   Allora, vada per un pezzo di crostata di mele.
(Cameriere)   E da bere, che cosa vi porto?
(Antonio)   Ci porti una bottiglia di acqua minerale naturale e mezzo litro di vino bianco della casa. Alla fine, come le ho già detto, prendiamo un bel caffè lungo.

Attività 9. Dettato. The passage you will hear next will be read three times. (a) First, just listen. **Ascolti.** (Paragraph is read without pauses.)

Questa mattina / mia madre è andata / a fare la spesa / al mercato all'aperto / vicino a casa nostra. / Ha comprato un chilo di pere, / un chilo d'arance / e mezzo chilo d'uva. / Ha comprato / anche molta verdura: / spinaci, zucchini, / asparagi e broccoli. / Ma ha dimenticato / di comprare la carne / ed il pane.

(b) Now listen again, and supply the missing words. **Ascolti e scriva.** (Paragraph is repeated with pauses.)

(c) Now listen once more, and check what you wrote. **Ascolti di nuovo.** (Paragraph is repeated with slight pauses after each sentence.)

Lezione 8
Una cena in famiglia

Attività 1. Comprensione del dialogo. Listen to the dialogue. As you listen, check the activities that refer to each person. **Ascolti.**

Sono le otto di sera e la famiglia Orlandi è a cena. Sono seduti a tavola il padre Carlo, la madre Luciana e i due figli Stefano e Alessandra. Stefano ha appena ottenuto il diploma di maturità scientifica e Alessandra frequenta il liceo classico.

(Alessandra)	Papà, ti devo dire una cosa. L'ho già detta alla mamma e lei è d'accordo.
(Il padre)	Di che cosa si tratta?
(Alessandra)	Della mia amica Giuliana. A luglio Giuliana parte con la macchina per la Calabria e mi ha chiesto di andare con lei. Tu la conosci, non è vero?
(Il padre)	Giuliana? Ma non è quella tua amica che ha appena preso la patente? No, non se ne parla proprio!
(La madre)	Ma, Carlo, Giuliana è una brava ragazza ed è molto responsabile!
(Il padre)	Luciana, ti prego. Alessandra viene in montagna con noi. E tu, Stefano, hai già scelto la facoltà universitaria che vuoi frequentare?
(Stefano)	Veramente no, non l'ho ancora scelta. Anzi, a dire la verità, penso di non iscrivermi per quest'anno.
(Il padre)	Che cosa hai detto? Ho sentito bene?
(Stefano)	Sì, papà. Voglio andare un anno in Inghilterra per imparare meglio l'inglese.
(La madre)	Stefano, questa idea è nuova. Tu sei sempre stato in famiglia e non sei mai andato all'estero. Sei sicuro di poter stare da solo e lontano da casa per un anno intero?
(Il padre)	E poi come pensi di pagare tutte le spese?
(Stefano)	Ho già messo da parte un bel po' di soldi e poi posso sempre cercare lavoro.
(La madre)	Stefano, ti sembra proprio una buona idea?
(Il padre)	Ma sì, Luciana, non è un'idea cattiva. Vivere all'estero per un anno, il contatto con altri giovani e un'esperienza di lavoro gli faranno certamente bene.

Pronuncia

Attività 2. Pronuncia: I suoni delle lettere *sc* e *sch*. Listen and repeat the following words, paying particular attention to the sounds of *sc* and *sch*. Remember that *sc* is pronounced in two ways, depending on the vowel that follows it: soft, as in **pesce**, before *e* and *i*; and hard, as in **pesca**, before *a*, *o*, and *u*. *Sch* is always pronounced hard, as in **scherzi. Ascolti e ripeta.**

scientifico (#)	nascere (#)	scortese (#)	dischi (#)
scelta (#)	preferisce (#)	discutere (#)	tedesche (#)
conoscere (#)	ascoltare (#)	conosco (#)	pesche (#)
sciare (#)	scusa (#)	iscriversi (#)	

Attività 3. Il pesce fresco. Listen to the dialogue between Carlo and Luciana. Repeat each line, paying attention to the pronunciation of *sc* and *sch*. **Ascolti e ripeta.**

(Carlo)   Preferisci comprare il prosciutto? (#)
(Luciana)   No, preferisco il pesce fresco. (#)
(Carlo)   Ecco una pescheria. (#)
(Luciana)   Ma non c'è molta scelta! (#)
(Carlo)   Allora, lascia stare il pesce fresco. (#)
(Luciana)   Sì, scegliamo un bel prosciutto. (#)

Comprensione

Attività 4. Ecco la mia famiglia. Serena is showing a friend a picture of her family. Check the phrase or phrases that best fit each relative, according to her descriptions. **Adesso cominciamo.**

Ti faccio vedere una foto della mia famiglia. Ecco i miei genitori. Questo è il mio patrigno che è ingegnere. Come vedi, non è molto vecchio. Ha cinquant'anni ed è un uomo molto dinamico. Vicino a lui c'è mia madre che è una donna alta e magra. Ama gli sport e gioca a tennis tre volte alla settimana. A destra c'è nonno Giovanni, un anziano avvocato in pensione. Vicino al nonno c'è mia cognata Costanza che ha due figli, ma è separata dal marito. Mia sorella Elisa è seduta vicino al fidanzato. Si sposano fra un anno.

Attività 5. Logica o no? You will hear eight questions and statements. Identify the ones that make sense by checking **logica. Pronti? Cominciamo.**

1. Sei andato a controllare l'olio d'oliva alla stazione di servizio?
2. Per passeggiare in centro, abbiamo noleggiato un'automobile.
3. Gianni guida la Ferrari perché non ha più la patente di guida.
4. Prima di noleggiare la macchina, abbiamo fatto il pieno.
5. Quanto costa un litro di benzina in Italia?
6. Hai controllato le gomme all'ufficio postale?
7. Abbiamo parcheggiato la macchina in un parcheggio a pagamento.
8. Ho fatto le prenotazioni; adesso faccio le valige.

Attività 6. Il pieno, signore? You will hear a dialogue. After listening, answer the questions about it. **Ascolti e risponda.**

Marco si ferma ad un distributore di benzina di una stazione di servizio. Il benzinaio si avvicina alla sua Fiat.

(Il benzinaio)   Il pieno, signore?
(Marco)   No, solo venti litri di benzina.
(Il benzinaio)   Va bene. Controllo anche il livello dell'olio?
(Marco)   Sì. Vuole controllare anche la pressione delle gomme, per favore?
(Il benzinaio)   Volentieri!
(Marco)   La ringrazio molto.
(Il benzinaio)   Non c'è di che!

Attività 7. Un messaggio telefonico. Antonella is calling her sister Mirella at work. Listen carefully and write all the necessary information on the message slip in your lab manual.

(Segretaria)   Studio Ariosto. Buon giorno.
(Antonella)   Buon giorno, signorina. C'è Mirella? Sono Antonella, sua sorella.
(Segretaria)   Mi dispiace, ma Mirella in questo momento è fuori ufficio. È in pausa. È appena andata a prendere un caffè al bar qui vicino.
(Antonella)   Posso lasciarle un messaggio?
(Segretaria)   Un momento. Prendo una penna. . . . Sono pronta. Dica pure.
(Antonella)   Le dica che sono in casa dello zio Piero e di telefonarmi non appena torna.
(Segretaria)   Mi può dare il numero di telefono dove Mirella deve chiamarla.
(Antonella)   Mirella lo sa. Comunque, ecco il numero: 06.
(Segretaria)   06 . . .
(Antonella)   519 . . .
(Segretaria)   519 . . .
(Antonella)   96 . . .
(Segretaria)   96 . . .
(Antonella)   05 . . .
(Segretaria)   05. Ripeto il numero: 06.519.96.05. Corretto?
(Antonella)   Benissimo. La ringrazio. Buon giorno.

Attività 8. La famiglia. Listen as Dina, an exchange student in Italy, talks with i signori Magni, her host family, about her own family. As you listen, write brief answers to the information requested in your lab manual. Review the list before listening to their conversation.

(Sig.ra Magni) Allora, Dina, parlaci della tua famiglia.
(Dina)   Già sapete che i miei genitori sono divorziati e che io abito a Dallas insieme con mia madre e mia sorella Kim.
(Sig. Magni)   E tuo padre, anche lui abita a Dallas?
(Dina)   Oh, no. Mio padre abita a New York, dove si è stabilito dopo il divorzio. E lì ha formato una nuova famiglia.
(Sig.ra Magni) Tua sorella Kim, è più grande o più piccola di te?
(Dina)   Mia sorella è più piccola di me. Frequenta la scuola media. Ma ho anche un fratello che si chiama John e che è più grande di me.
(Sig. Magni)   E vive a Dallas?
(Dina)   Solo durante le vacanze estive e a Natale perché è all'università. Frequenta l'università di Stanford e quindi abita in California.
(Sig. Magni)   E i tuoi nonni, abitano vicino a voi?
(Dina)   I nonni materni non abitano molto lontano da noi a Dallas, e li vediamo spesso.
(Sig.ra Magni) E i nonni paterni?
(Dina)   Loro vivono in Florida. Originariamente abitavano nello stato di New York. Ma da quando sono andati in pensione, si sono stabiliti in Florida.
(Sig.ra Magni) Che dispersione! Io non so come farei se le mia famiglia vivesse lontano da me.
(Dina)   Certo, lei è fortunata. I suoi genitori abitano qui, nello stesso palazzo dove abitate voi. E i genitori del signor Magni, abitano lontano?
(Sig.ra Magni) No, i miei suoceri abitano qui vicino, sempre nel nostro quartiere. A noi piace avere tutti i parenti a portata di mano.

(Sig. Magni) Questo però non è sempre un bene. Non mi piacciono le grandi distanze americane, ma non mi piace neanche avere tutti i parenti così vicino.

(Sig.ra Magni) A me invece piace averli tutti vicino. È stato particolarmente utile quando i nostri figli erano piccoli.

Attività 9. Domande e risposte. You will hear a question and an answer. Then you will hear the question again. During the pause, write the answer you heard.

Esempio: Guidi velocemente o lentamente?
Guido lentamente.
Guidi velocemente o lentamente?   You write *Guido lentamente.*

Ascolti e scriva.

1. Sei occupato?
   Sì, devo accompagnare mia madre.
   Sei occupato? (#)
2. Quando hai visto i nonni?
   Li ho visti ieri sera.
   Quando hai visto i nonni? (#)
3. Lidia e Massimo sono sposati?
   No, sono fidanzati.
   Lidia e Massimo sono sposati? (#)
4. I suoi genitori sono separati?
   Sono divorziati.
   I suoi genitori sono separati? (#)
5. Sei andato alla stazione di servizio?
   Sì, ed ho fatto anche controllare le gomme.
   Sei andato alla stazione di servizio? (#)

Attività 10. Una macchina di seconda mano. A buyer and a seller are talking on the phone about a second-hand car. As you listen, complete the information requested. Review the list of incomplete statements before listening to the conversation. **Ascolti.**

(Compratore) Pronto? Sono interessato ad acquistare la sua macchina. Mi può dire quanto costa?
(Venditore) Dalla vendita voglio ricevere almeno duemilacinquecento euro.
(Compratore) Posso vedere la macchina?
(Venditore) Sì, può vederla domani mattina. Oggi non è possibile perché devo andare fuori città.
(Compratore) Mi può dire quanti chilometri ha fatto la macchina?
(Venditore) Circa ottantamila.
(Compratore) La macchina è in buone condizioni o devo farla controllare dal mio meccanico?
(Venditore) Non deve preoccuparsi affatto. La macchina è davvero in buone condizioni.
(Compratore) Allora, possiamo vederci domani mattina verso le dieci?
(Venditore) Sì, senz'altro, venga pure. Arrivederci!

Lezione 9
Un anno all'estero

Attività 1. Comprensione del messaggio. Listen to Susan's message to Roberto. **Ascolti.**

Susan Palmer è una studentessa americana che studia pittura all'Accademia di Belle Arti di Perugia. Adesso manda un messaggio di posta elettronica al suo amico Roberto, un giovane di Milano.

Da: Susan Palmer
A: robertobiondi@vento.it
Data: domenica, 10 novembre, 2002, ora 15:30
Oggetto: Arrivo in Italia

Caro Roberto,

    ti mando questo messaggio per farti sapere che sono arrivata finalmente in Italia. Sono a Perugia da due settimane. Pensavo di scriverti prima, ma finora sono stata molto occupata. Adesso la situazione è più tranquilla, anche perché le lezioni all'Accademia non sono ancora iniziate.
    Io sto bene e sono contenta di essere qui. Perugia è una città molto bella e la gente è simpatica. Qui ci sono moltissimi stranieri che come me studiano all'Accademia o all'università. Spesso fa bel tempo, anche se è autunno inoltrato. Di notte però fa abbastanza freddo.
    E tu come stai? Che tempo fa lì? Ieri ricordavo il tempo trascorso con te a New York e provavo una certa nostalgia... A proposito, tu non mi hai ancora mandato le foto dell'estate scorsa; perché non vieni a trovarmi e le porti con te? Come sai, vicino a Perugia ci sono molte piccole città ricche di opere d'arte e di monumenti medievali. Io avevo in mente di visitare una o due di queste città, ma non ho ancora avuto il tempo di farlo. Possiamo andarci insieme. Che ne dici?
    Per ora ti lascio e ti saluto con affetto. Un abbraccio.

                                                         Susan

Attività 2. Vero o falso? You will hear five statements based on Susan's message. Decide whether they are **vero** or **falso**. **Cominciamo.**

1. Susan non conosce Perugia.
2. Susan risponde a un messaggio di Roberto.
3. Perugia è una città molto bella.
4. Susan è molto occupata con le sue lezioni all'Accademia.
5. A Susan non piace la gente di Perugia.

Pronuncia

Attività 3. Pronuncia: I suoni della lettera g. Listen and repeat the following words, paying attention to the sounds of the letter *g* and double *g*. Remember that the letter *g* is pronounced hard, as in **gatto,** before the letters *a, o,* and *u; gh* is always pronounced hard. Before *e* and *i, g* is pronounced soft, as in **gennaio. Ascolti e ripeta.**

inglese (#)	righe (#)	maggio (#)	giovane (#)
guardare (#)	laghi (#)	pomeriggio (#)	gente (#)
godere (#)	paghiamo (#)	suggerire (#)	nostalgia (#)
lingua (#)	larghe (#)	spiaggia (#)	Perugia (#)

Attività 4. Che giorno è oggi? Listen to the dialogue between Giorgia and Gina. Repeat each line, paying attention to the sounds of the letter *g*. **Ascolti e ripeta.**

(Giorgia) Che giorno è oggi, Gina? (#)
(Gina) È giovedì. Oggi è il due maggio. (#)
(Giorgia) Domani pomeriggio vado in Liguria. (#)
(Gina) A Genova, non è vero? (#)
(Giorgia) Sì. Vado a Genova con i miei genitori. (#)
(Gina) Io invece raggiungo i miei colleghi sul Lago di Garda. (#)

Comprensione

Attività 5. Che tempo fa? You will hear five brief descriptions of the weather. Match each one with the most appropriate weather expression. **Pronti? Cominciamo.**

1. C'è il sole.
2. Piove e tira molto vento.
3. Fa molto caldo e c'è molta umidità.
4. Non è nuvoloso.
5. È inverno e la temperatura è di zero gradi centigradi.

Attività 6. Descrizioni. You will hear four descriptions of the weather. As you listen, match the number of each description with the appropriate drawing. **Ascolti.**

1. Mi piace il mese di ottobre quando il sole ha una luce tutta speciale e non fa né molto caldo né molto freddo. Adoro le giornate serene di ottobre, ma non mi piace la nebbia del mese di novembre.
2. Nel mio paese c'è un clima primaverile per molti mesi dell'anno. C'è spesso il sole, ma qualche volta piove. I campi e le montagne intorno al mio paese sono quasi sempre verdi. Che clima stupendo!
3. Che caldo! Oggi è una giornata veramente afosa. Non riesco proprio a sopportare questo clima caldo e umido. Quando fa così caldo, preferisco andare in montagna.
4. Perché vuoi andare via proprio adesso? Non vedi come nevica? Fa molto freddo e tira anche vento. Aspetta fino a domani. È pericoloso guidare di notte con questo tempaccio.

Attività 7. Alcune espressioni di tempo con *volta, di, ogni, tutti, tutte*. You will hear five statements. Match each one with the appropriate time expression. **Pronti? Cominciamo.**

1. Mi alzo sempre presto, dal lunedì alla domenica.
2. La mattina non faccio quasi mai colazione.
3. Mio nonno fa spesso una passeggiata nel parco.
4. Prenoto il campo da tennis per il sabato pomeriggio.
5. Noi andiamo al mare sempre nel mese di luglio.

Attività 8. Domande. Caterina is asking Tommaso about his trip to the United States. Listen to her questions and then complete Tommaso's answers by writing the appropriate form of the imperfect. **Ascolti e scriva.**

1. Hai mai bevuto il caffè americano? (#)
2. Hai mai visto una partita di baseball? (#)
3. Hai mai chiesto indicazioni in inglese? (#)
4. Hai mai letto il giornale in inglese? (#)
5. Hai mai fatto una telefonata in inglese? (#)
6. Hai mai guidato una macchina americana? (#)

Attività 9. Cosa facevi in Italia? Paola wants to know about Nino's experiences in Italy during his year of study there. Listen carefully and in your lab manual jot down the information requested.

(Paola) Quanto tempo sei stato in Italia?
(Nino) Quasi dieci mesi. Sono partito da casa alla fine di settembre e sono tornato a luglio.
(Paola) In quale città italiana hai studiato?
(Nino) A Padova. Precisamente all'università di Padova, una delle più antiche università del mondo. Pensa che è stata istituita nel 1221.
(Paola) Interessante. E dimmi, come trascorrevi le tue giornate lì? Cosa facevi?
(Nino) Tutti i giorni, dal lunedì al venerdì, andavo all'università. Avevo lezione tutte le mattine dalle nove a mezzogiorno. Poi alle dodici e mezzo andavo a mangiare.
(Paola) Dove mangiavi?
(Nino) Di solito mangiavo alla mensa universitaria.
(Paola) Com'era il cibo? Ti piaceva?
(Nino) Il cibo era discreto e non costava molto. Spesso mangiavo la pastasciutta che a me piace molto, e tanta insalata.
(Paola) Il pomeriggio tornavi all'università o andavi in giro per la città?
(Nino) Spesso trascorrevo il pomeriggio in biblioteca a studiare, e nel laboratorio di lingue ad ascoltare audiocassette o a guardare videocassette.
(Paola) E la sera, cosa facevi?
(Nino) Uscivo con gli amici. A volte andavamo a mangiare una pizza in qualche pizzeria del centro. Qualche volta ci sedevamo ad un bar a bere una birra e a mangiare qualche panino.
(Paola) Il tempo com'era? Faceva caldo?
(Nino) Non sempre. Spesso pioveva e c'era la nebbia.
(Paola) E il sabato e la domenica restavi sempre a Padova?
(Nino) No, quasi mai. Viaggiavo molto con il treno. Andavo a Venezia, a Bologna, a Firenze e a volte facevo anche delle gite sulle Alpi.

(Paola) Allora, sei stato veramente bene in Italia. Quasi quasi ci vado a studiare anch'io l'anno prossimo.
(Nino) Non è una cattiva idea!

Attività 10. Dettato. The passage you hear next will be read three times. (a) First, just listen. **Ascolti.** (Paragraph is read without pauses.)

L'estate scorsa, / quando ero al mare, / facevo spesso gite / con gli amici. / Qualche volta andavamo anche in montagna. / Di quando in quando / andavamo a visitare / vari paesi interessanti nei dintorni / e facevamo molte fotografie. / Qualche volta / ci divertivamo / ad andare in giro / per negozi caratteristici / e compravamo ceramiche locali. / Faceva quasi sempre bel tempo. / Raramente pioveva / ma a volte era nuvoloso. /

(b) Now listen again, and supply the missing words. **Ascolti e scriva.** (Paragraph is repeated with pauses.) (c) Now listen once more, and check what you wrote. **Ascolti di nuovo.** (Paragraph is repeated with slight pauses after each sentence.)

Lezione 10
Ad una mostra cinematografica

Attività 1. Comprensione del dialogo. Listen to the dialogue. **Ascolti.**

Marco e Giuliana si trovano in una discoteca di Roma e incontrano il loro amico Alessandro.

(Marco) Ciao, Alessandro, la settimana scorsa ti ho cercato, ma non eri mai in casa. Dove sei andato?
(Alessandro) A Venezia, alla Mostra Internazionale del Cinema.
(Giuliana) Davvero? Quanti personaggi cinematografici hai visto? Erano simpatici gli attori? E le attrici indossavano abiti eleganti?
(Alessandro) So che c'erano registi internazionali e stelle del cinema americano, ma io non ho avuto l'occasione di vederli.
(Marco) E allora cosa facevi lì se non hai visto nessuno?
(Alessandro) Ero con mia sorella che con i suoi compagni di classe ha vinto un concorso con un documentario sulla moda italiana.
(Giuliana) Che cosa interessante! Tu sai bene che la moda, i vestiti e gli accessori sono la mia passione!
(Alessandro) Allora ti piacerà il nostro documentario dove le giacche e i pantaloni neri di Armani sono presentati in contrasto con i colori sgargianti delle gonne e delle camicette di Versace.
(Marco) Anch'io sono curioso di vedere questo documentario. Ma dimmi, hai visto qualche bel film italiano o straniero? Dopo l'Oscar assegnato a Roberto Benigni per *La vita è bella*, il cinema italiano è in ripresa, non è vero?
(Alessandro) Sì, certo. Sono andato a vedere un film molto bello di Giuseppe Tornatore. Ho visto anche un film cinese con i sottotitoli in inglese. Però per leggere l'inglese non ho seguito bene le immagini e alla fine non ci ho capito proprio un bel niente.

Attività 2. Vero o falso? You are going to hear five statements based on the dialogue. For each one choose **vero** or **falso**. **Pronti? Cominciamo.**

1. Gli amici si incontrano in una discoteca.
2. La Mostra Internazionale del Cinema si fa a Venezia.
3. Alessandro è un bravo attore del cinema italiano.
4. La sorella di Alessandro è una regista famosa.
5. Alessandro indossava un paio di pantaloni neri di Armani.

Pronuncia

Attività 3. Pronuncia: Il suono delle lettere *gli*. Listen and repeat the following words, paying attention to the sound of the letters *gli*. Remember that *gli* is pronounced somewhat like the *lli* in *million*. **Ascolti e ripeta.**

gli (#)	biglietto (#)	abbigliamento (#)
figli (#)	maglia (#)	bottiglia (#)
agli (#)	meglio (#)	Cagliari (#)
degli (#)	luglio (#)	voglio (#)

Attività 4. Dov'è Cagliari? Listen to the conversation of two tourists in Sardegna. Repeat each line, paying attention to the pronunciation of *gli*. **Ascolti e ripeta.**

(Il turista)	Cagliari è al nord. (#)
(La turista)	No, ti sbagli. Cagliari è al sud. (#)
(Il turista)	Vogliamo andare a Cagliari stasera? (#)
(La turista)	È meglio domani. Ora gli uffici sono chiusi. (#)
(Il turista)	Certo. Bisogna comprare i biglietti. (#)

Comprensione

Attività 5. In un negozio di abbigliamento. Listen to the dialogue between signor Landi and a clerk in a clothing store. As you listen, check the items that signor Landi buys. **Ascolti.**

(Commesso)	Buon giorno, signore. Desidera?
(Signor Landi)	Ho bisogno di un paio di calzini.
(Commesso)	Di lana o di cotone?
(Signor Landi)	Di cotone, e preferibilmente grigi.
(Commesso)	Ecco. Ha bisogno di altro? Di una cravatta, per caso?
(Signor Landi)	No. Ma mi piacerebbe vedere qualche sciarpa di seta.
(Commesso)	Ecco una bella sciarpa a tinta unita.
(Signor Landi)	Sì. È un bel rosso scuro. Ma che prezzo!
(Commesso)	Le possiamo fare uno sconto del venti per cento sulla sciarpa.
(Signor Landi)	Allora, la prendo.
(Commesso)	Altro?
(Signor Landi)	Ho anche bisogno di un paio di guanti e di un cappello.
(Commesso)	Di che colore?
(Signor Landi)	Neri. Tutti e due neri.
(Commesso)	Ecco a lei.
(Signor Landi)	I guanti sono troppo piccoli. Ha un'altra misura?
(Commesso)	No. Mi dispiace.
(Signor Landi)	Il cappello mi sta molto bene, ma i guanti non calzano bene. Sarà per un'altra volta.

Attività 6. Gli annunci pubblicitari. You will hear three radio commercials announcing sales taking place at various department stores (*grandi magazzini*). As you listen, check the department store that would be of interest to each of the people listed. Before listening to the commercials, read the list of people and the items they need. **Legga e poi ascolti.**

Oggi grande svendita di scarpe, sandali e stivali nei grandi magazzini della Rinascente. Grande varietà di calzature di ottima qualità per uomini, donne e bambini. Visitate il secondo piano della Rinascente, dove sicuramente trovate quello che cercate.

Da domani, grandi sconti nei grandi magazzini Standa. Signore e signorine, avete bisogno di camicette e di gonne di seta, di lino e di cotone? Di camicette e gonne a righe, a quadri o a tinta unita? Ebbene, venite alla Standa, dove vi vengono offerti sconti dal venti al quaranta per cento. Signore e signorine, domani avete un appuntamento importante ai grandi magazzini Standa. Ricordate che ci sono magazzini Standa in quasi tutti i quartieri della città.

Favolosa svendita di fine stagione nei grandi magazzini Coin. Maglie e maglioni di lana e di seta. Pantaloni di lana da uomo e da donna di tutte le taglie. Camicie di cotone con le maniche lunghe. Anche alcune taglie di giacche e cappotti da uomo. Ma fate presto! La svendita dura solo tre giorni. Solo i grandi magazzini Coin possono offrirvi questi prezzi incredibili.

Attività 7. Contrasto fra l'imperfetto ed il passato prossimo. The following sentences describe Claudio's trip to Venice last year. For each sentence, you will hear a time expression. Circle the appropriate form of the verb. **Ascolti e scelga.**

1. Il quindici maggio . . . (#)
2. Ogni giorno . . . (#)
3. Un giorno . . . (#)
4. Tutti i giorni . . . (#)
5. Cinque volte . . . (#)
6. Non . . . mai (#)

Attività 8. Un sondaggio. Marcello is interviewing Martina and Silvano about films and cinema in general. Listen carefully and in your lab manual indicate each of their preferences.

(Marcello) Ragazzi, innanzitutto voglio sapere se andate spesso al cinema.
(Martina) Io amo andare al cinema e ci vado molto spesso. Quando ci sono bei film, ci vado anche due volte alla settimana.
(Silvano) Devo confessare che anche a me piace molto il cinema. Ma non ci vado molto spesso. Sì e no una volta al mese. Ma guardo molti film alla televisione.
(Marcello) Quale genere di film preferisci, Silvano?
(Silvano) I film gialli sono la mia passione. Ma vedo volentieri anche film d'azione e di fantascienza.
(Marcello) Anche a te, Martina, piacciono film di questo genere?
(Martina) Devo ammettere che mi piacciono i film gialli, ma preferisco i film drammatici e anche commedie brillanti.

(Marcello) Ti piacciono i film stranieri o vedi solo film italiani?
(Martina) Oltre ai film italiani e francesi, vedo anche molti film americani.
(Marcello) I film stranieri li segui in lingua originale o doppiati?
(Martina) Quando posso, in lingua originale.
(Marcello) E tu, Silvano?
(Silvano) Dato che io i film li guardo alla televisione digitale, spesso li seguo in lingua originale. Ma quando non li capisco troppo bene, torno subito all'italiano.

Attività 9. Frasi incomplete. You will hear the beginning of a sentence, followed by two alternative endings. The beginning of the sentence will then be repeated. Write it next to the correct ending.

Esempio: Alla mostra partecipavano . . .
a. ai modelli eleganti.
b. solo gli uomini.
You write *Alla mostra partecipavano* next to alternative *b* (solo gli uomini).

Adesso cominciamo.

1. Marcello ha . . .
   a. partecipato alla mostra.
   b. alla Regione Toscana.
2. La mostra ha . . .
   a. avuto molto successo.
   b. agli studenti universitari.
3. Una donna . . .
   a. borsa e sandali.
   b. indossava una giacca di seta.
4. Un'altra donna . . .
   a. in una vetrina di un negozio.
   b. portava un abito lungo.
5. Questi abiti . . .
   a. sono sensazionali.
   b. elegante ma caro.

Attività 10. Un vestito elegante. Listen to a conversation between a customer and a salesclerk in a clothing shop. As you listen, check off **sì** or **no**, for each question in your lab manual.
Ascolti.

(Signorina) Per il matrimonio di mia sorella, cerco un vestito elegante ma non troppo costoso.
(Commessa) Noi abbiamo vari modelli molto carini di stilisti famosi.
(Signorina) Saranno senz'altro molto cari!
(Commessa) Non necessariamente. C'è un modello di Laura Biagiotti che le piacerà sicuramente. Anche il prezzo non è esagerato.
(Signorina) Posso vederlo e provarlo, se mi piace?

(Commessa)   Certamente. Si accomodi di là e le porto subito il vestito.
(Signorina) Mi scusi, ma mi può dire adesso quanto costa?
(Commessa)   Circa mille euro.
(Signorina) Non è esageratamente caro, ma mi può fare un piccolo sconto?
(Commessa)   Per ora provi il vestito. Se poi lo acquista, cercherò di accontentarla.

Lezione 11
La settimana bianca

Attività 1. Comprensione del dialogo. Listen carefully to the dialogue. **Ascolti.**

Flavia Mellini e Patrizia Carboni, due ragazze torinesi, si incontrano per programmare un breve soggiorno sulla neve.

(Flavia) Allora, Patrizia, andiamo a sciare?
(Patrizia) Sì. Ma ho bisogno di un nuovo paio di sci.
(Flavia) Ti posso mostrare i miei sci? Se ti piacciono, puoi andare a comprarli dove li ho comprati io.
(Patrizia) Se sono a poco prezzo, vanno bene anche per me.
(Flavia) Allora sei d'accordo per una settimana bianca al Sestriere?
(Patrizia) Certo. In quale albergo andiamo a stare?
(Flavia) Sai bene che non mi piace andare in albergo.
(Patrizia) Ma trovare un altro posto a buon prezzo non è facile.
(Flavia) Lo so. Tutta la zona è molto cara, ma ho un'idea. Recentemente mio zio ha comprato un appartamento non molto lontano dalle piste. Forse possiamo stare lì per una settimana.
(Patrizia) Che fortuna! Perché non gli telefoni allora? Ecco, prendi il mio telefonino.
(Flavia) Ma come andiamo, in treno o in macchina?
(Patrizia) Forse possiamo prendere la macchina di mio fratello. Stasera gli chiedo se ci presta la sua Alfa Romeo. Lui, poverino, si è rotto un braccio due giorni fa e non può guidare.
(Flavia) Mi dispiace, non lo sapevo.
(Patrizia) Niente di grave, sono cose che capitano. Ma adesso telefona a tuo zio, così possiamo definire tutto il programma.
(Flavia) Va bene. Dammi il tuo telefonino.... Non risponde. Gli telefono più tardi e noi ci sentiamo stasera. D'accordo?

Attività 2. Vero o falso? You will hear five statements based on the dialogue. For each one, choose **vero** or **falso**. **Pronti? Cominciamo.**

1. Flavia e la sua amica programmano due settimane sulla neve.
2. Patrizia ha bisogno di un nuovo paio di sci.
3. Le due amiche hanno deciso di andare a sciare in Trentino-Alto Adige.
4. Lo zio di Flavia ha un appartamento vicino alle piste.
5. Il fratello di Patrizia non può guidare perché si è rotto un braccio.

Pronuncia

Attività 3. Pronuncia: Il suono delle lettere *gn*. Listen and repeat the following words, paying attention to the sound of the letters *gn*. Remember that in Italian the letters *gn* are pronounced very much like the *ny* in *canyon*. **Ascolti e ripeta.**

ogni (#)	montagna (#)	cognome (#)	compagno (#)
signorina (#)	bisogno (#)	giugno (#)	Spagna (#)
signora (#)	ognuno (#)	magnifico (#)	compagna (#)

Attività 4. Mio cognato è spagnolo. Listen to the dialogue between Cesare and Valerio. Repeat each line, paying attention to the *gn* sound. **Ascolti e ripeta.**

(Cesare)   È spagnolo tuo cognato? (#)
(Valerio)   Sì, ma non insegna in Spagna. (#)
(Cesare)   Dove insegna? (#)
(Valerio)   A Legnano. (#)
(Cesare)   Lo vedi spesso? (#)
(Valerio)   Sì, quasi ogni mese. (#)

Comprensione

Attività 5. Il corpo umano. You will hear three short dialogues. As you listen, check the parts of the body that are mentioned. **Ascolti i dialoghi.**

(Signora Ponte)   Oggi Marco non può andare a lezione.
(Signor Ponte)   Perché? Sta male?
(Signora Ponte)   Sì, è a letto ed ha la febbre.
(Signor Ponte)   Gli fa male la testa?
(Signora Ponte)   Sì, e gli fa male anche la gola.

(Emilio)   Com'è Barbara?
(Nora)   È una ragazza molto carina.
(Emilio)   Ha gli occhi azzurri come te?
(Nora)   Sì, ma ha i capelli biondi.
(Emilio)   È alta?
(Nora)   No, non è molto alta, ma è snella.

(Studentessa)   Che esercizio posso fare per mantenere il corpo elastico?
(Istruttore)   Piega le gambe e stendi le braccia in avanti.
(Studentessa)   Quante volte devo ripetere questo esercizio?
(Istruttore)   Almeno dieci volte ogni mattina.

Attività 6. Oggetti personali utili. You will hear five radio ads for useful personal objects. As you listen, number the drawing of each object you hear advertised. **Ascolti gli annunci pubblicitari.**

1. Per un viso bello, liscio e pulito, usa il sapone Colomba. Lava il tuo viso due volte al giorno con questo sapone straordinario: sapone Colomba.
2. Volete asciugare i vostri capelli bene e rapidamente? Usate l'asciugacapelli Spido. Lo Spido è il migliore asciugacapelli sul mercato. Potete scegliere o un asciugacapelli per uso domestico o uno da viaggio.
3. Sono in svendita presso il negozio di biancheria Bassetti bellissimi asciugamani di cotone. Di vari colori e disegni, gli asciugamani Bassetti sono morbidi, belli e duraturi. Comprate tre asciugamani da bagno per solo trenta euro.
4. Vuoi raderti la barba ogni mattina senza dolore e senza problemi? Usa il rasoio elettrico Zeta. Il rasoio elettrico Zeta rade bene ed in fretta. Puoi trovare il rasoio elettrico Zeta presso i migliori negozi di elettrodomestici.
5. Denti sani e bocca fresca sono il risultato di quando si usa il dentifricio del Capitano. Provate il dentifricio del Capitano e subito vedrete ottimi risultati. Potete acquistare il dentifricio del Capitano presso tutte le farmacie.

Attività 7. Domande. You will hear a series of questions, each one followed by two possible responses. The question will be repeated. Choose the logical answer, *a* or *b*.

Esempio: Cosa mi hai detto?
          a. Non ti ho detto niente.
          b. Non mi hai detto niente.
         Cosa mi hai detto?   You check *a*.

Pronti? Cominciamo.

1. A Luisa piace il gelato?
    a. Sì, le piace il gelato.
    b. No, non ci piace il gelato.
    A Luisa piace il gelato? (#)
2. Gianni ha dato gli sci a te?
    a. Sì, ti ha dato gli sci.
    b. Sì, mi ha dato gli sci.
    Gianni ha dato gli sci a te? (#)
3. Chi vi ha consigliato di andare in montagna?
    a. Il dottore ci ha consigliato di andare in montagna.
    b. Il dottore vi ha consigliato di andare in montagna.
    Chi vi ha consigliato di andare in montagna? (#)
4. Devi telefonare a Maria adesso?
    a. Sì, devo telefonargli adesso.
    b. Sì, devo telefonarle adesso.
    Devi telefonare a Maria adesso? (#)

5. Avete mandato le foto a Carlo e a Gina?
   a. Sì, abbiamo mandato loro le foto.
   b. Sì, le abbiamo mandato le foto.
   Avete mandato le foto a Carlo e a Gina? (#)
6. Paolo ed Angela ti hanno scritto?
   a. No, non mi hanno scritto.
   b. No, non hanno scritto loro.
   Paolo ed Angela ti hanno scritto? (#)
7. Chi prepara il caffè a me e a Luigi?
   a. Pietro ci prepara il caffè.
   b. Pietro vi prepara il caffè.
   Chi prepara il caffè a me e a Luigi? (#)

Attività 8. La segreteria telefonica. Flavia is leaving a message on her uncle's voice mail. Listen carefully, and then briefly answer the questions in your lab manual.

Ciao, zio Mario. Sono Flavia. Ti ho telefonato varie volte oggi ma non ti ho trovato. Volevo chiederti un favore. La prossima settimana la mia amica Patrizia ed io andiamo a sciare e volevo chiederti se possiamo utilizzare il tuo appartamento in montagna. Mi puoi chiamare sul telefonino non appena puoi? Il mio numero è 338.75.41.92.60.

Attività 9. Domande e risposte. You will hear a series of questions and answers. Each question will be repeated. During the pause, write the answer that you heard.

Esempio: Ti piacciono questi sci?
           No, non mi piacciono molto.
           Ti piacciono questi sci?   You write *No, **non mi piacciono molto.***

Pronti? Cominciamo.

1. Ti è piaciuta quella festa?
   Sì, mi è piaciuta molto.
   Ti è piaciuta quella festa? (#)
2. Che cosa è successo?
   Niente di grave.
   Che cosa è successo? (#)
3. Cosa ti fa male?
   Mi fa male il ginocchio.
   Cosa ti fa male? (#)
4. Come si sente tuo fratello?
   Non si sente molto bene. Ha la febbre.
   Come si sente tuo fratello? (#)
5. Hai lo spazzolino da denti?
   Sì, ma non ho il dentifricio.
   Hai lo spazzolino da denti? (#)

Attività 10. Un completo da sci. Listen to a dialogue between a customer and a salesclerk in a ski shop. As you listen, match the phrase that best completes each sentence in your lab manual. **Ascolti e scriva.**

(Il cliente) Questa fine settimana vado a sciare ed ho bisogno di un nuovo paio di sci.
(Commesso) Abbiamo una vendita promozionale di un completo da sci. È di buona marca e non costa molto.
(Il cliente) Che cosa comprende quest'offerta promozionale?
(Commesso) Un paio di sci, pantaloni, giacca a vento, guanti e cappello.
(Il cliente) Di che colore è il completo da sci?
(Commesso) Ci sono solo due colori: nero e azzurro chiaro. Quale preferisce?
(Il cliente) Quello nero. La mia taglia è 48 e il numero degli scarponi è 44.
(Commesso) Aspetti un momento e le porto subito il completo.
(Il cliente) Scusi, ma quanto costa questo completo?
(Commesso) Solo trecento euro. È un affare.

Lezione 12

Chi gioca?

Attività 1. Comprensione del dialogo. Listen carefully to the dialogue. **Ascolti.**

Alberto Manzini e Daniela Poli fanno programmi per la fine settimana.

(Alberto) Daniela, vieni allo stadio con me domenica! Andiamo a vedere una bella partita di calcio. Che ne dici?
(Daniela) Non so se posso venirci. Chi gioca?
(Alberto) Roma e Napoli. Fa' la brava e vieni. Sarà un incontro interessante e spettacolare, ne sono sicuro.
(Daniela) D'accordo. Verrò. Ma ci verranno anche Luciano e i suoi amici?
(Alberto) Non lo so. Perché?
(Daniela) Sono un gruppo di ragazzi molto simpatici e durante la partita fanno sempre un tifo tremendo per la Roma. È proprio un divertimento andare allo stadio con loro.
(Alberto) Sì, però qualche volta esagerano. Fare il tifo per la propria squadra è bello, ma non è necessario insultare o litigare con i tifosi dell'altra squadra.
(Daniela) Hai ragione. Ma dimmi, a che ora dovremo essere allo stadio?
(Alberto) Verso l'una. I posti non sono riservati e ci saranno quasi centomila persone.
(Daniela) Allora bisogna comprare subito i biglietti!
(Alberto) Eh, sì. Ci avevo pensato anch'io. Posso comprarli oggi pomeriggio da un rivenditore vicino a casa mia.
(Daniela) Ah, il denaro! Adesso ne ho poco con me. Ho degli euro. Ne ho solo dieci però. Ti darò il resto domenica pomeriggio. Va bene?
(Alberto) Non essere sciocca. Li pagherò io per tutti e due.
(Daniela) Grazie. Sei sempre molto gentile.
(Alberto) Allora, questa sera telefono a Luciano e poi ti farò sapere se anche lui verrà allo stadio con noi.

Attività 2. Vero o falso? You will hear five statements based on the dialogue. Check **vero** or **falso,** whichever is appropriate. **Pronti? Cominciamo.**

1. Alberto invita Daniela ad andare alla partita di calcio.
2. Allo stadio ci sarà l'incontro Roma-Napoli.
3. Luciano e i suoi amici non fanno il tifo per nessuna squadra.
4. Alberto ha già comprato i biglietti.
5. Molta gente andrà a vedere questa partita.

Pronuncia

Attività 3. Pronuncia: I suoni della lettera z. Listen and repeat the following words, paying attention to the sounds of the letter z. Remember that the letter z is pronounced in two ways in Italian: *ts* as in *cats*, and *dz* as in *fads*. **Ascolti e ripeta.**

zio (#)	piazza (#)	zero (#)	azzurro (#)
pazienza (#)	bellezza (#)	zaino (#)	mezzo (#)
zucchero (#)	ragazzo (#)	marzo (#)	pizza (#)
attenzione (#)	prezzo (#)	zona (#)	mezzogiorno (#)

Attività 4. Lo zaino azzurro. Listen to the dialogue between Gastone and Lorenzo. Repeat each line, paying attention to the pronunciation of the letter z. **Ascolti e ripeta.**

(Gastone) Di chi è quello zaino azzurro? (#)
(Lorenzo) È dello zio Renzo. (#)
(Gastone) E dov'è lo zio Renzo? (#)
(Lorenzo) È andato a comprare la pizza. (#)
(Gastone) Dove? (#)
(Lorenzo) In una pizzeria in Piazza Mazzini. (#)

Comprensione

Attività 5. Gli sport. You will hear five people talking about their favorite sports. As you listen, write down each speaker's favorite sport. **Ascolti.**

(Maurizio) Mi chiamo Maurizio. A me piacciono gli sport invernali. Preferisco passare le mie vacanze in montagna, specialmente quando c'è la neve. È bello sciare sulle piste bianche di neve.

(Silvia) Mi chiamo Silvia. A me invece piacciono gli sport estivi. Adoro andare al mare e mi piace stare al sole quando fa caldo. Ma più di tutto preferisco andare in barca, specialmente quando tira un po' di vento.

(Renato) Mi chiamo Renato. Spesso, quando fa bel tempo, io ed i miei amici prendiamo le nostre biciclette ed andiamo fuori città. Preferiamo correre sulle strade di campagna, dove non c'è molto traffico automobilistico.

(Cristina) Mi chiamo Cristina. Quasi ogni fine settimana vado nella nostra casa di campagna dove abbiamo due cavalli. Il sabato e la domenica mattina mi alzo presto e, se non piove, vado a prendere il mio cavallo e tutti e due andiamo in giro per i campi e le colline dei dintorni.

(Ottavio) Mi chiamo Ottavio. Io veramente non pratico nessuno sport. Sono molto pigro e preferisco guardare gli sport alla televisione. Più di qualsiasi altra cosa, guardo le partite di calcio. Non vado quasi mai allo stadio, ma la domenica pomeriggio sono sempre seduto davanti al televisore e guardo la trasmissione televisiva "Tutto il calcio, minuto per minuto."

Attività 6. La pubblicità commerciale. You will hear an ad for a resort in the Alps. As you listen, check which sports can be enjoyed there. **Pronti? Cominciamo.**

Dove trascorrere una settimana bianca quest'inverno? Ecco una splendida idea: l'Albergo Savoia, a solo cento metri dalle piste di sci e di pattinaggio sul ghiaccio. Comprende camere con servizi e telefono, piscina coperta e una palestra dove gli ospiti di ogni età possono giocare a tennis e a pallacanestro. Telefonate subito all'Albergo Savoia e prenotate la settimana bianca di vostra scelta. Le quote previste per i soggiorni settimanali comprendono la pensione completa e vanno da quattrocento a ottocento euro. Il telefono dell'Albergo Savoia è 91.35.123.

Attività 7. La posta elettronica. You will hear an e-mail that Andrea has sent to his parents. Listen carefully, and in your lab manual write the correct form of the verb in the future, *only* for those activities that Andrea is planning to do this afternoon, this evening, and tomorrow.

Ciao mamma, ciao papà,

voglio farvi sapere che sto trascorrendo una bella vacanza a casa di Luigi. Ieri pomeriggio siamo andati a vedere una bella partita di pallacanestro e ieri sera siamo andati in discoteca. Stamattina ci siamo riposati, ma questo pomeriggio andremo a cavallo. Stasera poi ci sarà una festa in casa e Luigi ha già invitato molti dei suoi amici. Io mi occuperò della grigliata. Domani invece andremo al mare dove nuoteremo, prenderemo il sole e andremo in barca. Non vi preoccupate per me. Vi prometto che farò il bravo. Vi abbraccio,

Andrea

Attività 8. Dovrò chiamare Giuseppe. You will hear someone thinking out loud. Listen to what he says, and then answer the questions in your lab manual. **Ascolti e risponda.**

Forse sabato sera potrò andare alla partita di pallacanestro, ma dovrò prima chiedere al mio amico Giuseppe se vorrà venire con me. Quando siamo andati un mese fa, non abbiamo potuto comprare i biglietti con molto anticipo ed abbiamo dovuto accontentarci di posti molto scomodi. Dovrò chiamare Giuseppe al più presto. Sarà in casa a quest'ora?

Lezione 13
Cento di questi giorni!

Attività 1. Comprensione del dialogo. Listen to the dialogue. As you listen, check the character to whom each activity or description applies. **Ascolti.**

Alcuni amici festeggiano il compleanno di Giulio Forattini, che oggi compie vent'anni. Franco Bresciani va alla festa con Paola Marullo.

(Franco) (*agli amici*) Ragazzi, vi presento mia cugina Paola. Paola, ecco i miei amici. Vieni che te li presento.
(Luciana) Io sono Luciana. Lieta di conoscerti, Paola. Sei la cugina che viene da Napoli, vero?
(Paola) Sì, e tu sei l'amica di cui Franco mi parla molto spesso.
(Luciana) Ah, sì? Ne sono lusingata. Sentite, vorreste bere qualcosa adesso?
(Franco) Sì, io berrei qualcosa di fresco.
(Luciana) Là ci sono i piatti e i bicchieri. Sul tavolo ci sono gli antipasti, e le bevande sono nel frigorifero. Potete servirvi da soli.
(Paola) Grazie, sei molto gentile.
(Luciana) Più tardi poi, come primo piatto, mangeremo gli spaghetti al pesto.
(Franco) Al solo pensiero mi viene l'acquolina in bocca.

Comprensione

Attività 2. Alimenti e pasti. You will hear eight descriptions of foods and utensils. Check the item each one describes.

Esempio: Lo uso per bere.   You check *bicchiere*.

Pronti? Cominciamo.

1. È un primo piatto. (#)
2. Lo uso per mettere lo zucchero nel caffè. (#)
3. Serve per mangiare la pastasciutta. (#)
4. È un contorno. (#)
5. Serve per mangiare la minestra. (#)
6. È il pasto principale. (#)
7. È un dolce. (#)
8. Serve per pulire le labbra e le mani quando si mangia. (#)

Attività 3. Cosa devo comprare? Listen to the dialogue between Ivana and her mother, who is asking her daughter to buy groceries. As you listen, identify the shops Ivana needs to go to in order to buy what her mother needs. **Ascolti.**

(Mamma) Allora, Ivana, esci stamattina?
(Ivana) Sì, mamma. Esco adesso. Perché?
(Mamma) Ho bisogno di mezzo chilo di vitello e di un chilo di scampi.
(Ivana) Va bene. Ma non ho abbastanza soldi.
(Mamma) I soldi sono nella mia borsa.
(Ivana) Dov'è la tua borsa?
(Mamma) Sulla sedia in cucina.
(Ivana) Hai bisogno di altro?
(Mamma) Sì. Prendi anche un po' di pane fresco.
(Ivana) Allora, hai bisogno di mezzo chilo di vitello, un chilo di scampi e un po' di pane fresco. Basta così?
(Mamma) No, non credo. Prendi anche un litro di latte perché devo fare un dolce.
(Ivana) Va bene. Allora, vado. Ciao.

Attività 4. Organizziamo una festa. Arturo is talking to Bianca about organizing a party. Listen carefully, and in your lab manual jot down the information requested. Review the list before listening.

(Arturo) Senti, Bianca, vorrei organizzare una festa per mia sorella Cristina che fra una settimana va a studiare in Francia.
(Bianca) Che pensiero gentile! E quando vorresti farla questa festa?
(Arturo) Che ne diresti di sabato sera?
(Bianca) Non c'è molto tempo per organizzare tutto. Dovremmo darci da fare fin da adesso.
(Arturo) Vediamo. Innanzitutto, bisognerebbe contattare i nostri amici per vedere quanti di loro sono disposti a venire.
(Bianca) Ecco il telefonino. Possiamo cominciare a chiamarli o a lasciargli un messaggio.
(Arturo) Aspetta un momento. Pensiamo prima al tipo di festa che vogliamo fare.
(Bianca) Io direi di fare una cena fredda in piedi.
(Arturo) D'accordo. E che cosa serviremo?
(Bianca) Innanzitutto degli antipasti. Poi dei primi piatti che potremmo preparare con molto anticipo, e molti contorni a base di vegetali.
(Arturo) Benissimo. Poi tante bevande fresche e alla fine un bel dolce con lo spumante.
(Bianca) Naturalmente tutto servito con piatti, posate e bicchieri di plastica e tanti tovaglioli di carta.
(Arturo) Ma certamente. E dovremmo avere tanta bella musica. Porta i tuoi CD che sono molto belli.
(Bianca) Sicuro. Allora, all'opera! Sarebbe bene fare prima di tutto queste telefonate per sapere per quante persone bisogna preparare da mangiare.

Attività 5. Domande. You will hear a series of questions, each one followed by two alternative responses. The question will then be repeated. Choose the correct answer by checking *a* or *b*.

Esempio: Chiedi un favore a Valeria?
　　　　　a. Sì, glielo chiedo.
　　　　　b. Sì, lo chiedo loro.
　　　　　Chiedi un favore a Valeria?　　　　You check *a*.

Pronti? Cominciamo.

1. Devo mandarti i biglietti?
   a. Sì, me li devi mandare.
   b. Sì, glieli devi mandare.
   Devo mandarti i biglietti? (#)
2. Hai fatto gli auguri a Lidia?
   a. Sì, glieli ho fatti.
   b. Sì, te li ho fatti.
   Hai fatto gli auguri a Lidia? (#)
3. Le hai chiesto dei soldi?
   a. No, non glieli ho chiesti.
   b. No, non gliene ho chiesti.
   Le hai chiesto dei soldi? (#)
4. Chi compra il biglietto a Lucio?
   a. Ce lo compra Tina.
   b. Glielo compra Tina.
   Chi compra il biglietto a Lucio? (#)
5. Chi ci prepara la colazione?
   a. Il cameriere gliela prepara.
   b. Il cameriere ve la prepara.
   Chi ci prepara la colazione? (#)
6. Fate una telefonata ai vostri amici?
   a. Sì, ce la facciamo.
   b. Sì, gliela facciamo.
   Fate una telefonata ai vostri amici? (#)
7. Puoi prestarmi il computer?
   a. No, non posso prestartelo.
   b. No, non posso prestarmelo.
   Puoi prestarmi il computer? (#)
8. Ti lavi le mani?
   a. Sì, me le lavo.
   b. Sì, te li lavo.
   Ti lavi le mani? (#)

Attività 6. Domande e risposte. You will hear a question followed by two answers. Write the correct answer. You will hear each question-and-answer set twice.

Pronti? Cominciamo.

1. Perché fai gli auguri a Ernesto?
    a. È il suo compleanno.
    b. Facciamo un bel brindisi. (#)
2. Mangerebbe gli spaghetti al pesto?
    a. Sì, gli farebbe molto piacere conoscerli.
    b. No, preferisce il minestrone. (#)
3. Ti posso presentare mia cugina Paola?
    a. Mi fa molto piacere di conoscerti, Paola.
    b. Cento di questi giorni, Paola. (#)
4. Che cosa mangi a cena?
    a. Spesso vado al ristorante.
    b. Un po' di minestra, formaggio e frutta. (#)
5. Vorresti un po' d'acqua?
    a. Sì, ma ho bisogno di una forchetta.
    b. Sì, ma ho bisogno di un bicchiere. (#)
6. Sei andato dal pasticciere?
    a. Sì, ma non aveva la pastasciutta.
    b. Sì, ma non aveva la torta di mele. (#)

Attività 7. Auguri! You are going to hear three brief toasts. As you listen, write down what occasion is being celebrated. **Ascolti.**

Francesco e Lucia, siamo qui per celebrare il vostro venticinquesimo anniversario di matrimonio. Noi tutti vi auguriamo molti altri anni di felicità e di benessere. (#)

A nonno Paolo, che oggi compie ottanta anni e festeggia il suo compleanno, tutti noi nipoti auguriamo ancora molti anni di vita pieni di salute e tranquillità. (#)

A Giovanni, nel giorno in cui riceve la sua laurea in medicina, auguriamo una splendida carriera medica e un futuro ricco di soddisfazioni personali e professionali. (#)

Lezione 14
Il telegiornale delle venti

Attività 1. Comprensione del telegiornale. Listen carefully to the TV newscast. **Ascolti.**

Sono le venti e il telegiornale della sera va in onda.

(Annunciatrice) Buona sera! Ecco i titoli del nostro giornale.

- Stasera l'incontro dei due leader degli opposti schieramenti politici.
- La richiesta di adesione alla UE di altre tre nazioni europee.
- Visita al Papa del re di Spagna.
- Un'altro sbarco di clandestini in Puglia.
- All'alba ancora un incidente mortale dopo la discoteca.
- Continua l'altalena dell'euro rispetto al dollaro.
- La squadra nazionale di calcio incontra stasera la Germania.

Buona sera a tutti i nostri telespettatori!

- Le elezioni politiche sono alle porte. Questa sera alle 22,00 ci sarà su questo canale il primo incontro televisivo tra i due leader politici della destra e della sinistra. Gli elettori sperano che i candidati presentino un programma politico-economico serio e credibile.
- A Strasburgo il Parlamento europeo discute la richiesta di adesione alla UE di tre paesi dell'est Europa. I parlamentari pensano di prendere una decisione al più presto.
- Dopo la visita di ieri al Presidente della repubblica italiana, il re di Spagna si reca oggi dal Papa.
- Durante la notte si è arenata sulla costa pugliese una nave carica di trecento clandestini extracomunitari, per lo più donne e bambini. È possibile che la maggior parte venga rimpatriata.
- Dopo una notte in discoteca, quattro giovani hanno perso la vita in un incidente automobilistico vicino a Bologna. Sembra che, come al solito, l'eccessiva velocità sia la causa di questa disgrazia.
- Sui mercati finanziari l'euro è in difficoltà e continua a perdere valore rispetto al dollaro. È necessario che la Banca centrale europea prenda immediate decisioni per sostenerlo.
- Per lo sport, vi ricordo che su questa rete alle ore ventuno ci sarà l'incontro di calcio tra la nostra squadra nazionale e quella della Germania. Buon divertimento!

Grazie per averci seguito, e buona serata!

Attività 2. La scelta giusta. You will hear five questions based on the TV newscast. Each question mentions two possible answers. Check off the correct answer.

Esempio: Il Parlamento europeo è a Roma o a Strasburgo?   You mark *a Strasburgo.*

1. Stasera alle 22 i due leader politici si incontrano in televisione o allo stadio?
2. Richiedono adesione alla UE tre paesi del nord Africa o tre paesi dell'est Europa?
3. La causa dell'incidente automobilistico è la velocità o la discoteca?
4. Sui mercati finanziari è in difficoltà l'euro o il dollaro?
5. L'incontro di calcio va in onda alle ore quindici o alle ore ventuno?

Comprensione

Attività 3. Sei mai stata in Europa? You will hear a conversation between Lorenzo and Susanna. As you listen, check the European countries that Susanna has visited and those that Lorenzo has visited. **Ascolti.**

(Lorenzo)   Sei mai stata in Europa?
(Susanna)   Sì, sono andata a Roma con i miei genitori due anni fa.
(Lorenzo)   Conosci solo l'Italia?
(Susanna)   No, sono stata in Svizzera ed ho visto anche Parigi. E tu, conosci molti paesi europei?
(Lorenzo)   L'anno scorso sono stato un mese a Dublino, e da lì sono andato per alcuni giorni in Gran Bretagna e in Danimarca.
(Susanna)   Non sei stato in altri paesi?
(Lorenzo)   No, ma spero di andare in Spagna e Portogallo l'estate prossima.
(Susanna)   Hai deciso quando e con chi vai?
(Lorenzo)   Non ancora. Perché? Ti piacerebbe venire con me?
(Susanna)   Sì, anche a me piacerebbe visitare questi paesi.
(Lorenzo)   Allora, dovremmo cominciare a programmare il viaggio.

Attività 4. Visitate l'Europa con noi. As you listen to this TV ad for Il globo travel agency, write down the names of the cities the tour promises to visit. Then stop the tape and add the Italian name of the country where each city is located. **Ascolti.**

Perché non passate le più belle vacanze della vostra vita in Europa quest'estate? Venite con noi per due settimane. Avrete modo di ammirare lo splendore barocco di Praga; potrete fare una riposante gita in barca sul Danubio blu a Budapest; e potrete visitare le meravigliose chiese di Varsavia. Partiamo da New York il sedici luglio e torniamo il primo di agosto. Telefonateci per avere informazioni più dettagliate. Potete trovare i nostri numeri telefonici sulle *Pagine gialle*. Ricordate che solo Il globo vi può offrire vacanze indimenticabili a prezzi accessibili.

Attività 5. La politica e il governo. You will hear seven questions. Listen carefully and in your lab manual write the number of the question before the correct answer. Read the list before you begin.

1. Chi è a capo del comune di una città o di un paese?
2. Chi rappresenta ufficialmente la propria nazione all'estero?
3. Come si chiama il documento dove sono scritte le leggi di una nazione?
4. Chi è a capo di una monarchia?
5. Come si chiama l'organizzazione politica da cui si scelgono i vari candidati alle elezioni?
6. Come si chiama la forma di governo in cui il presidente viene eletto dai cittadini o dal parlamento?
7. Come si chiama la moglie del re?

Attività 6. Domande e risposte. You will hear a question followed by two alternative responses. You will then hear the question again. Choose the most appropriate answer, *a* or *b*.

Esempio: Chiami Maria?
            a. Non voglio che la chiami.
            b. Non voglio chiamarla.
         Chiami Maria?   You mark *b*.

Pronti? Cominciamo.

1. Partite domani?
   a. Sì, è importante che partiamo.
   b. Sì, è importante che partiate.
   Partite domani?
2. Chi compra i biglietti?
   a. È opportuno che mio fratello li compri.
   b. È opportuno che li compri presto.
   Chi compra i biglietti?
3. Che cosa faccio adesso?
   a. È meglio che studi.
   b. È meglio che studino.
   Che cosa faccio adesso?
4. Chi aiuta tua madre?
   a. Voglio che mio fratello l'aiuti.
   b. Voglio che mio fratello ti aiuti.
   Chi aiuta tua madre?
5. A che ora arrivano gli invitati?
   a. È probabile che arrivi presto.
   b. È probabile che arrivino presto.
   A che ora arrivano gli invitati?
6. Guardi il telegiornale tutti i giorni?
   a. Mio padre vuole che lo guardi.
   b. Mio padre non vuole guardarlo.
   Guardi il telegiornale tutti i giorni?

Attività 7. Completi le frasi. You will hear the beginning of a sentence, followed by two alternative endings. The beginning of the sentence will then be repeated. Write it next to the correct ending.

Esempio: I miei amici vogliono che io . . .
a. vada con loro.
b. andavo con loro.
I miei amici vogliono che io . . .

You write *I miei amici vogliono che io* next to alternative **a.** (*vada con loro*). The complete sentence reads *I miei amici vogliono che io vada con loro.*

Pronti? Cominciamo.

1. Il Presidente spera che il Parlamento . . .
   a. si reca a votare.
   b. sostenga quella legge.
2. È possibile che il senatore Brentano . . .
   a. sia in ritardo.
   b. esci di casa alle otto.
3. Non crediamo che quei candidati . . .
   a. abbiano successo.
   b. avevano molti voti.
4. Mia sorella insiste che io . . .
   a. guardo il telegiornale con lei.
   b. rimanga con lei.
5. Gli elettori sperano che voi . . .
   a. diciate la verità.
   b. vengono a votare.
6. Sembra che tu non . . .
   a. prendo nessuna decisione.
   b. voglia ascoltare il presidente.

Attività 8. Commenti. You will hear very brief descriptions of three experiences. Choose the appropriate exclamation in response. **Pronti? Cominciamo.**

1.

(Donna) Lo sapete che Marcello quando era in vacanza in Africa ha visto un leone che nuotava nella piscina dell'albergo? (#)

2.

(Uomo A) Ieri, mentre guidavo sull'autostrada Roma-L'Aquila, con la mia piccola Fiat ho superato una Ferrari che andava almeno a duecento chilometri l'ora. (#)

3.

(Uomo B) Ieri pomeriggio mentre camminavo per una via del centro ho visto un bambino che è caduto dentro una fontana. Per fortuna c'era poca acqua e il bambino non si è fatto niente. (#)

Lezione 15
Che cosa è in programma?

Attività 1. Comprensione del dialogo. Listen to the dialogue. **Ascolti.**

Mariella Vannini, Giuliana Liverani e Carlo Masina passeggiano per una via di Roma. Ad un tratto Giuliana si ferma davanti ad un cartello pubblicitario.

(Giuliana) Guardate, sabato prossimo alle Terme di Caracalla c'è l'*Aida* di Verdi. Vogliamo andare a vederla?
(Mariella) Mi sorprende che tu voglia andare all'opera. Non sai che sabato sera al Palazzo dello Sport si dà un concerto di musica leggera con il famoso complesso *I Cavalieri della notte*? Perché non si va lì invece?
(Carlo) Ma . . . , non so. Sebbene io sia già stato alcune volte a Caracalla, non ho mai visto l'*Aida*. Quindi penso che potrà essere una serata divertente.
(Giuliana) È vero. Il dramma di *Aida*, i bellissimi costumi, la musica e le luci nello scenario di Caracalla sono qualcosa di indimenticabile.
(Mariella) Sì, però al Palazzo dello Sport si possono ascoltare anche altri cantanti eccezionali. Michele Orlandini suona la chitarra e canta divinamente e . . .
(Carlo) Mariella, io non credo che per una volta un po' di musica classica ti faccia male!
(Mariella) E va bene! Benché io non m'intenda molto di musica classica o di opera, vediamo pure quest'*Aida*.
(Giuliana) Brava, mi fa piacere che ti abbiamo convinta. Stasera stessa telefonerò per prenotare i biglietti.

Attività 2. Completi le frasi. You will hear five incomplete sentences based on the dialogue. Choose the correct ending for each one by checking *a*, *b*, or *c*. **Pronti? Cominciamo.**

1. Carlo e le sue amiche . . .
    a. cercano un cartellone pubblicitario.
    b. fanno una passeggiata.
    c. si fermano davanti al Palazzo dello Sport.
2. Il cartellone pubblicitario annuncia . . .
    a. la rappresentazione di un'opera di Verdi.
    b. un concerto di Giuseppe Verdi.
    c. un programma di danze folcloristiche.
3. Un bel programma di musica leggera . . .
    a. è presentato al Palazzo dello Sport.
    b. è presentato alle Terme di Caracalla.
    c. è rinviato alla settimana prossima.

4. Mentre Giuliana e Carlo preferiscono andare all'opera...
   a. Mariella preferisce leggere.
   b. Mariella vuole andare al concerto di musica leggera.
   c. a Mariella piace andare a cavallo.
5. I tre amici decidono di andare...
   a. ad ascoltare *I Cavalieri della notte*.
   b. a fare una passeggiata.
   c. a vedere l'*Aida* sabato prossimo.

Comprensione

Attività 3. La fiera degli strumenti musicali. You will hear several people offering to sell or buy musical instruments on a radio program. As you listen, write the names of the instruments you hear mentioned. **Ascolti e scriva.**

1.

(Uomo A) Vendo una batteria elettronica usata solo in casa. Il prezzo: solo trecento euro trattabili. Chiamate Alessandro allo 06.24.82.21.2.

2.

(Donna A) Vendo organo Bontempi più manuale "Suoniamo l'organo elettronico," mai usato. Telefonate ore pasti e chiedete di Lara. Il telefono è 02.31.76.76.0.

3.

(Donna B) Cerco un'arpa in buone condizioni. Ho deciso di imparare a suonare questo splendido strumento musicale. Ho bisogno anche di un buon maestro. Io sono Vittoria. E se avete un'arpa per me, chiamatemi al più presto allo 081.33.35.78.9.

4.

(Donna C) Ciao a tutti. Sono Silva Fornari e compro un pianoforte di seconda mano in buone condizioni. Scrivetemi per descrivere il pianoforte che avete. Abito in via Cola 32, qui in città. Il numero di codice è 07043.

5.

(Uomo B) Ciao. Sono Francesco e mi piace tanto la musica. Vorrei imparare a suonare il tamburo o la tromba, ma non so quale dei due. Dovrò provare. Avete un tamburo o una tromba che volete vendere? Allora, chiamate me, Francesco, allo 055.12.53.94.2. Sono in casa il pomeriggio.

Attività 4. Domande e risposte. You will hear a question followed by two alternative answers, *a* and *b*. Choose the correct answer. The question and answers will be said twice.

Esempio: Quanti biglietti ha comprato Mauro?
   a. Credo che abbia comprato due biglietti.
   b. Credo che li abbia comprati ieri.   You mark *a*.

Adesso cominciamo.

1. Quale musica preferisce Elisabetta?
   a. Credo che preferisca ballare.
   b. Credo che preferisca quella classica.
2. Patrizia ha finito di lavorare?
   a. Dubito che abbia finito.
   b. Dubito che li abbia finiti.
3. Perché non viene con noi Orlando?
   a. Temo che abbiano fame.
   b. Temo che abbia molto da fare.
4. Quando verrà Maria?
   a. Arriverà prima che tu parta.
   b. Dubito che venga con Lucia.
5. Chi ci prepara il pranzo?
   a. Sembra che preparino la pastasciutta e l'insalata.
   b. Lo preparo io purché mi lasciate in pace.

Attività 5. Annuncio pubblicitario. Listen to this radio announcement about a concert by the musical group Lunapop and in your lab manual jot down the information requested.

Il grande concerto dei Lunapop avrà luogo allo stadio Olimpico di Roma venerdì, tredici luglio, alle ventuno. Non mancate a questo grande evento della stagione estiva. Telefonate subito alla biglietteria dello stadio per avere informazioni sulla disponibilità e sul prezzo dei biglietti. Il numero telefonico è 06.419.32.47. Attraverso l'ufficio prenotazioni potete comprare i biglietti telefonicamente pagando con la carta di credito. È possibile anche acquistare i biglietti via Internet, sempre con la carta di credito, collegandovi con www.stadiolimpico.it.

Attività 6. Gusti musicali. Marco and Luisa are talking about their musical tastes. Listen carefully and in your lab manual match the musical interests with the appropriate person.

(Marco)   A te piace la musica, non è vero?
(Luisa)   Sì, soprattutto l'opera.
(Marco)   Mi sorprende che ti piaccia l'opera.
(Luisa)   Perché ti sorprende? Amo particolarmente le opere di Giacomo Puccini. *La Bohème*, *Tosca* e *Madama Butterfly* sono le mie favorite.
(Marco)   Immagino allora che tu vada a teatro molto spesso.
(Luisa)   Non ci vado quasi mai. Andare all'opera costa molto ed io non ho molti soldi.
(Marco)   Che peccato! Mi dispiace che tu non possa coltivare questo tuo hobby.
(Luisa)   Sì, è un vero peccato. Ma dimmi, a te non piace l'opera?

(Marco) Veramente non mi piace. Io preferisco la musica classica.
(Luisa) Per esempio?
(Marco) Mi piacciono le sinfonie e i concerti di Tomaso Albinoni. Trovo stupenda la musica sacra di Pierluigi da Palestrina...
(Luisa) Musica del '500, del '600 e del '700. Sono sicura che ti piace anche la musica di Antonio Vivaldi.
(Marco) È il mio preferito. Non so se tu abbia mai ascoltato i suoi concerti. Sono sublimi.
(Luisa) Conosco *Le quattro stagioni* e devo ammettere che anche a me piacciono molto.
(Marco) Beh, almeno siamo d'accordo su qualcosa.

Attività 7. Dettato. The passage you will hear next will be read three times. (a) First, just listen. **Ascolti.** (Paragraph is read without pauses.)

Stasera io e Francesco / andiamo al Palazzo dello Sport / per ascoltare un concerto / di musica leggera. / Sono in programma / i fantastici complessi / *I cavalieri della notte* e *Le sorelle nostrane* / insieme a cantanti eccezionali / quali Michele Orlandini e Gustavo da Rieti. / Sono sicura che ci divertiremo molto.

(b) Now listen again, and supply the missing words. **Ascolti e scriva.** (Paragraph is repeated with pauses.) (c) Now listen once more, and check what you wrote. **Ascolti di nuovo.** (Paragraph is repeated with slight pauses after each sentence.)

Lezione 16
E dopo la laurea?

Attività 1. Comprensione dell'intervista. Listen to the interview. As you listen, identify the character each statement describes. **Ascolti.**

Giovanni Conti, giornalista di una stazione radio privata di Milano, intervista tre studenti universitari.

(Giornalista)	Amici ascoltatori, buona sera. Per la trasmissione "I nostri giovani" abbiamo qui con noi tre laureandi: Giorgio Salviati, in scienze politiche, Patrizia Ranieri, in architettura, e Claudia Massoni, in ingegneria. Giorgio, tu pensi che la tua preparazione accademica sia sufficiente per trovare un buon lavoro?
(Giorgio)	No. Io sono convinto che noi potremmo avere una preparazione migliore e quindi più possibilità d'impiego se avessimo una migliore assistenza dai professori e se l'università avesse più soldi a disposizione. Inoltre sarebbe più facile trovare lavoro se esistessero contatti più stretti fra l'università e le imprese.
(Giornalista)	E tu, Patrizia, sei d'accordo con Giorgio?
(Patrizia)	Sì. A volte penso che avrei dovuto scegliere un'altra laurea. Penso che sarebbe stato più facile trovare lavoro se mi fossi specializzata in chimica o informatica. Ma a me piace l'architettura e sono sicura che prima o poi riuscirò a sistemarmi.
(Giornalista)	Sentiamo adesso il parere di Claudia.
(Claudia)	Io non sapevo che ingegneria fosse una facoltà così difficile. Adesso però che sto per laurearmi, credo che per me sarà facile trovare un buon lavoro.
(Giornalista)	Ragazzi, avete qualche suggerimento da dare ai giovani che sono in ascolto?
(Giorgio)	Sì. È vero che oggi abbiamo la possibilità di lavorare liberamente in tutti i paesi della UE, ma c'è una forte concorrenza per ogni buon lavoro. Quindi è necessario avere un'ottima laurea.
(Claudia)	Però sarebbe bene che nel futuro i giovani si orientassero anche verso una preparazione interdisciplinare. Combinare la biologia con l'informatica, o le lingue straniere con l'economia è molto utile per intraprendere le nuove professioni.
(Giornalista)	Bene, ragazzi. Adesso facciamo una breve pausa pubblicitaria e poi continueremo a discutere.

Comprensione

Attività 2. Mestieri, professioni ed altre occupazioni. Che lavoro vuoi fare? You will hear Emilio and Milena talking about occupations. As you listen, check the occupations that Emilio, Milena, and Emilio's mother would like to pursue. **Ascolti.**

(Emilio) Che professione pensi di esercitare quando ti laurei?
(Milena) Mi piacerebbe fare l'attrice. Ma sono sicura che farò l'avvocato. E tu, che lavoro farai?
(Emilio) Anche a me piacerebbe lavorare nel cinema come regista. Ma forse farò il dentista o il farmacista come mio padre.
(Milena) Mio padre vorrebbe che io facessi il medico.
(Emilio) Perché? È medico tuo padre?
(Milena) No, è un uomo d'affari ma gli piacerebbe avere una figlia medico. Mia madre invece vorrebbe che facessi l'architetto come lei. Dimmi, Emilio, tua madre lavora?
(Emilio) No, mia madre è casalinga, ma ama la musica e suona il pianoforte. È molto brava e sarebbe potuta essere una grande pianista.
(Milena) Perché dici questo? Non può diventare una brava pianista adesso?
(Emilio) È madre di cinque figli e nonna di sei nipoti. Spesso suona per il suo pubblico familiare ai vari compleanni e celebrazioni di famiglia.
(Milena) Allora tua madre ha due occupazioni: è casalinga e pianista di famiglia.
(Emilio) Che battuta spiritosa! La devo dire a mia madre. Le piacerà di sicuro.

Attività 3. Il mondo del lavoro. You are going to hear five definitions. Check the word that corresponds to each definition. You will hear each definition twice.

Esempio: Persona che comanda nel posto di lavoro. You check *a, il capo.*

Pronti? Cominciamo.

1. Luogo dove lavorano operai che costruiscono automobili, frigoriferi ed altri oggetti.
2. È sinonimo di *vacanze*.
3. È sinonimo di *impiego*.
4. Soldi che riceviamo quando lavoriamo.
5. Abbandonare un lavoro.

Attività 4. Minidialoghi. You are going to hear four brief dialogues. After listening to each one, identify what it was about. **Ascolti.**

1.

(Marco) Dove pensi di lavorare quando ti laurei?
(Silvana) Mi piacerebbe lavorare nel corpo diplomatico per potere viaggiare molto e conoscere gente e paesi diversi.
(Marco) Allora, devi prepararti per un esame speciale indetto dallo stato.
(Silvana) Sì, senz'altro. C'è un esame che devo fare a settembre dell'anno prossimo.

2.

(Giancarlo) Il tuo lavoro è molto stimolante. Ti piace, non è vero?
(Flavia) Non posso lamentarmi. Sono soddisfatta dello stipendio attuale. Inoltre il lavoro offre buone possibilità per il futuro.

(Giancarlo) Con la tua preparazione accademica, sono sicuro che riuscirai a migliorare sempre di più la tua posizione.
(Flavia) Sì. Sono d'accordo. Però devo specializzarmi nell'informatica per avanzare più rapidamente.

3.

(Leonardo) Perché non andiamo a passare una settimana in Austria alla fine di dicembre?
(Gabriella) Ma io devo lavorare. Non ho più un giorno di vacanza.
(Leonardo) Non hai più un giorno libero? Come mai?
(Gabriella) A giugno siamo stati un mese in Grecia, non ricordi?
(Leonardo) Sì, certo. Ma non puoi chiedere un'altra settimana?
(Gabriella) È proprio impossibile.

4.

(Nicola) Dove vai così presto, vestito così elegantemente?
(Vincenzo) Ho un appuntamento molto importante questa mattina.
(Nicola) Con una bella ragazza?
(Vincenzo) Ma scherzi? A quest'ora? No, proprio no. Si tratta di una cosa seria. Si tratta della mia professione.
(Nicola) Ho capito. Sono sicuro che riuscirai a sistemarti bene. In bocca al lupo!
(Vincenzo) Grazie.

Attività 5. Quante aspettative. Stefano is talking about what other people expected from him. Complete his sentences by choosing the correct ending, *a* or *b*. You will hear each item twice.

Esempio: Era possibile che io . . .
   a. facessi il disoccupato.
   b. sono riuscito a laurearmi.   Circle *a*: ***Era possibile che io facessi il disoccupato.***

1. I miei genitori volevano che io . . .
   a. mi sono laureato.
   b. diventassi medico.
2. I miei nonni pensavano che io . . .
   a. non vado a scuola.
   b. volessi fare l'attore.
3. I miei amici speravano che io . . .
   a. andassi in giro con loro.
   b. li intervisterei.
4. I miei fratelli dubitavano che io . . .
   a. mi laureassi.
   b. intraprenda la carriera militare.
5. La mia ragazza insisteva che io . . .
   a. abbia esercitato due carriere.
   b. mi sistemassi al più presto.
6. Tutti avevano paura che io . . .
   a. non avessi trovato un buon posto.
   b. non ho gestito bene la mia vita.

7. Tutti erano convinti che io . . .
   a. mi licenzi dal lavoro.
   b. non avessi saputo guadagnarmi la vita.
8. Alla fine tutti erano felici che io . . .
   a. andrei via da casa.
   b. avessi un lavoro sicuro e che mi fossi sposato.

Attività 6. Frasi introdotte da *se*. You will hear six statements containing *if* clauses introduced by **se**. Listen closely to determine whether each sentence refers to a hypothetical situation, using the imperfect subjunctive, or a real situation, using the indicative. Check the appropriate answer for each sentence. **Pronti? Cominciamo.**

1. Se è possibile, vuole specializzarsi in medicina sportiva.
2. Se fosse laureata, la assumerebbero subito.
3. Se cambieranno la gestione di quest'industria, ci saranno molti disoccupati.
4. Sarebbe stato facile trovare lavoro, se ci fossero stati più contatti fra le imprese e l'università.
5. Presenteremo i nostri suggerimenti se ci intervisteranno.
6. Se riuscissi a trovare un buon posto da me, sarei molto contento.

Attività 7. Annuncio pubblicitario. You will hear an employment ad from the classified section of a newspaper. Listen and supply the information requested in your lab manual. **Ascolti.**

Un Istituto di Credito della Lombardia cerca un responsabile per lo sviluppo estero. Il candidato ideale è un diplomato o laureato tra i trentacinque e i quaranta anni, con buona conoscenza dell'inglese, con una significativa esperienza di lavoro di dieci anni in banca. Gli interessati possono mandare un dettagliato curriculum vitae a: Corriere 115 Milano.

Lezione 17
In cerca di un appartamento

Attività 1. Comprensione del dialogo. Listen to the dialogue. **Ascolti.**

Francesca Bellini è di Arezzo ma frequenta l'università di Firenze. Invece di fare la pendolare, Francesca vuole vivere a Firenze, ed è già in cerca di un alloggio. Sta leggendo i diversi annunci attaccati alla bacheca quando arriva la sua amica Roberta.

(Roberta) Ciao, Francesca, cosa stai facendo? Cerchi qualcosa?
(Francesca) Sto guardando questi annunci. Ho deciso di trasferirmi a Firenze e sto cercando casa.
(Roberta) Sei già andata ad un'agenzia immobiliare?
(Francesca) Oh, no, è troppo costosa. E poi non ho intenzione di prendere in affitto un appartamento. Mi basta condividere un alloggio con qualche altra ragazza.
(Roberta) Bene, ti aiuto a leggere questi annunci. Chissà, forse potrai trovare qualcosa di buono.
(Francesca) Lo spero proprio.
(Roberta) Ecco, leggi un po' qua! Questo annuncio è più interessante degli altri e potrebbe fare al caso tuo.
(Francesca legge l'annuncio.)
Cerco studentessa per condividere appartamentino grazioso con vista, zona tranquilla, non lontano dall'università. Due camere, cucina, bagno, balcone e riscaldamento autonomo. 400 euro mensili escluse le utenze. Contattare Mariangela ore pasti. Tel: 055-4974521
(Francesca) Sembra proprio il posto che fa per me, sebbene sia un po' caro.
(Roberta) Guarda che a Firenze trovare casa non è così semplice come ad Arezzo. Gli appartamenti dati in affitto sono pochi e molto costosi. Quindi ti conviene non perdere tempo e se puoi, prendi quest'appartamento.
(Francesca) Sì, hai proprio ragione. E poi non voglio fare più la pendolare. Perciò ti saluto e vado subito a telefonare.

Attività 2. Vero o falso? You are going to hear five statements based on the dialogue. For each one choose **vero** or **falso. Pronti? Cominciamo.**

1. Francesca è una giovane dottoressa che va a lavorare a Firenze.
2. Francesca fa la pendolare.
3. Adesso la ragazza vuole vivere a Firenze.
4. Mentre legge gli annunci attaccati alla bacheca, arriva la sua amica Roberta.
5. Non ci sono annunci attaccati alla bacheca.

Comprensione

Attività 3. La casa, i mobili e gli elettrodomestici. You will hear descriptions of parts of a house, pieces of furniture, and appliances. Write the name of each place or item described. **Adesso cominciamo.**

1. Stanza dove dormiamo. (#)
2. Serve per mantenere i cibi in fresco. (#)
3. Mobile dove mettiamo piatti, bicchieri, coltelli e forchette. (#)
4. Stanza dove cuciniamo. (#)
5. Serve per lavare i piatti. (#)
6. Stanza dove facciamo la doccia. (#)
7. Mobile dove mettiamo i cappotti e i vestiti. (#)
8. Stanza dove mangiamo quando invitiamo a pranzo amici e parenti. (#)

Attività 4. Annunci pubblicitari. You are going to hear four ads for furniture and appliances. As you listen, write the name of the room you could furnish with the items being advertised. **Ascolti.**

1. Euromobilia è il negozio per voi. Abbiamo armadi, comò e letti di prima qualità a poco prezzo. Venite a Euromobilia, ogni giorno dalle nove alle diciannove. (#)
2. A prezzi ridotti svendiamo scrivanie, lampade, scaffali e poltrone. Siamo aperti anche il sabato dalle nove alle tredici. (#)
3. Da noi troverete tavoli, sedie, frigoriferi e lavastoviglie di ottima qualità. È una vendita eccezionale e dura solo pochi giorni. Il nostro negozio è in viale Marconi 16. (#)
4. Una grande selezione di quadri d'autore, tappeti orientali, divani e poltrone di prima qualità. Tutte queste cose a prezzi incredibilmente bassi presso Habitat. Solo Habitat può aiutarvi ad arredare elegantemente la vostra casa. (#)

Attività 5. Una proposta. You will hear Silvana and Corrado talking about Sandro's need of a new car. Listen carefully and in your lab manual match each statement with the appropriate person.

(Silvana) Ciao, Corrado, c'è tuo fratello?
(Corrado) Salve, Silvana. Sandro è seduto in poltrona nel salotto.
(Silvana) Sta riposando?
(Corrado) No, credo che stia leggendo gli annunci pubblicitari sul giornale.
(Silvana) Gli annunci pubblicitari? Sta cercando qualcosa di particolare?
(Corrado) Pare che stia cercando una macchina di seconda mano.
(Silvana) Perché? La macchina che ha non va più bene?
(Corrado) Vuole una macchina più piccola di quella che ha. Una macchina che consumi anche meno benzina di quella che ha adesso.
(Silvana) Allora, gli potrei vendere la mia. La mia macchina è tanto piccola quanto economica.
(Corrado) Ma tu potresti poi stare senza la macchina?
(Silvana) Io sto pensando di comprarmi un motorino. È più facile parcheggiarlo e meno costoso da mantenere.
(Corrado) Perché non vai di là e fai questa tua proposta a Sandro? È possibile che gli piaccia.
(Silvana) D'accordo. Però se poi qualche volta mi servisse la macchina, me la potrebbe anche prestare, non credi?
(Corrado) Sì, certo, perché no?

Attività 6. Quando, dove, come, quanto? You will hear eight incomplete sentences, each followed by two alternative endings. Choose the correct ending by circling *a* or *b*.

Pronti? Cominciamo.

1. Michele legge . . .
   a. lento.
   b. attentamente.
2. Invece di andare lì, viene . . .
   a. qui.
   b. particolarmente.
3. Il portiere parla . . .
   a. adatto.
   b. sempre.
4. La ringrazio . . .
   a. molto.
   b. vicino.
5. Credo di avere mangiato . . .
   a. facile.
   b. troppo.
6. Non ti sento bene. Perché parli così . . . ?
   a. felice.
   b. piano.
7. Avete dormito . . . ?
   a. abbastanza.
   b. tristemente.
8. Michele non telefona . . .
   a. mai.
   b. già.

Attività 7. Dettato. The passage you will hear next will be read three times. (a) First, just listen. **Ascolti.** (Paragraph is read without pauses.)

Nelle vicinanze di Piazza Garibaldi, / a due passi dall'Ospedale Gemelli, / affitto un appartamento al primo piano. / Tre camere da letto, / salotto, cucina, / due bagni, garage, giardino, / riscaldamento centrale. / Telefonare ore pasti / al numero 06.79.41.52.9. /

(b) Now listen again, and supply the missing words. **Ascolti e scriva.** (Paragraph is repeated with pauses.)

(c) Now listen once more, and check what you wrote. **Ascolti di nuovo.** (Paragraph is repeated with a slight pause after each sentence.)

Attività 8. La casa ideale. You are going to hear three people describe their dream houses. Listen and fill in the missing information in your lab manual. If necessary, stop the tape. **Ascolti.**

(Uomo) Se io fossi ricco, mi farei una villa vicino al mare. Questa villa avrebbe cinque stanze e un bel giardino pieno di fiori.

(Donna A) Io invece abiterei in una casa di montagna. Vorrei avere una camera da letto, uno studio, una bella cucina ed un bagno. Mi piacerebbe avere grandi finestre da cui guardare montagne alte e piene di neve.

(Donna B) A me piacerebbe un bellissimo appartamento in città. Dovrebbe essere al centro e dovrebbe avere un grande salotto con un bel camino. Ovviamente ci vorrebbe anche un garage sotto casa.

Lezione 18

Abiti sempre in città?

Attività 1. Comprensione del dialogo. Listen to the dialogue. **Ascolti.**

Sono le otto di mattina. Luca Rosati, un giovane laureato in informatica, è sulla metropolitana di Roma e incontra il suo amico Giuliano Moretti, laureando in scienze politiche.

(Luca) Giuliano! È molto tempo che non ci vediamo. Dove stai andando?
(Giuliano) All'università. Ma tu, che fai qui? Dove vai?
(Luca) Io ho cominciato a lavorare da qualche mese e vengo in città ogni giorno. Adesso abito ad Albano, ma lavoro presso la Banca di Roma.
(Giuliano) Non ti piace più abitare in città?
(Luca) Roma è bellissima. Forse è la più bella città d'Italia, ma per me è diventata invivibile. Non c'è niente di peggio del traffico romano. Per non parlare poi dell'inquinamento.
(Giuliano) È vero. Tutti vorremmo vivere meglio e il mio desiderio maggiore è di poter vivere una vita meno stressante.
(Luca) Ecco perché io vivo fuori città. Tu, invece, abiti sempre a Piazza Risorgimento?
(Giuliano) E dove vuoi che vada? Non è facile trasferirsi in un'altra città. Ormai mi sono abituato al traffico, ai rumori e all'inquinamento di Roma.
(Luca) Ma, dimmi, la statua di Garibaldi in mezzo alla piazza è stata più pulita?
(Giuliano) Macché! Con il passare degli anni, da grigia che era, sta diventando sempre più nera. Penso che quanto prima comincerà a sgretolarsi, se non saranno presi subito dei provvedimenti.
(Luca) Certo, il problema dell'inquinamento è oggi una cosa molto seria.
(Giuliano) Eh, sì, in città non respiriamo più. Hai fatto bene tu ad andare via da Roma. Ormai non ci rimane che fuggire tutti verso il verde e la campagna.

Attività 2. Vero o falso? You will hear five statements based on the dialogue. For each statement, choose **vero** or **falso. Pronti? Cominciamo.**

1. Luca incontra un suo amico sulla metropolitana.
2. Giuliano sta andando all'università.
3. Luca e Giuliano frequentano la facoltà di scienze politiche.
4. I due amici lavorano insieme e preferiscono vivere in città.
5. Luca preferisce abitare lontano dal traffico e dall'inquinamento della città.

Comprensione

Attività 3. Un commento alla radio. You will hear a radio commentary about traffic. As you listen, check the means of transportation you hear mentioned. **Ascolti.**

Sono solo due settimane che è in vigore il nuovo regolamento che vieta il traffico automobilistico nel centro storico della città e già l'aria è più respirabile e l'ambiente è più disteso e riposante.

Né le automobili né le motociclette possono circolare nelle strade del centro senza un permesso speciale della polizia. Adesso i negozi e gli uffici del centro possono essere raggiunti solo per mezzo di autobus, tassì e naturalmente la metropolitana. Agli autocarri che devono portare i rifornimenti ai luoghi commerciali della zona è permesso circolare solo la mattina presto dalle sei alle nove.

Ieri il Ministro dei Trasporti ha voluto esaminare da vicino la situazione ed è arrivato a Piazza Maggiore con un elicottero della polizia. Il ministro è rimasto soddisfatto dei risultati del nuovo regolamento. Ha commentato che il centro storico è tornato finalmente a disposizione del cittadino che ama andare a piedi o in bicicletta e desidera respirare aria pura.

Attività 4. Rispettare l'ambiente. You will hear some suggestions for respecting the environment. As you listen, check whether each one is intended to protect the air, water, plants, or animals. Some will have more than one correct answer. **Ascolti.**

1. Bisogna evitare assolutamente l'inquinamento dei mari.
2. Se non facciamo qualcosa per contenere il traffico, non respireremo più.
3. È necessario fare il riciclaggio e non bruciare indiscriminatamente i rifiuti nell'ambiente.
4. Le fabbriche devono rispettare le leggi per evitare la formazione della pioggia acida.
5. Per salvaguardare l'ecosistema di questa zona, bisogna proteggere i panda.

Attività 5. Un programma radiofonico. You will hear a radio talk show in which people discuss pollution and the quality of life. Listen carefully and in your lab manual match each statement with the appropriate person.

(Giornalista)	Buon giorno, sono Alberto Fiori e sono un giornalista. Lavoro per la rivista *L'Ambiente* e oggi il mio compito è di ascoltare voi cari ascoltatori e gentili ascoltatrici. Vogliamo che ci segnaliate i problemi ambientali che secondo voi minacciano la qualità della vita nella vostra città. Vi invitiamo dunque a telefonarci e a scambiare con noi le vostre idee. Pronto?
(Anna)	Pronto, Alberto. Sono Anna e vorrei dirle che secondo me il peggiore inquinamento ambientale della mia città è il rumore. Sono stanchissima del rumore assordante di moto e motorini che sfrecciano giorno e notte nelle nostre strade.
(Giornalista)	Di quale città sta parlando, Anna?
(Anna)	Di Firenze, naturalmente.
(Giornalista)	La ringrazio di aver partecipato al nostro programma. Ora passiamo ad un altro ascoltatore o ascoltatrice. Pronto?
(Giovanni)	Ciao, Alberto. Io volevo segnalarle le pessime condizioni delle sponde del fiume che attraversa la nostra città. Ci sono rifiuti dappertutto.
(Giornalista)	Scusi, mi può dire il suo nome?
(Giovanni)	Oh sì, mi chiamo Giovanni.

(Giornalista)   E da dove chiama, Giovanni?
(Giovanni)   Da Torino. E le parlo delle sponde del fiume Po, naturalmente.
(Giornalista)   Ho capito. La ringrazio molto per la sua segnalazione. Stiamo ricevendo moltissime telefonate. Vi prego di restare in linea. Adesso dobbiamo fare un piccolo stacco pubblicitario. Riprenderemo il nostro programma fra pochi minuti.

Attività 6. Domande e risposte. You will hear a question and an answer. Then you will hear the question again. During the pause, write the answer in your lab manual.

Esempio: Vai a lavorare in macchina?
           No, prendo la metropolitana.
           Vai a lavorare in macchina?   You write *No, **prendo la metropolitana**.*

Pronti? Cominciamo.

1. Vai in centro con i mezzi pubblici?
   Sì, ma oggi preferisco andare a piedi.
   Vai in centro con i mezzi pubblici?
2. Cosa volete fare?
   Vogliamo salvaguardare l'ambiente.
   Cosa volete fare?
3. C'è sempre tanto traffico in questa città?
   Sì, è la città più trafficata d'Italia.
   C'è sempre tanto traffico in questa città?
4. Qual è il problema ecologico più serio di questa zona?
   L'inquinamento dell'acqua.
   Qual è il problema ecologico più serio di questa zona?
5. Come va adesso la situazione?
   Molto meglio.
   Come va adesso la situazione?

Attività 7. Un gruppo di amici. You will hear a description of four people. As you listen, identify the oldest, the youngest, the worst driver, and the best student. **Ascolti.**

Stefano e Bruno vanno a comprare una torta per il compleanno della loro sorellina Mariella, che oggi compie sedici anni. Anche il loro fratello maggiore Andrea doveva essere presente alla festa di Mariella, ma ieri ha avuto il terzo incidente automobilistico in un mese ed ora è all'ospedale. Andrea ha compiuto venti anni qualche mese fa ed ha fatto una bella festa invitando molti amici. In quella stessa festa tutti i loro amici hanno festeggiato anche Bruno, che di recente aveva superato con ottimi voti due esami difficili all'università.

Videoscript

1: Visitare (Roma)

La scena: *Torino, alla casa editrice Marco Polo. Marco—l'editore—è al lavoro. Piero bussa alla porta.*

EDITORE	Avanti!
PIERO	Buon giorno, Marco.
EDITORE	Ciao, Piero. Come va?
PIERO	Bene, e tu?
EDITORE	Non c'è male. Conosci Gabriella?
PIERO	Ah, forse sì . . .
GABRIELLA	Lei è il signor Corsetti, vero?
PIERO	Sì, sono io. Salve!
GABRIELLA	Piacere, Gabriella Borelli.
EDITORE	Bene. Dopo le presentazioni è ora di lavorare. Il vostro compito è questo: una guida d'Italia nuovissima, bellissima e molto originale . . . E ora devo proprio scappare! Buon lavoro!
GABRIELLA	Arrivederci!
PIERO	Ciao!

L'editore esce. Piero e Gabriella sono da soli. Sul tavolo c'è una carta geografica dell'Italia.

GABRIELLA	Ecco. Iniziamo da Napoli, poi visitiamo Bologna e prendiamo la direzione di Firenze attraversando l'interno . . . qui . . . in Umbria. Poi proseguiamo per Genova . . . Poi Venezia, Milano, Sicilia, Sardegna e Roma. Le va bene?
PIERO	Beh . . . Mi sembra poco pratico . . .
GABRIELLA	Come, prego?
PIERO	Invece . . .

Piero si dirige verso un'altra cartina d'Italia.

PIERO	Noi siamo qui, a Torino. Però partiamo da Roma, poi Firenze, Bologna e poi verso il nord. Allora, partiamo domani per Roma.
GABRIELLA	Per Roma? Domani? Ma è sabato!
PIERO	Lunedì, allora. Ci vediamo alla stazione alle otto, va bene?
GABRIELLA	Andiamo in treno?
PIERO	Perché no?
GABRIELLA	Perché siamo al nord a Torino, e Roma è al centro d'Italia. Passiamo tutto il giorno in treno! Andiamo in aereo.
PIERO	Va bene. Aereo. Ma a una condizione.
GABRIELLA	Quale?
PIERO	Diamoci del tu. Io mi chiamo Piero.
GABRIELLA	Ma . . . d'accordo . . . Piero!
PIERO	Va bene, Gabriella. A domani. Ciao!

GABRIELLA	Ciao!

La scena: Roma. Piero e Gabriella passeggiano vicino al Colosseo.

GABRIELLA	Roma . . . città eterna . . . Roma la capitale . . . Roma caput mundi . . . siamo qui e tu leggi il giornale!
PIERO	Sono stanco, sono ore che giriamo a piedi, fa caldo. E poi, tutti questi turisti. Facciamo una pausa!
GABRIELLA	Sì, hai ragione. Facciamo una pausa. Andiamo lì.

Poco dopo.

GABRIELLA	Piero, hai sete?
PIERO	Sì, e tu?
GABRIELLA	Anch'io. Vado a prendere due aranciate. Aspettami.
PIERO	Va bene.

Gabriella va verso un chiosco di bibite.

GABRIELLA	Buon giorno.
UOMO DEL CHIOSCO	Buon giorno.
GABRIELLA	Due aranciate, per favore.
UOMO DEL CHIOSCO	Subito. Gli è piaciuto il Colosseo, signori?
GABRIELLA	Molto. E due bicchieri di plastica.
UOMO DEL CHIOSCO	Ecco a lei.
GABRIELLA	Grazie.
UOMO DEL CHIOSCO	Prego. Seimila lire. Arrivederla.
GABRIELLA	Buon giorno.

Gabriella torna alla panchina.

GABRIELLA	Ecco l'aranciata.
PIERO	Grazie. Vuoi vedere le foto di oggi?
GABRIELLA	Piero, sei davvero un bravo fotografo!

2: Studiare (Bologna)

La scena: Piero e Gabriella sono a Bologna.

PIERO	Mezzogiorno. L'ora ideale per visitare Bologna.
GABRIELLA	Sono solo le undici e un quarto. E prima di pranzo andiamo all'università.
PIERO	Ma scherzi? Il tuo orologio è fermo . . . è mezzogiorno e dieci!
GABRIELLA	Davvero? Che strano!

Poco dopo Piero e Gabriella sono nel cortile dell'università.

GABRIELLA	Eh, scusate. Che ore sono?
STUDENTE 1	È mezzogiorno in punto.
PIERO	Grazie.
GABRIELLA	C'è una libreria aperta qui vicino?
STUDENTE 1	Sì, in fondo alla strada c'è una libreria che fa orario continuato.
GABRIELLA	Meno male... Senza una guida della città siamo persi.
STUDENTE 2	Turisti?
GABRIELLA	Beh... in un certo senso... Scriviamo una guida turistica sull'Italia... un po' diversa dal solito.
PIERO	Siete di Bologna voi? Conoscete una trattoria dove mangiare bene?
GABRIELLA	Piero! (*A studente 1*) Siete studenti all'università, vero?
STUDENTE 1	Sì. Io sono iscritto a giurisprudenza e mi chiamo Luca. Lei è Francesca. Studia con me giurisprudenza. Angelo studia scienze politiche. Per sapere qualcosa di Bologna, chiedete a Francesca: lei è bolognese, io invece sono di Pescara.
STUDENTE 2	Sì, la vera bolognese sono io! So tutto di Bologna!
PIERO	È una città bellissima e poi ci sono le lasagne, i tortellini, il ragù, il parmigiano... Certo che qui a Bologna mangiate anche molto bene!
STUDENTE 2	Sicuro! Se ti piace la cucina emiliana, andate da Mirella. È qui vicino.
GABRIELLA	Grazie! Prima andiamo in libreria. Grazie di tutto, ragazzi.
STUDENTI 1 E 2	Ciao!
PIERO	Ciao!

Poco dopo, mentre girano per la città, Piero all'improvviso si ferma davanti alla vetrina di una gastronomia.

GABRIELLA	Ma sei ossessionato! Dai, Piero! Andiamo!

Più tardi, in una piazza della città.

PIERO	Ah, Bologna, con la sua università, i portici, le librerie, gli studenti... Che bell'aria intellettuale!
GABRIELLA	Sai che sei simpatico, quando vuoi.
PIERO	Davvero? Grazie! Anche tu, a volte sei simpatica... A volte...

3: Abitare (Sicilia)

La scena: *Torino, casa di Gabriella.*

VOCE ZIA	Pronto!
GABRIELLA	Pronto, zia Amalia? Ciao, sono Gabriella.
VOCE ZIA	O cara, sei tu. Come stai?

GABRIELLA	Benone. E tu? E lo zio? Come state?
VOCE ZIA	Benissimo. Ora lo zio è al lavoro. Torna alle sette. Quando vieni a trovarci?
GABRIELLA	Sai, zia, arriviamo giovedì a Palermo. Veniamo in aereo. Ma vengo per lavoro.
VOCE ZIA	Giovedì? Benissimo! Andiamo insieme al matrimonio di tua cugina!
GABRIELLA	No, mi dispiace, non posso venire al matrimonio di Giulia.
VOCE ZIA	Come?
GABRIELLA	Perché io e Piero dobbiamo lavorare.
VOCE ZIA	E questo Piero chi è, il tuo fidanzato?
GABRIELLA	No, cosa dici, zia? Piero è solo un collega di lavoro . . . Dove si sposa Giulia, a Taormina?
VOCE ZIA	Sì, al duomo. Ma non puoi rimanere fino a domenica?
GABRIELLA	Eh, mi piacerebbe tanto! Senti, zia, che tempo fa in Sicilia ora?
VOCE ZIA	Fa bello! C'è sempre il sole. Fa caldissimo! E lì da voi, che tempo fa?
GABRIELLA	Mah . . . fa caldo anche qui in città . . .
VOCE ZIA	Eh sì, lo credo!

Si sente squillare il campanello di casa di Gabriella.

GABRIELLA	Eh, senti, zia, devo andare! Un bacione a te e allo zio! Ciao!
VOCE ZIA	Ciao, cara. Telefona quando arrivi a Palermo, eh?
GABRIELLA	Sicuro!
VOCE ZIA	Hai capito?
GABRIELLA	Ciao, zia. Saluta tutti quanti. Ciao!
VOCE ZIA	Sì, sì. Ciao!

Gabriella va al citofono.

GABRIELLA	Chi è? Piero? Sali!
PIERO	Permesso? Ciao!
GABRIELLA	Ciao.
PIERO	Allora, hai i libri sulla Sicilia?
GABRIELLA	Sì. Puoi prendere questi . . . Ma discutiamo domani. Ora devo uscire. Scendiamo insieme?
PIERO	Va bene.

Escono.

PIERO	Hai delle commissioni da fare?
GABRIELLA	Sì, vado a comprare dei francobolli in tabaccheria, poi alla posta.
PIERO	Ah, anch'io devo andare in tabaccheria. Ho finito le mie sigarette.
GABRIELLA	Io non fumo.
PIERO	Ho notato.
GABRIELLA	Ho sentito al telefono zia Amalia poco fa . . .

PIERO	Ah, quella tua zia di Palermo?
GABRIELLA	Lo sai che fa caldo in Sicilia? Peccato, dobbiamo lavorare tanto e stiamo solo due giorni.
PIERO	È vero . . . Che peccato! Però un bel bagno in mare lo facciamo. Io porto il costume.
GABRIELLA	Piero, tu pensi sempre di essere in vacanza, invece dobbiamo lavorare.
PIERO	Lavorare, certo. La nostra guida turistica. Grazie, capo. Però anche qui fa bello . . . Io mi fermo in quel bar a guardare i libri . . . C'è un tavolo libero . . . ti posso offrire un caffè?
GABRIELLA	No, grazie. Devo ancora fare la spesa . . . ho degli amici stasera a cena e non ho niente in frigo . . . Ciao, Piero, a domani.
PIERO	Ciao!

4: Comprare (Umbria)

La scena: Un mercato all'aperto.

GABRIELLA	Che bella frutta! Quanto vengono le pesche al chilo?
VENDITORE	Queste pesche sono speciali. Vengono 3.400 al chilo. Se me ne prende due chili, 6.500.
GABRIELLA	Va bene. Me ne dia due chili, per favore.

Il venditore pesa le pesche sulla bilancia. Gabriella paga.

VENDITORE	Grazie.
GABRIELLA	Arrivederci.
VENDITORE	Arrivederla. Buon giorno.
PIERO	Gabriella, ma che ne facciamo di due chili di pesche? Mangiamo solo frutta oggi? Io ho fame!
GABRIELLA	Beh, se hai appetito, possiamo fare dei panini . . . Compriamo anche del formaggio da quell'uomo laggiù, che ne dici?
PIERO	Va bene, prendiamo anche del prosciutto e del salame . . . ma per il pane, come facciamo?
GABRIELLA	Vado io a cercare una panetteria. Tu intanto fermati al banco dei formaggi. Ci ritroviamo fra cinque minuti.

Piero si dirige verso il banco dei formaggi e salumi.

PIERO	Buon giorno.
VENDITORE	Buon giorno a lei. Mi dica.
PIERO	Vorrei del formaggio.
VENDITORE	Sì, cosa le posso dare?
PIERO	Non so . . .
VENDITORE	Abbiamo dell'ottima caciotta, oppure della mozzarella.

PIERO	Mi dia la caciotta... un etto e mezzo. Può tagliarla a fettine?
VENDITORE	Certo. Desidera altro?
PIERO	Sì, del prosciutto cotto... un etto, e anche un etto di salame crudo, sempre tagliato a fette.
VENDITORE	Pronti. Vuole anche delle olive? Ho delle olive al forno che non ne trova così buone in tutta la regione... se le mangia col pecorino, poi...
PIERO	Sì...

Poco dopo Piero e Gabriella stanno mangiando i panini.

PIERO	Piove, eh?
GABRIELLA	Pensi di finire tutto?
PIERO	Beh, non so. Perché?
GABRIELLA	Hai comprato quattro tipi di formaggio, affettati misti, olive... poi... fai vedere cos'hai ancora nel sacchetto?... Carciofini sott'olio, insalata russa... ed eri senza soldi, eh?
PIERO	Lo so, ho un po' esagerato... ma sai come sono fatto... mi lascio convincere... però i soldi li ho davvero finiti, fino all'ultima lira.
GABRIELLA	C'è un Bancomat poco lontano, puoi prelevare i soldi con la tessera. Io intanto passo in farmacia.
PIERO	Va bene, andiamoci subito.
GABRIELLA	Eh, no! Devi finire quello che hai comprato, e poi c'è la crostata—e non dimenticarti le pesche.
PIERO	Oh, no... le pesche...
GABRIELLA	Credo che ti servirà un digestivo... te lo compro io in farmacia... gratis, questa volta!

Interno della farmacia.

GABRIELLA	Buon giorno.
FARMACISTA	Buon giorno.
GABRIELLA	Una scatola di aspirina e un digestivo, per piacere.
FARMACISTA	Aspirina normale o effervescente?
GABRIELLA	Normale, grazie. Ha un digestivo da prendere senz'acqua?
FARMACISTA	Sì. Questo prodotto è in compresse masticabili.
GABRIELLA	Va bene.
FARMACISTA	Le serve altro?
GABRIELLA	No, basta così. Quanto le devo?
FARMACISTA	11.200. Grazie.
GABRIELLA	Buon giorno.
FARMACISTA	Buon giorno.

Fuori dalla farmacia Gabriella vede Piero in lontananza.

GABRIELLA	Piero!

5: Mangiare (Liguria)

La scena: *Una terrazza con vista panoramica sul mare. Gabriella e Piero sono al tavolo di un ristorante.*

GABRIELLA	Che splendido panorama! Chissà come si chiama quel paese laggiù, lungo la costa?
PIERO	Ah, ma io lo conosco—è Portofino. Come, non lo conosci? Una celebre località di villeggiatura, tipicamente ligure. Un piccolo paesino molto suggestivo e molto famoso come Portovenere, San Fruttuoso . . .
GABRIELLA	Come mai sai così tanto della Liguria?
PIERO	Ci venivo ogni estate con la mia famiglia quando ero bambino.
CAMERIERE	Buon giorno.
PIERO E GABRIELLA	Buon giorno!
CAMERIERE	Ditemi.
GABRIELLA	Io non ho ancora deciso. E tu?
PIERO	Io prendo le trofie al pesto: è un piatto tipico. Te lo consiglio.
GABRIELLA	Va bene, se lo dici tu.
CAMERIERE	Bene, allora, trofie per due. E per secondo, consiglierei un'orata al forno con le olive nere.
GABRIELLA	Sì, mi piace moltissimo l'orata.
PIERO	Allora, orata al forno per due. E poi vorremmo del buon vino bianco.
CAMERIERE	Benissimo. Vi porterò un Pigato che è leggero e fresco.
PIERO	Ottima scelta. Grazie.
CAMERIERE	Prego.

Il cameriere si allontana.

GABRIELLA	Devo ammettere che sei davvero un buongustaio.
PIERO	Beh, è vero . . . Mi piace molto stare a tavola. Però apprezzare la cucina locale è anche un modo per capire di più le abitudini della gente e le caratteristiche geografiche e storiche di ogni regione.
GABRIELLA	Sembra un discorso serio . . .

Il cameriere si avvicina al tavolo e serve il vino.

CAMERIERE	Va bene?
PIERO	Ottimo!
GABRIELLA	Tu mi sorprendi. Che cos'altro sai della cucina ligure?
PIERO	Una cosa molto importante. Hai visto quanti olivi ci sono? Il clima di questa regione è ideale per la coltivazione dell'olivo, e l'olio ligure è uno dei più saporiti e pregiati d'Italia.
GABRIELLA	Ed è uno degli ingredienti base del pesto.
PIERO	Proprio così.
GABRIELLA	Ma tu, sai preparare il pesto?

PIERO	È facilissimo! La mia è una ricetta di famiglia.
GABRIELLA	E non me lo dici!
PIERO	Solo se insisti.
GABRIELLA	Va bene, dimmelo, ti prego!
PIERO	Si comincia con il basilico fresco, si prende un po' di aglio, del parmigiano, non dimenticare l'olio d'oliva ligure e pinoli pestati. Da lì il nome "pesto."
GABRIELLA	Allora, sei proprio bravo in cucina!
PIERO	Si capisce!

Il cameriere torna portando i primi piatti.

CAMERIERE	Ecco le trofie.
PIERO	Grazie.
GABRIELLA	Mmm, grazie. Con il pesto, fatto dalla ricetta segreta.
PIERO	Buon appetito, Gabriella.
GABRIELLA	Altrettanto.

Più tardi Piero e Gabriella passeggiano lungo il mare.

GABRIELLA	Oggi ho davvero mangiato benissimo, e poi quel vino bianco era così buono. Qual è la prossima tappa, Piero?
PIERO	Ti piacerà moltissimo. Andiamo a San Remo!

6: Rilassarsi (Venezia)

La scena: *Gabriella e Piero sono in Campo S. Maria Formosa a Venezia.*

PIERO	Come faceva caldo stamattina . . . C'era un'afa insopportabile! Abbiamo lavorato tanto, sai? Anzi, tantissimo!
GABRIELLA	Sei già stanco?
PIERO	Niente affatto! È solo che devo cambiare il rullino della macchina fotografica.
GABRIELLA	Ho capito. Non ce la fai più, eh?
PIERO	Chi, io? Stai scherzando, piccola.
GABRIELLA	D'accordo. Fermiamoci in quel bar laggiù, va bene?
PIERO	Fin laggiù dobbiamo andare?

Poco dopo Gabriella e Piero sono seduti al tavolino del bar.

CAMERIERE	Buon giorno.
PIERO	Buon giorno!
CAMERIERE	Succo di frutta . . .
GABRIELLA	È per me.
CAMERIERE	E tè freddo . . . prego.
PIERO	Grazie.

CAMERIERE	Prego. Buon giorno.
PIERO E GABRIELLA	Buon giorno.
PIERO	Ah, adesso che ci stiamo riposando, mi sento già meglio.
GABRIELLA	Mi fa piacere. Perché non abbiamo finito il nostro giro di Venezia, sai? Dobbiamo ancora lavorare, e molto.
PIERO	Come non abbiamo finito? Ma se è da stamattina che giriamo. Fammi vedere l'itinerario.
GABRIELLA	Adesso non posso, sto scrivendo. Però se ci sbrighiamo, forse finiremo tra . . . diciamo . . . tre ore.
PIERO	Tre ore? Ma io sono già morto!
GABRIELLA	E va bene, eroe delle guide turistiche, scherzavo. Abbiamo finito. FINITO! Sei contento?
PIERO	Non fare mai più scherzi del genere. Altre tre ore . . . Certo che sei un bel tipo, tu.

Un ponticello su un canale.

PIERO	Chissà che cosa farai durante questo week-end. Avrai sicuramente programmato qualche cosa di bello. Che ne so? Andrai in montagna, dai tuoi amici a Cortina, o andrai al Lido a giocare al casinò.
GABRIELLA	Non ci ho ancora pensato. E tu, cosa farai? Cosa hai deciso? Tornerai a casa in treno questa sera?
PIERO	Sono talmente stravolto che non mi muoverò più da questo magnifico posto. Forse farò un giro in gondola, col gondoliere che canterà le sue canzoni d'amore. Poi cercherò un bel ristorantino e dopo cena, al calar del sole, farò una passeggiatina in qualche angolo romantico di Venezia, ad ammirare le luci della laguna . . .
GABRIELLA	Che programma romantico! Hai in mente qualcuno da invitare?
PIERO	Beh, forse sì . . .
GABRIELLA	Piero! Non mi dire . . . Non starai mica pensando a me?
PIERO	Certo, non sei la donna dei miei sogni, ma se non hai nulla in programma, puoi fermarti anche tu.
GABRIELLA	Sono senza parole!
PIERO	Lo so, sono un grande *latin lover*. Allora, la risposta è sì?

7: Vestirsi (Milano)

La scena: Piero e Gabriella sono nel centro di Milano.

PIERO	Ma sei sicura? È il tuo tipo di negozio? Va be' che siamo a Milano, capitale della moda, ma . . .
GABRIELLA	Non ti preoccupare, non mi proverò tutti i vestiti del negozio. Ma ho una festa importante questo week-end e vorrei qualcosa di nuovo, di sorprendente, di osé.
PIERO	Come sarebbe? Vuoi entrare? Non vorrai mica comprare uno di quei vestiti?

GABRIELLA	Non ho detto *comprare*, ma ho visto un abito da sera. Voglio misurarlo.
PIERO	Quale abito da sera? Quello? Ma non è affatto il tuo genere.
GABRIELLA	Perché? Qual è il mio genere? Senti, adesso io entro, scelgo qualcosa e se mi piace la compro. Anche se non sei d'accordo. Tu intanto vai a fare un giro, eh?
PIERO	Ma figurati se mi perdo il divertimento. Vengo con te.

Interno del negozio. Gabriella indossa un abito da sera.

COMMESSA	Le sta benissimo! La taglia è perfetta.
GABRIELLA	Sì, il modello mi piace. C'è in altri colori?
COMMESSA	Vado a vedere.
GABRIELLA	Allora, dimmi, come sto?
PIERO	Be', ti sta bene. Certo è molto particolare. Ti vedo di più con l'altro, quello di prima. E lo metti con quelle scarpe?
GABRIELLA	Non fare lo scemo. Le scarpe vanno abbinate all'abito.
PIERO	Devo dire: hai fatto una bella trasformazione . . . Ma non è un po' troppo scollato?
GABRIELLA	Però è alta moda, e voglio fare una grande figura a quella festa.
PIERO	Farai un figurone.

Gabriella si avvicina ad una fila di abiti esposti, ne sceglie uno e va a specchiarsi.

GABRIELLA	E con questo come starei?
COMMESSA	Ecco, c'è anche in lungo. Ah, ma sta guardando l'abito bianco. È una meraviglia, lo provi! È il modello di punta della collezione estate.
GABRIELLA	No, non credo che mi stia bene . . . Mi piace di più questo, magari con una sciarpa di seta per coprire la scollatura.
COMMESSA	Vuole coprire la scollatura? Ma è un peccato! Nasconderebbe la bellezza del vestito. È sicura di volere una sciarpa?
GABRIELLA	Sì, sono sicura, grazie.
COMMESSA	Va bene.
GABRIELLA	(*A Piero*) Vattene!
PIERO	Vado a vedere gli accessori nel reparto uomo. Forse trovo una cravatta che mi piace, così mi compro anche un souvenir di Milano.
GABRIELLA	Sì, va, va! (*Alla commessa*) Allora, prendo il vestito e questa sciarpa.
COMMESSA	Va bene.

Escono dal negozio, Gabriella con dei grossi pacchi.

GABRIELLA	Sono proprio soddisfatta dei miei acquisti. Farò un figurone alla festa. E tu? Hai comprato la cravatta?
PIERO	No. Ma sai quanto costava una cravatta? 180 mila lire! Pazzesco!
GABRIELLA	Ma dai, Piero, una pazzia si può fare ogni tanto, no?
PIERO	Sì, ma una cravatta a 180.000 lire!
GABRIELLA	Allora, cos'hai nel pacchetto?

PIERO	Quale pacchetto?
GABRIELLA	Dai, quello che hai in mano.
PIERO	Ah, questo. Niente. Una cosa per te.
GABRIELLA	Per me? Un regalo per me? Orecchini! Sono bellissimi!
PIERO	Spero che ti piacciano!
GABRIELLA	Sì sì, me li metterò per la festa!
PIERO	È solo un souvenir . . . di Milano.

8: Lavorare (Torino)

La scena: *È mattina. Piero e Gabriella sono al banco di un bar storico del centro di Torino. Squilla un telefonino.*

PIERO	E poi dicono che a Torino si lavori meno che a Milano! Ma ascolta! Quel tipo sta già parlando di affari per telefono e sono soltanto le otto del mattino! Non so proprio come faccia! Per fortuna noi non abbiamo orari fissi. Per me è importante non avere orari fissi. Non so come farei altrimenti!
GABRIELLA	Già! Meno male che la prossima settimana andiamo in Sardegna per le nostre ricerche. Non ne posso più di Torino! Milano è così vivace e piena di novità . . .
PIERO	Sì, e di traffico, e tutto costa di più! No, no, preferisco mille volte una città come Torino. Credo che sia più vivibile.
GABRIELLA	Ma scherzi! Io sono proprio di Torino e scommetto che . . .
PIERO	Tu, torinese? E parli così? Allora, è per questo che hai scelto questa carriera. Per poter viaggiare, scappare!
GABRIELLA	Ma no, non hai capito niente, non è così . . .
PIERO	Senti, Gabriella, parlando del lavoro . . . Quando si parte per la Sardegna? Speriamo che non ci sia sciopero degli aerei, altrimenti non so proprio come faremo. Non vorrei dover prendere il traghetto.
GABRIELLA	Hai ragione. Andiamo.

Escono dal bar. Sulla porta Gabriella nota un ragazzo che la pare di conoscere.

GABRIELLA	Ehi, ma tu sei Flavio!
FLAVIO	Gabriella, Gabriella Borelli. Che piacere rivederti!
GABRIELLA	Ma che fine hai fatto? Mi sembri un altro! Sei elegantissimo!
FLAVIO	Già, ora lavoro alla Fiat, e così, addio vita d'artista. Tu, invece, non sei cambiata affatto. Che fai? Ti sei sposata? Hai bambini?
GABRIELLA	No, non sono sposata, per carità! Sto lavorando ad un progetto di guida turistica che . . .
FLAVIO	Scusa, devo scappare! Sono in ritardo e oggi ho molto lavoro. Mi ha fatto piacere rivederti. Telefonami, Gabriella, eh? Ciao!
GABRIELLA	Ciao! Ma guarda!

PIERO	Un tuo amico? Un simpaticone!
GABRIELLA	Credo che Flavio abbia scelto male la vita di manager. Eravamo compagni di classe al liceo, e lui, pensa, scriveva poesie!
PIERO	Non ci posso credere.
GABRIELLA	Vederlo così, da giovane manager . . . È impressionante . . . Ma insomma, è possibile che siano tutti così noiosi, tutti così uguali, banali . . .
PIERO	Su, Gabriella, non te la prendere. La gente cambia, e poi non è detto che lui sia felice.
GABRIELLA	Hai ragione, Piero, grazie. Penso che tu sia un vero amico.
PIERO	Certo! E per dimostrartelo, ti porto a fare un giro in centro anche se piove. Così tu mi racconti la storia della tua vita.
GABRIELLA	La storia della mia vita? Ma scherzi! Sei insopportabile!

9: Viaggiare (Sardegna)

La scena: *Gabriella e Piero stanno per partire per la Sardegna. Sono alla biglietteria dell'aeroporto.*

PIERO	Buon giorno.
STEWARD	Buon giorno.
PIERO	Due biglietti per Cagliari, andata e ritorno.
STEWARD	Avete la prenotazione?
PIERO	Abbiamo prenotato?
GABRIELLA	Sì, sul volo delle 15.00 a nome Borelli e Corsetti.
STEWARD	Ah, sì. Ecco due posti. Pagate in contanti o con carta di credito?
GABRIELLA	Posso pagare col Bancomat?
STEWARD	Sì, certamente.

Gabriella dà la carta allo steward, che esegue la procedura di pagamento.

STEWARD	Digiti il codice . . . Questa è la sua carta.
GABRIELLA	Grazie.
STEWARD	Ecco i biglietti e la ricevuta. Potete andare all'accettazione, grazie.
PIERO E GABRIELLA	Buon giorno. Grazie.

Gabriella e Piero si avviano verso l'accettazione. Gabriella porge i biglietti alla hostess del check-in.

HOSTESS	Avete bagaglio?
GABRIELLA	No, solo bagaglio a mano.
HOSTESS	Bene. Posto finestrino o corridoio?
GABRIELLA E PIERO	Corridoio.
PIERO	Va bene, prendo io il posto finestrino. Così siamo seduti vicini, cara.

GABRIELLA	Sarà un vero piacere!
HOSTESS	Ecco le vostre carte d'imbarco. Uscita numero 6 e buon viaggio.
PIERO E GABRIELLA	Grazie e buon giorno.

Sardegna. Piero e Gabriella sono in albergo.

PIERO	Che posto fantastico! Se avessi saputo, avrei fatto le vacanze in Sardegna l'anno scorso. Hai visto quella barca? Se avessi i soldi, me ne comprerei una uguale! Così farei il bagno nei posti dove non c'è gente, in una spiaggetta, da solo . . . È davvero un peccato dovere stare qui e lavorare.
GABRIELLA	A dire il vero, non mi sembra che tu oggi abbia lavorato molto.
PIERO	Scherzi? Ho scattato quattro rullini di foto!
GABRIELLA	Sì, a quelle turiste francesi. Eri ridicolo, sembravi un paparazzo . . . Poi con quelle barche a vela!
PIERO	Pensa, come sarebbe bello poter girare l'isola in barca a vela! Ti cambia la vita. Viaggi, stai in mare tutto il giorno, di fronte a te l'orizzonte infinito del mare e del cielo. Quanto vorrei prendere un po' di tempo libero alla fine di questo progetto, e tornare qui, a vivere quel che stiamo solo descrivendo!
GABRIELLA	Sai quel che vorrei io? Vorrei che tu parlassi un po' di meno e lavorassi un po' di più! Ora vado in camera a fare una doccia. Ci vediamo più tardi per la cena. Ciao, sognatore!
PIERO	Ciao!

10: Uscire (Napoli)

La scena: *Gabriella e Piero sono a Napoli. Gabriella sta consultando del materiale turistico.*

PIERO	Allora, cosa hai trovato?
GABRIELLA	Aspetta, sto ancora leggendo.
PIERO	Io ho un programma grandioso per la serata. C'è un concerto di musica napoletana, in piazza stasera. Che ne dici?
GABRIELLA	Credevo che ti piacesse solo la discoteca o la musica leggera.
PIERO	Io adoro la discoteca, ma siamo a Napoli: un po' di musica folcloristica ci vuole. Allora, ti va l'idea?
GABRIELLA	Veramente stavo guardando il programma del San Carlo.
PIERO	Cos'è? Un cinema?
GABRIELLA	Non ci posso credere. Non conosci il teatro San Carlo, il tempio della lirica?
PIERO	Ah, ho capito! Melodramma, grasse cantanti che strillano per delle ore. Vorresti portarmi là?
GABRIELLA	Piero, sei così ignorante che temo non ci possa essere più nessuna speranza per te. Comunque i biglietti per il San Carlo sono difficilissimi da trovare, bisogna prenotarli con settimane di anticipo.

PIERO	Non così tanto, basta prenotare la sera prima.
GABRIELLA	E tu come lo sai?
PIERO	Ci sono stato ieri.
GABRIELLA	Tu? Sei stato al San Carlo? E non mi hai detto niente...
PIERO	Solo alla biglietteria. Mi hanno dato questi due tagliandi. Sono prenotazioni, bisogna ritirare i biglietti due ore prima dello spettacolo.
GABRIELLA	Fantastico! Hai davvero due prenotazioni per il *Rigoletto*?
PIERO	*Rigoletto?* E io pensavo che dessero *Indiana Jones*...
GABRIELLA	Andiamo! (*Poco dopo.*) Mi hai di nuovo presa in giro! Tu sapevi tutto del San Carlo e dello spettacolo di stasera... E scommetto che conosci anche l'opera.
PIERO	Beh, ho qualche compact disc a casa. E non solo di Pino Daniele.
GABRIELLA	Piero, continui a sorprendermi! Scusami, ti ho trattato come un ignorante... Sono proprio felice di vedere lo spettacolo stasera. Non so come ringraziarti.
PIERO	Mi offrirai una pizza dopo il teatro. Una vera pizza napoletana.
GABRIELLA	Va bene!

Alla biglietteria del Teatro San Carlo.

PIERO E GABRIELLA	Buon giorno.
CASSIERE	Buon giorno.
PIERO	Abbiamo due prenotazioni.
CASSIERE	Per quale spettacolo?
PIERO	Quello di stasera.
CASSIERE	Mi fa vedere, per favore, la ricevuta? Ecco qua i biglietti.
PIERO	Grazie.
CASSIERE	Prego.
GABRIELLA	Posso vedere i posti?
CASSIERE	Certamente! È qua, al 25. Questa posizione qua. Questa è l'orchestra.
GABRIELLA	Non ci sono più centrali?
CASSIERE	No! Più centrali?! Il teatro è tutto esaurito. Anzi, lei è stata fortunata!
PIERO E GABRIELLA	Arrivederci!

11: Leggere (Firenze)

La scena: *A Firenze. Piero è davanti ad un'edicola.*

PIERO	Buon giorno!
GIORNALAIO	Buon giorno.

PIERO	Vorrei *La Stampa*, *Amica*, *il Vernacoliere*, *la Gazzetta dello Sport*, e *Autosprint*. E questo. Quanto devo?
GIORNALAIO	18 mila . . . Ecco.
PIERO	Grazie.
GIORNALAIO	Grazie a lei.

Piero torna con le riviste vicino a Gabriella.

PIERO	*La Stampa* . . .
GABRIELLA	Grazie.
PIERO	. . . e *Amica*.
GABRIELLA	Bene. Sport e motori. Lo sapevo.
PIERO	Ci sei cascata! Questa poesia l'ha scritta un mio amico.
GABRIELLA	Ma va! Conosci davvero un poeta?
PIERO	Diversi poeti. E anch'io ho scritto delle poesie. Cosa credi? Secondo te, questo mio talento per la scrittura nasce dal nulla? Mi credi capace solo di scrivere per il turismo?
GABRIELLA	Scusami, Piero. Non sapevo di questo tuo interesse per la letteratura . . .
PIERO	E per l'opera lirica.
GABRIELLA	In effetti, ero molto sorpresa . . . Ma mi sono molto divertita al Teatro San Carlo. E qui a Firenze, hai degli amici?
PIERO	Certo! E stasera ti propongo qualcosa di diverso . . . Una lettura di poesia!
GABRIELLA	Davvero? Dove?
PIERO	Al Caffè Giubbe Rosse . . . è famosissimo per la sua storia . . . è da anni un punto di incontro per artisti, poeti, scrittori, e molti di loro sono miei amici. Adesso andiamo. Dobbiamo riprendere a lavorare.
GABRIELLA	Va bene.

Poco dopo.

GABRIELLA	Guarda. *La Divina Commedia*. Mi ricorda gli anni del liceo. Sai quanto era faticoso studiare Dante!
PIERO	Davvero? A me piaceva moltissimo. Dante, Petrarca, Boccaccio, "le tre corone della letteratura italiana," ti ricordi?
GABRIELLA	Ricordo solo qualche verso. "Chiare, fresche e dolci acque, ove le belle membra . . ." Ma non ricordo chi le scrisse!
PIERO	Petrarca! Scrisse delle splendide poesie d'amore, e furono proprio Dante, Boccaccio e Petrarca a fondare la lingua italiana e la poetica.
GABRIELLA	Beh, so che nacquero tutti e tre in Toscana, e scrissero le loro opere in dialetto toscano.
PIERO	Certo! E fu così che il dialetto toscano diventò l'italiano che parliamo oggi. Ma questo accadde nel Duecento e Trecento, molti secoli prima dell'unità d'Italia.
GABRIELLA	Piero, sai tantissime cose!

PIERO	Eh, sì, lo devo ammettere: della letteratura so davvero tutto!

Più tardi Piero e Gabriella si siedono ad un tavolino alle Giubbe Rosse. Assieme a loro c'è un amico di Piero.

GABRIELLA	Che bello ieri sera! Hanno recitato proprio bene!
AMICO	Sono contento che vi sia piaciuto. C'è un altro incontro di poesia, martedì sera. Leggerò qualche verso anche io. Ci verrete?
GABRIELLA	No, purtroppo. Partiamo domani.
AMICO	Che peccato! Beh, se torni a Firenze chiamami, Gabriella. Mi farebbe piacere invitarti ad una di queste serate. Ti lascio il mio numero di telefono.
GABRIELLA	Davvero? Grazie, Francesco, sei molto gentile.
AMICO	48.54.10.
PIERO	Gabriella! Andiamo. È tardi.

Esterno del Caffè Giubbe Rosse.

PIERO	"Francesco, sei gentile, Francesco, sei adorabile..." Sì, sì, ho capito... C'è qualcosa fra voi due.
GABRIELLA	Ma che dici? È solo molto simpatico, molto più di te.
PIERO	È l'ultima volta che ti presento un mio amico. Mi hai fatto sentire un idiota, in mezzo a voi due che vi scambiavate sguardi e numeri di telefono.
GABRIELLA	Perché, sei geloso?
PIERO	Io? Figurati! Meno male che abbiamo finito il lavoro. Firenze è l'ultima città.
GABRIELLA	Sì. Una città bellissima.

12: Sognare (Torino)

La scena: *Nuovamente nella redazione della casa editrice a Torino.*

PIERO	Allora, possiamo fare il 26 o il 27.
EDITORE	Sì, vediamo. (*Entra Gabriella.*) Ah, Gabriella. Ti stavamo aspettando. Ciao.
GABRIELLA	Ciao! Ciao, Piero!
PIERO	Ciao!
EDITORE	Complimenti. Avete fatto un bellissimo lavoro. Il libro sta vendendo bene e le recensioni sono positive. Mi congratulo con voi. Bene, Gabriella, spero di rivederti presto. Ah, Piero, senti, prima di andare via puoi passare dal mio ufficio?
PIERO	Sì, certo, Marco.
EDITORE	Allora, a dopo.
PIERO	A dopo.

L'editore esce.

GABRIELLA	Allora, Marco ti vuol vedere... A me non ha detto niente.
PIERO	Sì, probabilmente vuole discutere il nuovo progetto.

GABRIELLA	Il nuovo progetto?
PIERO	Mmm, per il momento acqua in bocca! Mi ha proposto un nuovo lavoro, una nuova guida turistica. Ma bisogna viaggiare sul serio . . . all'estero.
GABRIELLA	Davvero? Una guida nuova? Una guida internazionale?
PIERO	L'Europa, precisamente. Francia, Germania, Belgio, Gran Bretagna . . . Un lavoro molto impegnativo. Anche se non ho ancora firmato il contratto. Però, la partenza sarebbe tra due settimane.
GABRIELLA	Come? Ti propone di viaggiare in Europa e tu sei indeciso? Lavoreresti da solo questa volta?
PIERO	In effetti, anche per questo devo verificare. Marco crede che sarebbe opportuno trovare un aiuto, un collaboratore. Anche se da solo io lavoro decisamente meglio.
GABRIELLA	Questo è evidente! Allora, Piero, io me ne vado.
PIERO	Comunque, io sono della stessa idea di Marco. Non posso partire solo, in effetti avrei davvero bisogno di aiuto, di un collaboratore. E c'è una sola persona al mondo più in gamba di me a fare questo lavoro.
GABRIELLA	Tua madre, immagino . . .
PIERO	Gabriella, mi rendo conto che ti può sembrare strano, però non posso pensare di fare un solo viaggio senza di te. Ti prego, Gabriella, accetta questo lavoro e parti con me per l'Europa.
GABRIELLA	Piero, non ti posso pensare da solo per l'Europa senza qualcuno che ti tenga d'occhio. Accetto volentieri!

Answer Keys

Workbook Answer Key

Lezione preliminare

A. 1. otto, zero, tre, due, otto 2. cinque, zero, uno, quattro, uno 3. sette, cinque, sette, zero, sei 4. quattro, sei, zero, uno, zero 5. uno, zero, due, quattro, uno 6. uno, zero, zero, uno, tre 7. zero, due, uno, uno, sette 8. due, zero, uno, due, tre 9. tre, due, tre, zero, sei 10. quattro, zero, uno, due, cinque

B. 1. cinque 2. quindici 3. sedici 4. dodici 5. sei 6. venti 7. quattro 8. quattordici 9. undici 10. otto

C. 1. lezione 2. nazionale 3. interessante 4. città 5. tradizione 6. università 7. informazione 8. famoso

D. 1. dieci 2. sera 3. venti 4. scusa 5. come stai? 6. mi chiamo 7. ritardo 8. puntuale

E. 1. penisola 2. capitale 3. città 4. fiume 5. nord 6. Alpi 7. isola 8. regione

F. *Answers will vary, except for 7.* 1. Lombardia, Calabria 2. Genova, Venezia 3. Sicilia, Sardegna 4. il Po 5. Francia, Svizzera, Austria 6. Mare Tirreno, Mare Ligure 7. Roma 8. Milano, Perugia, Palermo

G. 1. d 2. c 3. e 4. g 5. a 6. b 7. f

H. *Answers may vary.* 1. Buon giorno, professoressa. Mi chiamo . . . E lei? 2. Ciao! (Salve!) Come ti chiami? Io mi chiamo . . .

I. *Answers will vary.*

Lezione 1

A. 1. quat-<u>tor</u>-di-ci 2. fra-<u>tel</u>-lo 3. <u>gra</u>-zie 4. qua-<u>der</u>-no 5. ca-len-<u>da</u>-rio 6. e-<u>spres</u>-so

B. 1. New York: trentotto cinquantadue quaranta uno tre 2. Chicago: ventidue cinquanta quarantaquattro cinquantotto quattro 3. Boston: undici diciassette cinquantanove sei ventotto 4. Los Angeles: trentacinque cinquantuno tredici due sessantotto 5. Atlanta: quarantanove diciannove ventitré trentadue ventuno 6. Seattle: ventiquattro cinque dieci quarantuno ottanta

C. *Answers will vary.*

D. *Answers will vary. Examples:* un computer, un libro, un quaderno

E. 1. una cassetta 2. un televisore 3. un orologio 4. un computer 5. una radio, un CD 6. un telefono, un telefonino 7. un giornale 8. una rivista 9. un calendario 10. una penna, una matita

F. 1. lui, lei 2. Loro, tu 3. Lui/Lei, io 4. Io, lui/lei 5. Voi, noi

G. 1. siete, è 2. siamo, sono 3. è, sono 4. sei, siamo 5. sono, è

H. 1. Ha un foglio di carta? 2. Avete un giornale? 3. Hai una penna? 4. Avete un computer? 5. Hai un telefonino? 6. Hanno una calcolatrice?

I. 1. Il professore ha un foglio di carta ma non ha un quaderno. 2. (Io) ho una rivista ma non ho un giornale. 3. Stefano ha un amico ma non ha un'amica. 4. (Tu) hai una calcolatrice ma non hai un computer. 5. (Noi) abbiamo una radio ma non abbiamo un televisore.

J. 1. È una studentessa liceale. 2. È un professore d'inglese. 3. È un'amica di Roberto. 4. È una professoressa di matematica. 5. È uno studente d'italiano. 6. È un signore francese.

K. 1. Sono di Torino. 2. Anch'io! 3. Ventidue. 4. Sì, ecco il *Times*. 5. Ha diciannove anni. 6. Sono all'università. 7. Sì, mi piace molto!

L. *Answers will vary. Items may include:* un calendario, un foglio di carta, un giornale, un libro, un orologio, un quaderno, un tavolo, una calcolatrice, una matita, una penna, una sedia, uno stereo, un computer

M. *Answers will vary.* 1. La studentessa si chiama Angela Morosini. Ha ventidue anni. È di Napoli. Frequenta l'Università di Bologna. Studia medicina.

2. Lo studente si chiama Mauro Nichetti. Ha diciotto anni. È di Parma. Frequenta il liceo scientifico Enrico Fermi.

N. *Answers will vary.*

O. *Answers will vary.*

Lezione 2

A. 1. l'informatica 2. la letteratura 3. la musica 4. l'economia 5. la storia 6. l'arte 7. le lingue straniere 8. le scienze naturali

B. professore lingue moglie architetto
   informatica naturali chimica fisica

C. 1. Peter Baker abita a Dallas e parla inglese.
   2. Dimitri Petrovic abita a Mosca e parla russo.
   3. Mireille La Plante abita a Parigi e parla francese.
   4. Mang Wang abita a Hong-Kong e parla cinese.
   5. Kimiko Katamaya abita a Tokio e parla giapponese.
   6. Rafael Marqués abita a Madrid e parla spagnolo.
   7. Heidi Bauer abita a Francoforte e parla tedesco.

D. 1. Sono le diciassette e cinque.   2. Sono le nove e dieci.   3. Sono le tre e un quarto.
   4. Sono le diciannove e trenta.   5. Sono le ventidue e venti.   6. È l'una.   7. Sono le quattordici e trenta.   8. Sono le cinque meno un quarto.

E. 1. (Noi) abbiamo un appuntamento con il professor Ranieri alle tre e dieci del pomeriggio.
   2. Tullio ha un appuntamento con Cristina alle sei e trentacinque di sera.   3. (Io) ho un appuntamento con Laura alle dieci di mattina.
   4. Lorenzo ha un appuntamento con Luca alle otto di sera.   5. (Voi) avete un appuntamento con Caterina alle dodici del pomeriggio (a mezzogiorno).   6. Pino ha un appuntamento con il dottor Merlino alle quattro e mezza (trenta) del pomeriggio.

F. *Answers will vary.*

G. 1. Ha due libri ma non ha un quaderno.
   2. Ha quattro fogli di carta ma non ha un computer.   3. Ha tre riviste ma non ha un calendario.   4. Ha due radio ma non ha un dizionario.   5. Ha tre libri ma non ha uno zaino.   6. Ha due orologi ma non ha un telefonino.

H. 1. l', le   2. la, l'   3. Gli, la, l'   4. le, il, il

I. 1. La   2. i   3. le   4. Lo, la   5. La, il
   6. Il, gli

J. 1. —Di chi è il calendario?
      —È di Marta.
   2. —Di chi è lo zaino?
      — È di Beatrice.
   3. —Di chi sono le cassette?
      —Sono di Gianni.
   4. —Di chi è la rivista?
      — È di Silvia.
   5. —Di chi sono le penne?
      —Sono di Arturo.
   6. —Di chi è il quaderno?
      — È di Tonino.

K. 1. Io sono con i miei genitori.   2. Tu sei con il tuo amico e con la tua amica.   3. Filippo è con i suoi nipoti.   4. Tommaso e Gianni sono con le loro sorelle.   5. La zia è con sua figlia Anna.

L. 1. No, non sono le sue cassette.   2. Sì, è il suo telefonino.   3. No, non sono le loro videocassette.   4. Sì, sono i suoi CD.   5. No, non è la sua radio.   6. Sì, è il nostro stereo.

M. 1. Tu ed Adriana avete i giornali di Bettina e Silvia?   2. L'orologio è di Michele.
   3. Matilde e Umberto hanno gli zaini di Marcello e Dino.   4. I CD italiani sono di Alberto.   5. I signori hanno le riviste di Gabriele.

N. 1. d   2. h   3. e   4. g   5. b   6. c   7. a
   8. f

O. 1. Falso. Paola è professoressa di psicologia.
   2. Falso. È sposata.   3. Vero   4. Falso. Abita al centro di Roma.   5. Falso. Il fratello di Paola si chiama Giorgio.   6. Vero   7. Vero

P. 1. I gatti sono di Marcello.   2. Lo stereo è di Marcello.   3. Le riviste sono di Valerio.
   4. I CD sono di Marcello.   5. Gli orologi sono di Valerio.   6. Il calendario è di Marcello.
   7. Il computer è di Valerio.   8. La bicicletta è di Valerio.

Q. *Answers will vary.*

R. *Answers will vary.*

Lezione 3

A. 1. la biblioteca; la libreria   2. l'ospedale
   3. il supermercato   4. il museo   5. il teatro
   6. la banca   7. lo stadio   8. la farmacia
   9. la biblioteca   10. il cinema

B. 1. abbiamo fame   2. freddo   3. avete paura
   4. ho caldo   5. hanno bisogno   6. ho voglia

C. 1. insegna   2. studia   3. penso
   4. desiderate   5. mandi   6. parlare
   7. entrano   8. frequenti   9. paga
   10. cominciano

D. *Answers will vary. Sample answers:* 1. Tullio insegna l'italiano.   2. Io frequento l'università.
   3. Paolo ed io mangiamo una pizza.   4. Voi incontrate la madre.   5. La signora Mariani cerca un appartamento.   6. Tu chiami gli amici.   7. Viola e Luca pagano il conto.
   8. Tu e Luigina usate il computer.

E. *Answers will vary.* 1. No, sono di Akron. 2. Studio a scuola. 3. Arrrivo alle nove. 4. Abito a Cincinnati. 5. Studio alle sette di sera. 6. Lavoro per mia madre. 7. Telefono da un negozio.

F. all', del, alle, al, alla, Alle, dall', sul, nella, agli, al, dello

G. *Answers will vary.* 1. C'è una biblioteca. 2. Non c'è un teatro. 3. Non c'è un'università. 4. Ci sono due bar. 5. C'è una libreria. 6. Ci sono due banche. 7. Ci sono quattro negozi. 8. C'è una chiesa. 9. Non ci sono due cinema. 10. C'è una banca.

H. *Order will vary.* 1. Ecco tre libri. 2. Ecco un orologio. 3. Ecco una chiesa. 4. Ecco un computer. 5. Ecco un cinema. 6. Ecco due quaderni.

I. 1. Guardo un film al cinema. 2. Cerco un libro di arte italiana in biblioteca. 3. Mando una lettera all'ufficio postale. 4. Incontro amici che arrivano in treno alla stazione. 5. Gioco con il cane al parco. 6. Compro un gelato alla gelateria.

J. 1. Niente di speciale. 2. Sì, ho voglia di un'aranciata. 3. No, abitiamo a Padova. 4. Ecco la farmacia, vicino alla banca. 5. Andiamo a studiare! 6. Sì, mi piacciono i film italiani.

K. 1. aspetta 2. Arriva, università, otto e quarantasette 3. Studia 4. Cerca, libro 5. Incontra, amica 6. mangiano, ristorante

L. *Answers will vary.*

M. *Answers will vary.*

N. *Answers will vary.*

Lezione 4

A. *Answers will vary. Sample answers:* 1. lunedì: 8,00 incontrare Maurizio, ecc. 2. martedì: 15,00 lavorare in ufficio, ecc. 3. mercoledì: 17,00 studiare in biblioteca, ecc. 4. giovedì: 19,00 telefonare allo zio, ecc. 5. venerdì: 21,00 ballare in una discoteca, ecc. 6. sabato: 9,00 pulire la camera, ecc. 7. domenica: 13,00 passeggiare nel parco, ecc.

B. *Answers will vary.* 1. È giovedì. 2. È martedì. 3. È venerdì. 4. *Answers will vary.* 5. È sabato. 6. È domenica. 7. È lunedì 8. *Answers will vary.*

C. *Answers will vary.* 1. oggi pomeriggio 2. stasera 3. domani mattina 4. domani pomeriggio 5. domani sera 6. dopodomani mattina

D. decidi, Chiedo, vedo, prendo, Scrivi, ricevo, rispondo, credo

E. discutono, Rispondono, chiedono, perdono, leggono, chiudo, Rispondo, scrivo

F. 1. chiediamo... 2. rispondo... 3. assistono... 4. discute... 5. spendi... 6. conoscete...

G. 1. Cosa prende? 2. Di chi parla? 3. Come va a casa? 4. A che ora arriva a casa? 5. Con chi parla al telefono? 6. Che dice Maria? 7. Come sta Laura? 8. Perché va a letto Marta?

H. *Answers will vary. Sample answers:* 1. Faccio colazione alle sette. 2. La domenica non faccio niente. 3. Sto a casa perché non ho niente da fare. 4. Do un'aranciata agli amici. 5. La mamma sta bene, ma papà sta male.

I. 1. Chi arriva dalla stazione? 2. Prendo i CD di Mario. 3. I giornli dell'amica di Mario stanno sul tavolo. 4. Rispondete bene in classe? 5. La lezione d'italiano comincia alle otto. 6. Il professore mette il libro sul tavolo.

J. 1. al caffè 2. in una discoteca 3. all'università 4. all'università 5. al caffè 6. in una discoteca 7. al caffè 8. all'università

K. 1. a, b, c, c, a 2. b, a, b, a, c 3. c, c, a, b, b

L. *Answers will vary.*

M. *Answers will vary.*

N. *Answers will vary.*

Lezione 5

A. 1. grasso, magro 2. buono 3. triste 4. intelligente e allegra 5. giovane, vecchio

B. 1. Mia moglie è prudente. 2. I miei figli hanno molti amici cortesi. 3. Mio padre e mia madre sono sempre allegri. 4. Mia figlia frequenta un'università italiana. 5. Giulio è uno studente dinamico. 6. I miei fratelli sono simpatici. 7. Ho una famiglia gentile. 8. Mia moglie e io abbiamo una famiglia generosa.

C. 1. Sarah è inglese. 2. Serge e Irina sono russi. 3. Werner è tedesco. 4. Carlos e Juanita sono spagnoli. 5. Il signor Mitterrand è francese. 6. Tom e Jerry sono americani.

D. *Answers will vary. Sample answers:* 1. Lavora in un ospedale americano. 2. Ha un lavoro importante. 3. Nell'ospedale ci sono due dottori giapponesi.   4. Fra le pazienti ci sono anche una ragazza disinvolta e due signore nervose.   5. Ci sono anche molti altri pazienti.   6. Lidia e Carla, due amiche di Marisa, sono infermiere simpatiche.   7. I pazienti non desiderano parlare con le infermiere sgarbate.

E. buoni amici   bei costumi   brutta maschera   vecchia radio   molte persone   bambini piccoli   vera avventura   cattiva giornata

F. *Answers will vary. Sample answers:* 1. Teresa finisce il lavoro più tardi.   2. Parto per la Francia.   3. Tu e l'amica pulite la vetrina del negozio.   4. Piero ed io offriamo un caffè agli amici.   5. Le signorine restituiscono il costume al signore.   6. Suggerisci di andare al centro commerciale.

G. 1. Tu e Piero dormite tardi il sabato? No, non dormiamo . . .   2. Ada preferisce studiare in Italia? Sì, Ada preferisce . . .   3. Pulite la camera ogni sabato? Sì, puliamo . . .   4. Apri i libri la domenica? No, non apro . . .   5. Offrite un passaggio a Michele? Sì, offriamo . . .   6. È vero che io non finisco mai di parlare? Sì, è vero che tu non finisci . . .

H. *Answers will vary.*

I. *Answers will vary.*

J. 1. e   2. f   3. i   4. a   5. h   6. b   7. c

K. *Answers will vary. Sample answers:*
—Quando è la festa?
—È una festa mascherata?
—Quale costume pensi di indossare?
—Io desidero essere . . .
—Sì, desidero venire . . .

L. *Answers will vary. Example:* Un buon professore è calmo, intelligente e dinamico.

M. *Answers will vary.*

N. *Sentences will vary.*

Lezione 6

A. *Answers will vary. Examples:* 1. È l'autunno.   2. È maggio.   3. È in marzo.   4. In inverno . . .

B. *Answers will vary. Sample answers:* 1. La primavera: Non voglio essere in classe. Faccio una passeggiata.   2. L'estate: Faccio un viaggio. Non frequento l'università.   3. L'autunno: Studio in biblioteca. Visito i miei amici.   4. L'inverno: Do regali (*gifts*). Spedisco molte lettere.

C. *Answers will vary. Examples:* 1. Ieri mattina alle 10,00 sono andato/a da Claudio.   2. Lunedì scorso alle 16,00 sono rimasto/a a casa.   3. Una settimana fa alle 20,00 ho guardato la tv.   4. Ieri pomeriggio alle 17,00 ho incontrato Luigi.   5. Domenica scorsa alle 12,00 sono andato/a ad un ristorante.

D. *Answers will vary. Example:* La settimana scorsa sono andato/a in città con un amico.
Example: Tre giorni fa ho guidato la macchina di mio padre.

E. 1. Ho incontrato . . .   2. Sono entrato/a . . .   3. Ho comprato . . .   4. Ho parlato . . .   5. Ho visitato . . .   6. Sono tornato/a . . .

F. 1. è uscito   2. abbiamo mangiato   3. sono rimasti   4. avete visitato   5. ho veduto/visto   6. sei arrivato/a   7. hanno invitato   8. è partito

G. *Some answers will vary.* 1. È nata il 9 gennaio.   2. Ha scritto una lettura.   3. Ha aperto la finestra.   4. Ha risposto al telefono.   5. Ha letto il giornale.   6. Ha bevuto un caffè.   7. Ha perso la palla.   8. Ha fatto una gita.

H. *Answers will vary.* 1. Tu hai visto un film italiano.   2. Noi abbiamo fatto un viaggio.   3. Ho perso lo zaino.   4. Avete messo i libri sul tavolo.   5. Le amiche hanno speso molti soldi.   6. Laura e Lisa hanno letto le riviste.

I. 1. Bevo un bicchiere di vino.   2. Io e Gina beviamo un cappuccino.   3. Gianni beve un'acqua minerale.   4. Mio fratello beve un espresso.   5. Tu e Claudio bevete una birra.   6. Tu bevi una Coca-Cola.

J. 1. Sandra dice che esce domani.   2. Pio e Giorgio dicono che escono stasera.   3. Dico che esco a mezzogiorno.   4. Dici che esci alle sei meno un quarto.   5. Pio ed io diciamo che usciamo sabato alle otto.   6. Tu e papà dite che uscite domani mattina.

K. 1. a   2. b   3. a   4. c   5. c

L. *Answers will vary.*

M. 1. Tiziana ed Elena hanno visitato Palermo. Sono state due giorni a Siracusa. Hanno passato una settimana al mare. Hanno mangiato specialità siciliane. Sono andate spesso alla spaggia. Sono tornate dalla Sicilia il 4 luglio.

2. Giancarlo è partito per la Svizzera il 15 giugno. Ha parlato tedesco con gli abitanti del luogo. Ha comprato un orologio Swatch. Ha fatto fotografie del Matterhorn. Ha fatto passeggiate in montagna.

N. *Answers will vary.*

O. *Answers will vary.*

Lezione 7

A. 1. Gli zucchini costano un euro e trenta centesimi al chilo. 2. un euro e cinquanta centesimi. 3. Costano un euro al chilo. 4. Costano due euro al chilo. 5. Costano due euro e settanta centesimi al chilo. 6. I limoni costano un euro e trenta centesimi al chilo. 7. Un chilo di banane costa due euro. 8. sei euro.

B. *Answers will vary.*

C. *Answers will vary.* 1. prosciutto e melone, pastina in brodo, frutta e formaggio 2. insalata di mare, sogliola al limone, frutta e formaggio 3. mozzarella e pomodoro, fettuccine al burro, melanzane alla griglia

D. *Answers will vary.* 1. Mi sveglio alle sei e mezzo. 2. Mi lavo subito. 3. Mi preparo la prima colazione. 4. Mi vesto e vado a scuola. 5. Mi reco a scuola alle otto. 6. Mi diverto con gli amici. 7. Mi annoio in classe. 8. Mi addormento alle undici.

E. *Answers will vary.* 1. Ci siamo ricordati di studiare la lezione sette. 2. Giacomo si è divertito a guardare quel programma alla TV. 3. I miei amici si sono lavati le mani. 4. Vi siete addormentati subito. 5. Mi sono preparato/a per andare in centro. 6. Ti sei alzato/a alle otto.

F. 1. Non mangiare il panino! 2. Prendi il latte! 3. Fa' attenzione! 4. Non andare a giocare con i bambini! 5. Sta' in giardino! 6. Vieni qui! 7. Sii buona!

G. 1. Leggete il dialogo! 2. Non scrivete queste parole! 3. Aspettate un momento! 4. Andate in biblioteca! 5. Non chiudete le finestre! 6. Finite il compito!

H. 1. Giochiamo 2. Facciamo 3. Mangiamo 4. Vediamo 5. Puliamo 6. Partiamo

I. 1. Professore, venga in cucina! 2. Professore, mi dica come sta! 3. Professore, beva un po' di vino! 4. Professore, non si preoccupi del gatto! 5. Professore, finisca la pasta! 6. Professore, mangi questo dolce! 7. Professore, non dimentichi il caffè! 8. Professore, mi saluti la mamma!

J. *Answers will vary.* 1. Visiti quel museo. (Ci sono molti bei quadri.) 2. Vadano a quel lago. (È molto bello.) 3. Guardino (Vedano) lo spettacolo delle otto. (È uno spettacolo magnifico.) 4. Compri quattro biglietti. (Il concerto piace a tutti.) 5. Non vadano lì. (È troppo caro.) 6. Compri uno come il mio computer. (È buono.) 7. Vada al negozio qui vicino. (I prezzi sono buoni.)

K. 1. delle 2. del 3. delle, dei 4. dei 5. della 6. del

L. 1. del, della, degli 2. dell', del 3. dell', dello 4. delle, degli, delle, del 5. dei, del, del

M. 1. Noi non abbiamo fatto la spesa; anzi, abbiamo pulito la macchina. 2. Elena non è partita alle due; anzi, è rimasta a casa. 3. Gli studenti non sono andati al cinema; anzi, hanno finito i compiti. 4. Non ho dormito; anzi, ho ascoltato la radio. 5. Margherita ed Elena non hanno guardato la televisione; anzi, hanno studiato l'italiano. 6. Non siete arrivati tardi; anzi, avete incontrato Luciana.

N. 1. c 2. d 3. a 4. f 5. h 6. b 7. g 8. e

O. *Answers will vary.*

P. *Answers will vary. Sample answers:* 1. Mi sono alzato/a alle . . . 2. Mi sono lavato/a e poi mi sono vestito/a. 3. Sì; ho fatto colazione. Ho mangiato . . . 4. Sono uscito/a da casa alle . . . 5. Sì, mi sono divertito/a. Ho . . . 6. Sono tornato/a a casa alle . . . 7. La sera ho guardato la TV. 8. Mi sono addormentato/a alle . . .

Q. *Answers will vary.*

R. *Answers will vary.*

Lezione 8

A. 1. fidanzati 2. nipoti 3. cugini 4. nonno 5. zio 6. cognata 7. parenti 8. fidanza, sposa 9. separano, divorziano

B. 1. fare il pieno 2. stazione di servizio 3. controllare l'olio 4. noleggiare una macchina 5. guidare 6. parcheggiare

C. *Answers will vary.*

D. fare, agenzia di viaggi, fa le prenotazioni, passaporto, biglietti, volo, valigia, fanno le valige, bagagli, partire

E. 1. Vuoi, posso, Devo, puoi, devo, posso 2. vuole, potete, dobbiamo, Potete, Possiamo

F. 1. Preferisci questa valigia grande o quella valigia piccola? 2. Preferisci quest'orologio americano o quell'orologio svizzero? 3. Preferisci questi CD americani o quei CD italiani?   4. Preferisci questo televisore tedesco o quel televisore giapponese?   5. Preferisci queste macchine svedesi o quelle macchine italiane?

G. 1. . . . questi fagiolini e non quelli   2. . . . questo pane e non quello   3. . . . queste uova e non quelle   4. . . . queste banane e non quelle   5. . . .questi peperoni e non quelli   6. . . . questa lattuga e non quella   7. . . . questi zucchini e non quelli   8. . . . questo salame e non quello

H. 1. ti   2. li   3. la   4. ci   5. li   6. mi   7. la   8. lo   9. vi   10. li

I. *Answers will vary. Examples:* 1. Sì, l'ho.   2. No, non la vado a trovare. (o) No, non vado a trovarla.   3. Sì, lo lascio.   4. Sì, vi chiamo domani sera.   5. No, non li chiamo.   6. Sì, mi puoi aspettare all'aeroporto. (o) Sì, puoi aspettarmi . . .   7. Sì, la vado a trovare. (o) Sì, vado a trovarla.   8. No, non la invito all'aeroporto.

J. 1. Venite a vederlo.   2. Vieni a leggerli.   3. Vengo ad incontrarli.   4. Viene a studiarle.   5. Viene a cercarla.   6. Vengono a prenderli.

K. *Answers will vary.* 1. Sì, mi ha visto.   2. Sì, ci hanno invitato a prendere il caffè.   3. Sì, vi ho ascoltato.   4. Sì, ti ho capito.   5. Sì, l'ho vista domenica al concerto.   6. Sì, li ho chiamati da Milano.

L. 1. Sì, l'ho trovato.   2. Sì, le ho fatte.   3. No, non l'ho chiamato/a.   4. Sì, le ho fatte.   5. Sì, li ho presi.   6. No, non li ho letti.

M. 1. a   2. a   3. c   4. c   5. c

N. *Answers will vary. Sample answers:* 1. Mi piace viaggiare perché mi piace vedere cose nuove.   2. Preferisco andare in Florida per le vacanze.   3. Preferisco viaggiare in macchina.   4. No, non ho mai fatto un viaggio in treno.   5. Sì, ho fatto molti viaggi con la famiglia. Siamo andati a . . . Ci siamo divertiti molto.   6. Sì, mi piace dormire in albergo. Preferisco gli alberghi piccoli e pittoreschi.   7. *Answers will vary.*

O. *Answers will vary.*

P. *Answers will vary.*

Q. *Answers will vary.*

Lezione 9

A. *Answers will vary. Sample answers:* 1. Fa bel tempo. C'è sole ed è sereno.   2. Fa molto caldo. Piove ed è afoso.   3. Fa fresco. È nuvoloso.   4. Fa freddo. Nevica e tira molto vento.

B. *Answers will vary.*

C. *Answers will vary.* 1. ogni estate   2. di quando in quando   3. di rado   4. ogni inverno   5. di tanto in tanto   6. tutte le sere   7. volta

D. *Answers will vary.* 1. Lei era al centro. Discuteva con gli amici.   2. Noi eravamo al concerto. Ascoltavamo la musica.   3. Loro erano in campagna. Facevano una passeggiata.   4. Voi eravate all'università. Mandavate messaggi di posta elettronica.   5. Ero ad una festa. Ballavo.   6. Lui era alla stazione. Prendeva il treno.

E. *Answers will vary. Examples:* Quando ero a Perugia, facevo molte passeggiate. Di solito, non mi alzavo molto presto la mattina perché la sera mi divertivo spesso con gli amici. Ogni giorno, giocavo a pallone, e dopo andavo al mare. Qualche volta, mandavo messaggi elettronici alla famiglia.

F. 1. Ma che dici? Piero non ama più Luisa.   2. Ma che dici? Non mi telefoni mai.   3. Ma che dici? Rosalba non dà affatto un passaggio al fratello.   4. Ma che dici? Le tue amiche non capiscono niente.   5. Ma che dici? Non viene nessuno alla spiaggia.   6. Ma che dici? Non paghi mai né il caffè né il dolce.   7. Ma che dici? Tua madre non ha ancora quarant'anni.

G. *Answers will vary.* 1. Non vedo nessuno.   2. No, non lo studio più.   3. Non prendo mai il caffè espresso.   4. Non telefono neanche a Giovianni.   5. Non discuto di musica né con Paola né con Enrico.   6. Non ho nessuna matita.   7. Non compro nulla per te.   8. Non viene nessuno con noi.

H. *Answers will vary.* 1. No, non abito vicino a voi.   2. Sì, voglio venire a ballare con te.   3. Sì, mi ricordo di lui.   4. No, non si è seduto accanto a me.   5. No, non faccio delle compere importanti senza di lei.   6. Sì, lavoro per lui.

I. 1. loro   2. sé   3. me   4. voi   5. te   6. noi

J. *Answers will vary.* 1. No, non la studio.   2. Sì, l'ho.   3. Sì, l'aiuto sempre.   4. Sì, la guardo spesso.   5. Sì, li chiamo ogni giorno.   6. No, non li compro.   7. No, non la preparo.   8. Sì, li saluto ogni mattina.

K. 1. e   2. d   3. f   4. b   5. g   6. a

L. 1. È a Roma da una settimana.   2. È a Roma con Elena.   3. Ieri mentre visitavano le catacombe Elena ha perduto la sua macchina fotografica.   4. Volevano andare ad un ristorante famoso di Trastevere.   5. Trastevere è un quartiere pittoresco di Roma.   6. Hanno deciso di non andare a Trastevere perché pioveva forte.   7. Continua a piovere.   8. Si rivedono fra una settimana.

M. *Answers will vary.*

N. *Answers will vary.*

O. *Answers will vary.*

Lezione 10

A. *Answers will vary. Sample answers:* 1. il vestito nero, la camicetta bianca, le scarpe nere, ecc. (o) una giacca a tinta unita, una camicia bianca, una cravatta azzurra, le scarpe nere, i pantaloni grigi, ecc.   2. i jeans, la camicia blu, i sandali marrone, ecc.

B. *Answers will vary.* 1. lana, poliestere   2. cotone, lana   3. rayon, lana   4. cuoio, lino   5. velluto a coste, poliestere   6. seta, cuoio   7. seta, cotone   8. cotone, poliestere   9. rayon, poliestere   10. cotone, poliestere

C. 1. rosso   2. verde   3. bianco   4. bianco   5. rosso   6. blu   7. marrone   8. nero   9. arancione   10. giallo

D. ho incontrato, Erano, vedevo, eravamo, abitavamo, era, giocavamo, facevano, siamo stati, ci siamo divertiti, è andato, è partita

E. *Answers will vary.* 1. Tonio mangiava un'arancia quando Laura l'ha chiamato.   2. Uscivamo quando tu e tuo fratello siete arrivati.   3. Ballavi con Angelica quando ho cambiato la musica.   4. Eugenio guardava un documentario quando Margherita ha telefonato.   5. Maria e Paola provavano una giacca quando ho fatto una foto.   6. Io ed Anna discutevamo un problema, quando Pietro è entrato.

F. Era, Faceva, brillava, avevo, è suonato (ha suonato), Era, ha domandato, volevo, ho detto, sono partito, siamo andati, era, era, Abbiamo trovato, ci siamo seduti, Abbiamo passato, Ci siamo divertiti

G. 1. Ci sono cinque biblioteche pubbliche.   2. Ci sono due vecchie farmacie.   3. Ci sono molti meccanici.   4. Ci sono sei amici di mio padre.   5. Ci sono molte signorine simpatiche.   6. Ci sono poche spiagge lunghe.

H. albergo, simpatici, studente, energia, stanco, fantastico, bottega, antipatiche, ricca, larga, lunga, valige, giacche

I. *Answers will vary.* 1. Sì, so guidare una motocicletta.   2. No, non conosco un'attrice.   3. Sì, so riparare una macchina.   4. No, non conosco una coppia sposata recentemente.   5. Sì, so scegliere un buon film.   6. Sì, conosco la Cina.   7. No, non so dove cambiare soldi italiani.   8. Sì, so fare la spesa.   9. Sì, so dove abita il Presidente degli Stati Uniti.   10. No, non so quanto costa una camicetta di seta.

J. *Answers will vary.*

K. *Answers will vary. Sample answers:* una camicia. Desidero una camicia bianca, misura 41. No, non mi piace molto.   Sì, quella è molto bella.   Quanto costa?   No, grazie. Basta così. Grazie a lei. Arrivederla.

L. *Answers will vary. Sample answers:* 1. La signora indossa una giacca di lino con le maniche lunghe, una gonna di seta e una camicetta a quadri. Porta una borsa di pelle bianca e scarpe bianche.   2. Il signore indossa un vestito nero di lana, una cravatta a righe, un impermeabile, stivali di cuoio e guanti.   3. La ragazza indossa scarpette da ginnastica, calzini di cotone, jeans e una maglietta bianca. Porta anche un cappello da baseball.

M. *Answers will vary.*

N. *Answers will vary.*

O. *Answers will vary.*

Lezione 11

A. 1. caviglia   2. braccio   3. spalla   4. bagno   5. gomito   6. spugna   7. gamba   8. stomaco   9. ginocchio   10. forbici

B. 1. Gli fa male lo stomaco.   2. Ha la febbre.   3. Gli fa male l'orecchio.   4. Le fa male la caviglia.

C. 1. Una ragazza si asciuga i capelli con l'asciugacapelli.   2. Una donna si guarda allo specchio e si taglia i capelli con le forbici.   3. Un signore anziano si rade la barba con un rasoio elettrico.   4. Un uomo si fa la doccia e si lava i capelli.

D. 1. Sì, gli ho offerto (ho offerto loro) un aperitivo.   2. No, non gli ho chiesto di portare i CD italiani.   3. Sì, gli ho mostrato (ho mostrato loro) le foto.   4. No, non gli ho preparato il caffè.   5. No, non ti ho detto che Luca viene.   6. Sì, le ho spiegato le direzioni.

E. 1. Le chiedo l'asciugacapelli. 2. Chiedo loro (Gli chiedo) il dentifricio. 3. Vi chiedo un pettine. 4. Ti chiedo due fazzoletti. 5. Le chiedo lo shampoo. 6. Chiedo loro (Gli chiedo) venti euro. 7. Gli chiedo un paio di pantaloni. 8. Vi chiedo tre camicie.

F. *Answers will vary.* 1. Mi piacciono le lasagne ma non mi piacciono le fettuccine. 2. Mi piace viaggiare ma non mi piace stare a casa. 3. Mi piace il cappuccino ma non mi piace l'espresso. 4. Mi piace il cibo della mensa ma non mi piace il cibo della mamma. 5. Mi piacciono i pantaloni a righe ma non mi piacciono i pantaloni a quadri. 6. Mi piacciono i film di Brad Pitt ma non mi piacciono i film di Harrison Ford. 7. Mi piace comprare molte cose ma non mi piace spendere troppo. 8. Mi piace nuotare ma non mi piace andare a cavallo. 9. Mi piacciono i CD ma non mi piacciono le cassette. 10. Mi piace il gelato ma non mi piace il tiramisù.

G. 1. Mi è piaciuto il volo. 2. Le sono piaciuti i mercati spagnoli. 3. Non gli è piaciuto il cibo spagnolo. 4. Vi sono piaciute le città spagnole. 5. Non sono piaciute loro le macchine europee. 6. Ci sono piaciuti i negozi a Madrid.

H. *Answers will vary.* Viola e Pino si conoscono da due anni. Si salutano con un bacio quando si vedono ogni giorno. Di solito si incontrano alla discoteca il sabato sera. Naturalmente, si telefonano ogni giorno e si scrivono anche ogni settimana. Si amano molto, e infatti, si sposano domenica prossima.

I. ci siamo guardati, ci siamo salutati, ci siamo parlati, ci siamo scambiati, ci siamo incontrati, ci siamo aiutati, ci siamo detti, ci siamo promessi

J. 1. Noi telefonavamo agli amici quando lui è partito. 2. Mangiavo quando Antonia è entrata. 3. Mentre Giulio parlava Luigi è caduto. 4. Mentre tu cucinavi noi abbiamo fatto colazione. 5. Mentre voi dormivate Maria si è fatta la doccia. 6. La mamma cercava un abito verde mentre papà ha provato una giacca marrone. 7. Mentre io mi radevo tu ti sei pettinato/a i capelli.

K. 1. a 2. b 3. a 4. b 5. b 6. a

L. *Answers will vary. Sample answers:* 1. Mi piace sciare. Mi piacciono le uova. Mi piace l'italiano. 2. Non mi piace uscire con Giacomo. Non mi piacciono gli spinaci. Non mi piacciono le persone che arrivano tardi. 3. Da bambina non mi piaceva il caffè, ma ora mi piace. Da bambino non mi piacevano i calamari, ma ora mi piacciono. 4. Da bambina mi piaceva andare alla spiaggia, ma ora non mi piace. Da bambino mi piacevano i pomodori, ma ora non mi piacciono.

M. *Answers will vary.*
N. *Answers will vary.*
O. *Answers will vary.*

Lezione 12

A. 1. l'equitazione 2. il ciclismo 3. il calcio 4. lo sci 5. la vela 6. il pattinaggio 7. la corsa

B. *Answers will vary.* 1. Il giovane pratica lo sci. 2. Il giovane pratica il nuoto. 3. I giovani giocano a tennis. 4. I ragazzi giocano a pallone. 5. La signorina pratica il pattinaggio. 6. La signorina pratica la vela. 7. I giovani giocano a pallacanestro. 8. La signorina fa l'equitazione.

C. *Answers will vary. Sample answers:* 1. Domani Giancarlo scalerà una montagna. Dopodomani sarà stanco. 2. Domani mangerò troppo. Dopodomani mi sentirò male. 3. Domani lavorerai molto. Dopodomani starai a casa. 4. Domani faremo le gare allo stadio. Dopodomani andremo al cinema. 5. Domani i miei amici compreranno i biglietti per il treno. Dopodomani faranno un viaggio. 6. Domani Francesca farà le spese. Dopodomani andrà alla partita.

D. 1. verrò 2. potrai 3. avremo 4. dovranno 5. porterò 6. prenderemo 7. faranno 8. verrai

E. 1. Saranno le dieci. 2. Sarà il presidente. 3. Saranno attrici italiane. 4. Sarà in Ungheria. 5. Starà bene. 6. Finirà verso mezzanotte. 7. Saranno di Lisa. 8. Sarà in Europa.

F. *Answers will vary.* 1. mi iscriverò alla facoltà di legge 2. preparo da mangiare 3. faremo un viaggio in California 4. compro nuovi dischi 5. comincerò a sciare 6. visitiamo tutti i musei 7. le lezioni finiranno 8. avremo abbastanza denaro

G. *Answers will vary.* 1. Sì, ne ho comprati. 2. No, non ne ho comprate. 3. Sì, ne ho comprato. 4. Sì, ne ho comprata. 5. No, non ne ho comprati.

H. *Answers will vary.* 1. Ne ho incontrate tre.
2. Ne ho letto uno. 3. Ne ho scritti quattro.
4. Ne ho perse due. 5. Ne ho comprati parecchi.

I. *Answers will vary.* 1. Sì, ci vado spesso.
2. Sì, ci voglio andare (o) . . . voglio andarci.
3. Sì, ci sono andato/a. 4. No, non ci sono mai andato/a. 5. Sì, ci andrò stasera.
6. No, non ci penso spesso.

J. aveva incontrato, era andato, si erano seduti, avevano deciso, avevano frequentato, avevano portato, avevano pensato, si erano divertiti, aveva vinto

K. . . . prenda l'autobus numero 56. Scenda alla stazione Termini. Cerchi l'entrata della metropolitana. Faccia il biglietto e segua la scritta **Ostia.** Prenda il treno per Ostia. Scenda alla fermata **Ostia Centrale.**

L. *Answers will vary. Sample answers:* No, non posso. Devo lavorare. Sì, hai ragione. Allora mi prendo un giorno di riposo e vengo con te. Va bene, alle tre. Ma chi altro viene? Oh no! Luciano mi dà fastidio perché esagera quando fa il tifo. Allora, non invitarlo. Scusa, ma oggi non ho soldi. Bene, grazie. Ciao, allora.

M. *Answers will vary.*

N. *Answers will vary. Sample answers:* 1. Questa persona deve praticare l'alpinismo perché gli piace essere da solo e ama la natura. Andare in montagna è un buon modo di essere solo e di vedere tutte le cose naturali. 2. Questa persona deve praticare la pallacanestro perché è molto alta e i giocatori di pallacanestro sono alti. Le piace stare con le altre persone e . . .
3. Questa persona deve praticare il nuoto perché può esercitarsi e dimenticare lo stress.

O. *Answers will vary.*

P. *Answers will vary. Sample answers:* 1. La Cina e il Giappone saranno le nazioni più importanti. L'inglese continuerà ad essere la lingua internazionale. 2. Faranno una macchina elettrica e tutte le case avranno l'energia solare. I dottori troveranno una cura per l'AIDS. 3. Le donne avranno più potere politico ed economico, ma non credo che ci sarà una donna presidente degli Stati Uniti.
4. Il calcio sarà più popolare anche negli Stati Uniti ma lo hockey diventerà uno sport internazionale. I giovani ascolteranno la musica di Mozart! 5. La nostra università costerà di più!

Lezione 13

A. *Answers will vary.* 1. a colazione: il pane, il caffè, la frutta 2. a pranzo: il tonno, il formaggio, la minestra 3. a cena: il pollo, la sogliola, l'agnello

B. 1. Uso il bicchiere. 2. Uso la forchetta.
3. Uso il cucchiaino. 4. Uso il piatto.
5. Uso la forchetta ed il coltello. 6. Uso il tovagliolo.

C. 1. in macelleria dal macellaio 2. in pasticceria dal pasticciere 3. in pescheria dal pescivendolo 4. in salumeria dal salumiere 5. in latteria dal lattaio 6. in panetteria dal panettiere 7. in pescheria dal pescivendolo 8. in macelleria dal macellaio 9. in pasticceria dal pasticciere

D. *Answers will vary.* 1. Vorrei essere in Italia, a Firenze. 2. Visiterei i musei e i ristoranti fiorentini tipici. 3. Inviterei il mio migliore amico. 4. Vorrei conoscere Lisa Kudrow perché è molto interessante. 5. Le direi che mi piace molto. 6. Vorrei essere Leonardo da Vinci perché era un uomo di molto talento.

E. abiterei, cucinerei, porterebbe, preparerebbe, inviterei, mostrerei, ci divertiremmo

F. *Answers will vary. Sample answers:* 1. Tu non faresti mai un viaggio in Cina perché è troppo lontano. 2. Io non vedrei mai quel film svedese perché non capisco lo svedese.
3. Lucia non si alzerebbe mai così presto perché è pigra. 4. Lorena e Mario non spenderebbero tanto per gli scampi perché non hanno il denaro. 5. Tu e Susanna non mangereste mai in quel ristorante perché il cibo non è buono.

G. 1. Lo chiedo loro. (o) Glielo chiedo. 2. Me la presenta. 3. Glieli facciamo. 4. Teresa li offre loro. (o) Teresa glieli offre. 5. Gliele mostro. 6. Me lo preparate? 7. Glielo do.

H. 1. No, non devo mandarglieli./Non li devo mandare loro. 2. mettermela.
3. prepararglielo. 4. farveli. 5. spedirglielo.
6. telefonargliela.

I. 1. I giovani che vanno in biblioteca sono gli amici di Alessandro. 2. I ragazzi che parlano con Valeria cercano un appartamento. 3. È la stessa discoteca in cui incontro Luigi spesso.
4. Ho invitato quella ragazza con cui sono andato a sciare domenica. 5. Chi è quell'uomo che legge una rivista russa?
6. È l'attore inglese di cui parli sempre.
7. Abbiamo comprato due biglietti che costano

poco.   8. Questo è il teatro da cui Giorgio è uscito due minuti fa.

J. verrò, telefonerò, arriverò, avrò, vedrò, Berremo, andremo, Sarò

K. *Answers will vary. Sample answers:* 1. Sì, mi piacerebbe un panino, grazie.   2. Ciao, Angela. Molto piacere. Io mi chiamo . . .   3. Ci siamo conosciuti al liceo.   4. Sì. Mi piacerebbe molto. Andiamo!   5. Molto piacere.   6. Prego! Che cosa vorresti?

L. *Answers will vary.* 1. Enrico scrive ad una sua amica per il suo compleanno.   2. Un gruppo di amici fa gli auguri a Marta.   3. Pino è in cucina ed aiuta la mamma a cucinare.   4. C'è una bella torta sul tavolo della cucina.   5. Vittorio ha cucinato un grande piatto di spaghetti alla carbonara.   6. Ornella telefona ai suoi amici perché vuole organizzare una festa.

M. *Answers will vary.*

N. *From left to right:* 1, 4, 2, 6, 7, 5, 3

O. *Answers will vary.*

Lezione 14

A. 1. la Francia   2. la Polonia   3. la Grecia   4. l'Inghilterra   5. il Portogallo   6. l'Austria   7. la Spagna   8. l'Ungheria

B. 1. il/la presidente   2. il candidato / la candidata   3. l'ambasciatore / l'ambasciatrice   4. la monarchia   5. il sindaco   6. la costituzione   7. l'elettore / l'elettrice

C. 1. Preferisco che tu non inviti i tuoi amici.   2. . . . passi le vacanze a Roma.   3. . . . sia libera ed indipendente.   4. . . . vada in California.   5. . . . organizzi una festa.   6. . . . guidi la macchina di papà.

D. *Answers will vary.* 1. Non è probabile che io vada al cinema perché non mi piace quel film.   2. È probabile che (io) esca tardi dal lavoro perché devo finire tutto.   3. Non è probabile che (io) mi rechi in città perché non ho tempo.   4. È probabile che (io) mangi con voi perché ho molta fame.   5. Non è probabile che (io) paghi il conto perché non ho molto denaro.   6. È probabile che (io) faccia quattro salti in discoteca perché mi piace quella musica.   7. È probabile che (io) visiti le nostre amiche perché non le vedo da molto tempo.   8. Non è probabile che io riprenda a studiare perché non ho voglia adesso.

E. *Answers will vary.* 1. Il professore di scienze politiche vuole che gli elettori eleggano candidati ben preparati.   2. Il presidente desidera che noi paghiamo le tasse.   3. L'annunciatrice spera che il pubblico senta le notizie.   4. Il candidato desidera che io capisca le leggi.   5. L'ambasciatore preferisce che il ministro venga al parlamento.   6. I deputati sperano che voi tutti troviate un lavoro.

F. 1. Speriamo che non ci sia traffico.   2. . . . l'albergo sia comodo.   3. . . . ci siano molti buoni ristoranti.   4. . . . faccia bel tempo ogni giorno.   5. . . . tutti si divertano.   6. . . . l'albergo abbia una bella piscina.

G. 1. È probabile che lei arrivi a Venezia alle otto.   2. È bene che porti tre valige con sé.   3. È possibile che Giovanni l'aspetti alla stazione.   4. È meglio che lui l'aiuti con i bagagli.   5. È opportuno che vadano direttamente a casa di Giovanni.   6. Sembra che la mamma di Giovanni le prepari un bel pranzo.   7. È sicuro che tutti si divertono a tavola.

H. 1. partire   2. andiamo   3. abbia   4. trovare   5. venga   6. voglio   7. invitare   8. paghino   9. esca   10. possiamo

I. *Answers will vary.*

J. 1. La squadra nazionale ritorna vittoriosa. Grande folla all'aeroporto Leonardo da Vinci per salutare i calciatori vittoriosi che ritornano in Italia. Più di cinquantamila tifosi affollano l'aeroporto, gridando "Grazie, Italia!" La squadra nazionale ritorna in patria dopo l'emozionante partita di due giorni fa. L'Italia ha vinto con un gol negli ultimi minuti dell'incontro. Ecco alcune immagini di quella partita indimenticabile.   2. Il Papa viaggia nei paesi est. Il Papa è partito stamattina per un viaggio nell'Est europeo. Prima tappa del viaggio sarà un ospedale della Croazia. Poi continuerà per Atene dove incontrerà i capi della chiesa ortodossa. Poi farà una fermata a Varsavia, dove il popolo polacco si prepara ad accoglierlo con entusiasmo. Il Santo Padre è in buona salute, e prevede un buon viaggio.

K. *Answers will vary. Sample answers:* 1. Voglio che tu sia mia moglie! / No, Giovanni. Non potrò mai essere tua moglie!   2. Spero che mia moglie non arrivi mentre stiamo insieme. / Caro! Tu con mia sorella!   3. Ma non è possibile che questo bambino sia tuo! / Sì! Io sono la vera madre del bambino.   4. Insisto che tu vada via e che non torni mai più! / Non potrai mai capire quello che ho fatto!

L. *Answers will vary. Sample answers:*
1. . . . abbiano più successo economico.
2. . . . cerchino di rispettare la volontà dei genitori mentre vivono in famiglia.
3. . . . abbiano rispetto per l'indipendenza dei figli.   4. . . . scelga una professione pratica.
5. . . . studiare la lietteratura.   6. . . . non riusciamo mai ad andare d'accordo.

M. *Answers will vary.*

N. *Answers will vary.*

Lezione 15

A. *Answers will vary. Sample answers:* 1. l'opera: il violino, il violoncello, il flauto, l'arpa, l'oboe   2. il concerto: il clarinetto, il pianoforte, la tromba, la batteria, il sassofono   3. la musica popolare: la chitarra, la batteria, la tromba, la fisarmonica, il pianoforte

B. *Answers will vary.* **in-:** 1. insufficiente; Il tempo che abbiamo è insufficiente.   2. inaccessibile; Questo posto è inaccessibile.   3. incompleto; Il suo lavoro è incompleto.   **s-:** 4. sconnettere; Vuole sconnettere il telefono?   5. sconsiderato; È stato un commento sconsiderato.
6. spersonalizzare; Questo tipo di lavoro spersonalizza la gente.   **dis-:** 7. disordine; La sua casa è sempre in disordine.
8. disoccupazione; C'è molta disoccupazione in questo paese.   9. disorganizzato; Quello che hai fatto è troppo disorganizzato.

C. *Answers will vary.* 1. riordinare; Devi riordinare la tua camera.   2. rivedere; Penso di rivedere la mia città.   3. riprendere; Devo riprendere il mio libro.

D. 1. Dubito che il presidente faccia . . .   2. Non credo che il Congresso sia . . .   3. Mi dispiace che la gente non trovi . . .   4. Sono felice che Faith Hill canti . . .   5. Non credo che i New York Yankees vincano . . .   6. Sono contento/a che la maratona a Boston vada . . .   7. Sono sorpreso/a che oggi sia . . .   8. Sono scontento/a che tu ti addormenti . . .

E. 1. . . . che Mariella venga   2. . . . che lei ed io (noi) andiamo   3. . . . che loro non vengano   4. . . . che Tonino preferisca   5. . . . che voi non possiate   6. . . . mia sorella debba   7. . . . che Giancarlo esca   8. . . . di andare a giocare a tennis

F. 1. Sono contento/a che Giuliana sia venuta . . .   2. . . . sia stata . . .   3. . . . abbia suonato . . .   4. . . . abbia ascoltato . . .   5. . . . si siano divertiti . . .   6. . . . abbiano applaudito . . .   7. . . . siamo potuti essere . . .   8. . . . abbia ricevuto . . .

G. *Answers will vary.* 1. . . . io non abbia abbastanza denaro.   2. . . . io non abbia la voglia di studiare.   3. . . . venga anche Adriana.   4. . . . abbia il tempo.   5. . . . io debba studiare.   6. . . . Maria voglia venire.
7. . . . mia madre non me lo impedisca.

H. *Answers will vary.* 1. Si va al concerto per ascoltare la musica popolare.   2. Si prende un espresso.   3. Si mangia molto bene.   4. Si va alla discoteca.   5. Si mangia.   6. Si va allo stadio per vedere una partita.   7. Le opere d'arte si vedono al museo.   8. Dopo cena si guarda la televisione a casa mia.   9. Durante le elezioni si eleggono i candidati.   10. A casa nostra si parla italiano.

I. aveva telefonato, aveva detto, erano andati, aveva pensato, aveva chiamato, aveva chiesto, avevano risposto, aveva deciso, erano arrivate, avevano aspettato

J. *Answers will vary. Sample answers:* 1. Mi piace il jazz e mi piace molto la musica country. Non mi interessa molto la musica classica e odio il rap.   2. Compro CD a . . . Spendo di solito trenta dollari ogni mese per CD.   3. Assisto a concerti di rado perché i biglietti costano tanto.   4. Mi piacciono molto gli U2 perché mi piacciono le canzoni che cantano e mi piace come Edge suona la chitarra.   5. Suono il sassofono da otto anni.   6. Ho assistito a l'opera *Aida* quando avevo dodici anni. Non mi è piaciuto ma oggi credo che mi piacerebbe.

K. *Answers will vary.*
L. *Answers will vary.*
M. *Answers will vary.*
N. *Answers will vary.*

Lezione 16

A. 1. l'attore   2. la professoressa   3. il meccanico   4. il dentista   5. la farmacista
6. la pianista

B. 1. k   2. d   3. i   4. g   5. b   6. h   7. j   8. c
9. a   10. f

C. fabbriche, colloquio, capo, posto, salario, assumono, mestiere, licenziarsi

D. ascoltassi, capissimo, ci fossero, avessero, esistessero, potessimo, continuassimo, diventassimo

E. 1. discutesse 2. finisse 3. lasciasse 4. potessero 5. rimanesse 6. aiutassi 7. andassero 8. si sistemassero

F. 1. avessero portato 2. avesse cucinato 3. avessimo organizzato 4. avessi speso 5. avessi preparato 6. avessimo avuto 7. avessero mangiato

G. 1. Sono contento che tu non faccia (abbia fatto) questo lavoro. Sarei felice che tu non facessi questo lavoro. È importante che tu non faccia (abbia fatto) questo lavoro. 2. Gli dispiace che io venga (sia venuto/a) con te alla manifestazione. Temeva che io venissi (fossi venuto/a) con te alla manifestazione. Non vuole che io venga con te alla manifestazione. 3. Bisogna che tu arrivi ad una soluzione. Siamo contenti che tu sia arrivato/a (arrivi) ad una soluzione. Vorremmo che tu arrivassi (fossi arrivato/a) ad una soluzione.

H. pensi, finissi, scrivessi, avessero, sia, vada, ci fossero, si trovino, lasciasse, faccia

I. *Answers will vary.* 1. Se avessi soldi, andrei in Svizzera. 2. Se la mia amica avesse il tempo, vedrebbe quell'opera di Verdi. 3. Se tu avessi i soldi, compreresti dei vestiti di Giorgio Armani? 4. Se voi aveste i soldi, partireste per Londra? 5. Se mio padre avesse l'energia, costruirebbe una casa. 6. Se i miei amici avessero il tempo, viaggerebbero spesso.

J. *Answers will vary.* 1. . . . avessi denaro. 2. . . . gli/le telefonerei adesso. 3. . . . avessero la volontà. 4. . . . comprerei una videocassetta. 5. . . . potesse.

K. 1. Sareste usciti/e con Carla. 2. I miei parenti avrebbero prenotato i biglietti per un concerto. 3. Giancarlo sarebbe partito con gli amici. 4. Tu avresti trovato qualche cosa da fare. 5. Laura e Diana avrebbero giocato a tennis. 6. Anna sarebbe venuta da noi.

L. 1. Saresti venuta alla festa se ti avessero telefonato? 2. Se ci avessero aspettato saremmo andati con loro. 3. Non sarei uscito se avessi saputo che pioveva. 4. Avrei letto quel romanzo se avessi avuto tempo. 5. Se non avesse perso l'autobus, Giuliana sarebbe tornata a casa prima.

M. venga, rimanga, possiamo, veda, visiti, facciamo, visitiamo, avere

N. 1. e 2. d 3. f 4. a 5. b 6. g

O. *Answers will vary. Sample answers:*
L'uomo seduto a sinistra fa il giornalista. Il signore anziano in piedi fa il violinista. Il giovane nel centro del disegno fa il cameriere. La signora in piedi a destra fa la regista. Il signore seduto a destra fa il meccanico. La signora seduta a destra è scrittrice.

P. *Answers will vary.*

Q. *Answers will vary.*

R. *Answers will vary.*

Lezione 17

A. 1. il bagno 2. il salotto 3. la cucina 4. lo studio 5. la soffitta 6. il giardino 7. la sala da pranzo 8. il garage

B. 1. il frigorifero 2. l'aspirapolvere 3. la lavastoviglie 4. la lavatrice 5. l'asciugatrice

C. 1. Stanza: la camera da letto; Possiede: il comò, il letto, le tende; Deve comprare: *Answers will vary.* 2. Stanza: il salotto; Possiede: il quadro, il divano, il tappeto; Deve comprare: *Answers will vary.*

D. *Answers will vary.* 1. L'appartamento C costa tanto quanto A. 2. L'appartamento B ha tanti bagni quanto C. 3. L'appartamento A ha tante camere da letto quanto B e C. 4. Il salotto dell'appartamento A è tanto grande quanto il salotto di B. 5. L'appartamento A ha tanti camini quanto C. 6. L'appartamento C ha tante camere da letto quanto A e B.

E. 1. No, sua moglie mangia tanto quanto Regis. 2. No, Michelle Kwan pattina tanto bene quanto Tara Lipinski. 3. No, Ricky Martin canta tanto bene quanto Enrique Iglesias. 4. No, Meg Ryan è tanto carina quanto Helen Hunt. 5. No, il presidente viaggia tanto quanto il Papa.

F. *Answers will vary.* 1. Sono più alto/a che grasso/a. 2. Sono meno energico/a che intelligente. 3. Sono meno bello/a che elegante. 4. Sono meno pigro/a che ambizioso/a. 5. Sono più simpatico/a che antipatico/a.

G. *Answers will vary.* 1. Le donne sono più indipendenti degli uomini. 2. Roma è più bella di New York. 3. I film italiani sono meno divertenti dei film americani. 4. Le macchine americane sono meno economiche delle macchine italiane. 5. Le lezioni d'italiano sono meno complicate delle lezioni d'inglese. 6. La cucina italiana è più deliziosa della cucina francese.

H. *Answers will vary.* 1. sta cucinando 2. stanno giocando 3. sta bevendo 4. stanno scherzando 5. sto cantando 6. state ballando 7. sta finendo 8. stanno mangiando

I. 1. Mi stavo trasferendo di casa. 2. Stavo discutendo . . . 3. Stavo facendo i compiti. 4. Stavo guardando un . . . 5. Stavo condividendo delle . . . 6. Purtroppo, stavo dormendo.

J. *Answers will vary.* abbastanza; piano; qui; troppo; presto; ancora; sempre; mai

K. *Answers will vary. Sample answers:* 1. Sandro e Michele rispondono pazientemente. 2. Il professor Mancini arriva silenziosamente. 3. Mio fratello telefona continuamente. 4. Io entro immediatamente. 5. Tu studi finalmente. 6. Io e Giulio partiamo inaspettatamente. 7. Tu e Caterina ascoltate gentilmente.

L. *Answers will vary. Sample answers:* 1. È meglio che mio fratello abbia trovato un appartamento. 2. Spero che mia sorella abbia preparato un bel pranzo. 3. Desidero che mio padre mi abbia lasciato le chiavi della macchina. 4. È bene che tu sia riuscita a condividere un alloggio con Silvia. 5. È possibile che mia madre sia andata da sua sorella. 6. È improbabile che voi abbiate fatto bene al colloquio. 7. Spero che mio fratello abbia aiutato il suo amico. 8. È bene che io non abbia fatto il pendolare.

M. 1. E 2. A 3. F 4. D 5. C 6. B

N. *Answers will vary.*

O. *Answers will vary. Sample answers:* 1. Io sono più giovane del mio amico. 2. Io sono più ordinato del mio amico. 3. La mia amica è meno sportiva di me. 4. L'amico è così bello come me. 5. Il mio amico studia più di me. 6. Io viaggio più della mia amica. 7. A lei piacciono le scienze, ma a me . . .

P. *Answers will vary.*

Lezione 18

A. *Answers will vary.* 1. l'autobus, la metropolitana 2. la barca, la nave 3. la bicicletta 4. la motocicletta 5. l'aereo 6. il tassì 7. l'autocarro, il camion

B. 1. l'ecologia 2. l'inquinamento 3. riciclaggio 4. i rifiuti 5. la pioggia acida 6. l'ambiente

C. *Answers will vary.* 1. Lorena è la più alta della classe. 2. Marcello è il meno energico dei miei amici. 3. Gina è la ragazza più timida che io conosca. 4. Mia madre è la persona più dinamica della mia famiglia. 5. Julie è la più ottimista fra i miei amici. 6. Renato è la persona più ambiziosa che io conosca.

D. 1. Sì, ma la metropolitana è la più comoda di tutti. 2. Sì, ma l'università di Bologna è la più famosa di tutte. 3. Sì, ma il Po è il più importante di tutti. 4. Sì, ma il traffico di Roma è il più caotico di tutti. 5. Sì, ma la mia strada è la più stretta di tutte. 6. Sì, ma la basilica di San Pietro è la più impressionante di tutti.

E. *Answers will vary.* 1. *Gone with the Wind* è un film interessantissimo. 2. Michael Douglas è un attore famosissimo. 3. Mia sorella è allegrissima. 4. La Lamborghini è velocissima. 5. Britney Spears è vivacissima. 6. Sophia Loren è elegantissima.

F. *Answers will vary.* 1. peggiori 2. maggiore 3. migliori 4. minore 5. peggiore 6. migliori 7. maggiore 8. minore

G. *Answers will vary.* 1. Ballo poco, ma George balla meno di me. 2. Parlo molto, ma Louise parla più di me. 3. Leggo bene, ma Pedro legge meglio di me. 4. Risparmio molto, ma Maryanne risparmia più di me. 5. Scio male, ma Stefano scia peggio di me.

H. 1. di 2. a 3. di 4. a 5. a 6. di

I. *Answers will vary.* 1. Prometto di finire il lavoro adesso. 2. Mio fratello riesce a studiare di più. 3. Non vogliamo guardare la TV. 4. Mia zia comincia a preparare qualcosa da mangiare. 5. Tu ed Adele vi divertite al concerto. 6. I signori cercano un appartamento. 7. Mia sorella impara a sciare. 8. I miei amici sperano di tornare in Italia.

J. 1. in città 2. in città 3. in campagna 4. in campagna 5. in città 6. in campagna 7. in città

K. *Answers will vary. Sample answers:* Ciao! Sto andando al lavoro. Faccio l'agente di turismo per un'agenzia in via Salerno. No, mi sono trasferito/a in campagna. Sì, mi piaceva, ma mi dava fastidio il rumore e la confusione. La vita è più tranquilla là e la gente è molto gentile. Solo che non mi piace fare il pendolare. Prendo il treno e poi l'autobus. Ciao! Ci vediamo!

L. *Answers will vary.*

M. *Answers will vary.*

N. *Answers will vary.*

Lab Manual Answer Key

Lezione preliminare

Attività 1. Comprensione dei dialoghi.
Giovanni Landini: professore   Maurizio Ferrone: studente   Luciana Venturi: professoressa   Simona Barbieri: studentessa

Attività 2. Buona sera! Come sta? Il signor Carboni: Molto bene   Il dottor Salvini: Bene   La signorina Polidori: Bene   La signora Masetti: Abbastanza bene

Attività 3. Che peccato!   1. Giulia   2. Giacomo   3. Giulia   4. Il professor Renzi   5. Giulia

Attività 5. L'alfabeto italiano.   1. A-r-r-i-v-e-d-e-r-c-i   2. d-o-m-a-n-i   3. G-i-u-l-i-a-n-o   4. l-i-q-u-i-d-o   5. B-e-t-t-i-n-a   6. c-h-i-e-s-a

Comprensione

Attività 8. I numeri da 0 a 20.   1. 8   2. 17   3. 0   4. 19   5. 3   6. 5   7. 4   8. 15   9. 16   10. 11   11. 9   12. 2   13. 20   14. 13   15. 10

Attività 9. Parole analoghe.   1. famoso   2. studiare   3. difficoltà   4. lezione   5. università   6. nazionale

Attività 10. Un po' di geografia.   1. falso   2. vero   3. vero   4. falso   5. vero   6. falso   7. vero   8. vero

Attività 11. Indirizzi.   Chiara, 17; Nazionale, 19

Lezione 1

Attività 1. Comprensione dei monologhi.   1. M   2. —   3. M   4. L   5. —   6. L   7. M

Comprensione

Attività 4. I numeri da 21 a 100.   38, 77, 25, 90, 66, 23, 54, 82, 42, 100, 71, 88

Attività 5. I numeri di telefono.   Antonella: 06. 95. 64. 39. 2   Francesca: 06. 25. 31. 66. 8   Laura: 06. 44. 96. 88. 5

Attività 6. Hai tutto? *The following items should have check marks:* 1, 3, 4, 5, 6, 7, 8, 9, 10, 12

Attività 7. Ad una festa.   5, 1, 6, 4, 2, 3

Attività 8. Una nuova amica.   1. È   2. Ha   3. una   4. un, sorelle   5. piace, una

Attività 9. Dettato.   Carla <u>è una studentessa italiana</u>. È di Cuneo <u>ed ha diciannove</u> anni. Frequenta <u>l'università di</u> Torino <u>e studia storia</u>. Studia anche <u>l'inglese e fra due minuti ha lezione</u> con il professor Menotti. Carla <u>è sempre puntuale</u>.

Attività 10. Uno studente.   1. Paolo Cristini   2. Genova   3. 18   4. l'università di Genova   5. 87.34.97.2

Lezione 2

Attività 1. Comprensione dei monologhi.   1. L   2. —   3. R   4. L   5. R   6. R   7. R   8. R

Comprensione

Attività 6. Quali materie studi?   1, 3, 6, 8, 9

Attività 7. Che giornata!   1. 11   2. 10   3. 9   4. 4   5. 1   6. 3   7. 6   8. noon (12)

Attività 8. Uno o più di uno?   Uno: 2, 3, 5, 8, 9, 10   Più di uno: 1, 4, 6, 7, 11, 12

Attività 9. Uno o più di uno?   Uno: 1, 3, 4, 8   Più di uno: 2, 5, 6, 7

Attività 10. Dettato.   <u>Mi chiamo Lara Pastore e sono la sorella di</u> Umberto. <u>Ho una laurea in lingue</u> straniere ed <u>insegno al liceo scientifico</u> Enrico Fermi di Catania. <u>Mio fratello</u> invece <u>è professore di storia ed insegna</u> all'Università di Palermo.

Attività 11. Di chi è?   1. h   2. h   3. c   4. a   5. g   6. d   7. b   8. f

Lezione 3

Attività 2. Chi dei due?   1. Fabio   2. Paola   3. Paola   4. Fabio   5. Paola

Comprensione

Attività 7. Dov'è, per favore?   1. 10   2. 9   3. 13   4. 3   5. 2   6. 15

Attività 8. Descrizioni.   First row: 2, 6, 4   Second row: 3, 5, 7   Third row: 1

Attività 9. Domande e risposte.   1. tu, Io   2. Lei, io   3. Lui, loro   4. Noi, lui

Attività 10. Marco Tirani.   2, 6, 1, 5, 7, 3, 8, 4

For sentences, answers will vary.

Di solito arriva a casa verso le tre. Mangia un panino. Ascolta un CD. Porta il cane al parco.

Oggi torna a casa tardi. Lavora fino alle sei. Passa da Angela. Guarda la televisione.

Attività 11. Una telefonata. c'è; al; della, di; del; con, su di; tra

Attività 12. Dettato. 1. È in via Dante. 2. Sono le tre e venti. 3. È vicino alla biblioteca. 4. La sorella di Maria. 5. Compra una rivista. 6. D'accordo.

Attività 13. Pronto? 1. V 2. L 3. V 4. V 5. L 6. L 7. V

Attività 14. Messaggio telefonico. Michelangelo; via Garibaldi 20; 05.32.77.90.78.1; alle nove; due audiocassette di musica rock

Lezione 4

Attività 2. Vero o falso? Vero: 2, 4 Falso: 1, 3, 5

Comprensione

Attività 8. Che settimana! 1. mercoledì 2. martedì 3. lunedì 4. venerdì sera 5. sabato, domenica mattina 6. domenica sera 7. giovedì

Attività 9. Logica o no? 2, 4

Attività 10. Al picnic. Luciano: acqua minerale, tramezzino al tonno, pezzo di pizza, panino al prosciutto Piero: panino al prosciutto, tè freddo Luisa: caffè Angelica: acqua minerale, tramezzino al tonno

Attività 11. Che si fa sabato sera? andare a prendere una pizza, andare a fare quattro salti in discoteca

Attività 12. Formulare le domande. 1. chi 2. Dove 3. Quando 4. Perché 5. Come 6. Che cosa

Attività 13. Dettato. 1. Vado al museo con Angela. 2. No, mi dispiace. 3. Credo di sì, perché? 4. No, prendo una spremuta d'arancia. 5. Prendo qualcosa da bere, grazie.

Attività 14. Una piccola storia. b, c, a

Attività 15. Domande. 1. a 2. b 3. b 4. a 5. a

Lezione 5

Attività 2. Vero o falso? Vero: 3, 4 Falso: 1, 2, 5

Comprensione

Attività 5. Come sono i tuoi amici? Enrico: alto, gentile, magro, cortese, sincero Massimo: sportivo, basso, disinvolto, ricco, allegro, dinamico

Attività 6. La alta o la bassa? Margherita: 1, 3, 4, 5, 8 Tiziana: 2, 4, 6, 7, 9, 10

Attività 7. Che ne pensi? 1. facili 2. simpatiche 3. eleganti 4. belle, bella 5. brutto 6. bell' 7. buon 8. buona 9. begli 10. belle

Attività 8. Domande. 1. apro 2. Suggeriamo 3. capisco 4. puliscono 5. Preferisco 6. Spediamo 7. Finisco 8. dorme, dormono

Attività 9. Un'intervista. Frequenta: i centri commerciali, i mercati dell'usato Non frequenta: i mercatini specializzati, i negozi di quartiere, i mercati all'aperto, i negozi del centro

Attività 10. Dettato. <u>Ho un'idea brillante. Domenica mattina vado a Porta Portese per fare alcuni acquisti. Lì vendono cose molto carine ma non molto care. Adesso telefono a Marcella per sapere se vuole venire con me.</u>

Lezione 6

Attività 2. Domande e risposte. 1. una pizza 2. cancellato 3. moto, giapponese 4. in Sicilia 5. andato, Sicilia

Comprensione

Attività 5. Vero o no? Vero: 2, 5

Attività 6. Abbinamento. 4, 1, 2, 3

Attività 7. Quanto tempo fa? 1. mesi fa 2. mese scorso 3. altro ieri 4. settimana scorsa 5. ore fa

Attività 8. La festa. 1. in casa di Andrea 2. molto divertente 3. panini diversi e la pizza 4. la mamma di Andrea 5. bevande a base di frutta e aranciata (o) aranciata e tè freddo (o) bevande a base di frutta e tè freddo 6. favolosi 7. trenta 8. al cinema 9. La stanza del figlio 10. al Festival di Cannes

Attività 9. La fine settimana. Patrizia: 1, sabato pomeriggio; 2, domenica; 3, sabato pomeriggio; 5, sabato sera; 10, sabato sera. Maria: 6, sabato mattina; 7, sabato sera; 8, domenica pomeriggio; 9, domenica pomeriggio; 10, domenica pomeriggio.

Attività 10. Dettato. <u>Un anno fa sono andato in vacanza negli Stati Uniti. Sono partito il nove luglio e sono rimasto lì quattro settimane. Ho visto molte città interessanti ed ho conosciuto giovani americani molto simpatici. Sono tornato in Italia nel mese di agosto.</u>

Attività 11. La fortuna di Sergio. 1. sbagliata 2. corretta 3. sbagliata 4. corretta 5. informazione non data

Lezione 7

Attività 2. Vero o falso? Vero: 2, 5 Falso: 1, 3, 4

Comprensione

Attività 5. Quanti? 1. 365 2. 1.000 3. 400 4. 15.000 5. 950 6. 1.000.000 7. 2.000 8. 1.420

Attività 6. Hai comprato tutto? Sì: 1, 2, 3, 4, 5, 7, 9, 11, 12 No: 6, 8, 10, 13

Attività 7. Dal dietologo. Sì: la frutta, il pesce, la verdura, il minestrone, il brodo vegetale, il formaggio magro No: i dolci, le uova, il gelato, la carne, la pastasciutta

Attività 8. Al ristorante. Stefania: riso con asparagi e gamberi, pollo arrosto, patate fritte, carciofi, fragole al limone, acqua minerale, vino bianco della casa, caffè Antonio: spaghetti al burro e parmigiano, merluzzo in umido, melanzane alla griglia, crostata di mele, acqua minerale, vino bianco della casa, caffè

Attività 9. Dettato. Questa mattina mia madre è andata a fare la spesa al mercato all'aperto vicino a casa nostra. Ha comprato un chilo di pere, un chilo d'arance e mezzo chilo d'uva. Ha comprato anche molta verdura: spinaci, zucchini, asparagi e broccoli. Ma ha dimenticato di comprare la carne ed il pane.

Lezione 8

Attività 1. Comprensione del dialogo. Carlo: 2 Luciana: 5 Stefano: 4, 7 Alessandra: 1, 3, 6

Comprensione

Attività 4. Ecco la mia famiglia. Patrigno: 1, 2 Madre: 3, 4 Nonno: 5 Cognata: 6 Sorella: 7

Attività 5. Logica o no? Logica: 5, 7, 8

Attività 6. Il pieno, signore? dinamico, simpatico, gentile

Attività 7. Un messaggio telefonico.
Per: Mirella; *Ha chiamato:* tua sorella, Antonella; *Telefono:* 06.519.9605; *Messaggio:* telefonare a casa dello zio Piero dove è Antonella; *Ricevuto da:* la segretaria

Attività 8. La famiglia. 1. sono divorziati 2. a Dallas, con Kim, la sorella di Dina 3. i nonni materni (i genitori della madre di Dina) 4. a New York, con la nuova famiglia 5. i nonni paterni (i genitori del padre di Dina) 6. la sorella e il fratello di Dina 7. frequenta la scuola media 8. in California, frequenta l'università di Stanford 9. i genitori della signora Magni 10. i genitori del signor Magni

Attività 9. Domande e risposte. 1. Sì, devo accompagnare mia madre. 2. Li ho visti ieri sera. 3. No, sono fidanzati. 4. Sono divorziati. 5. Sì, ed ho fatto anche controllare le gomme.

Attività 10. Una macchina di seconda mano. 1. duemilacinquecento euro 2. domani mattina (verso le dieci) 3. fuori città 4. circa ottantamila 5. buone

Lezione 9

Attività 2. Vero o falso? Vero: 3 Falso: 1, 2, 4, 5

Comprensione

Attività 5. Che tempo fa? a. 3 b. 4 c. 1 d. 5 e. 2

Attività 6. Descrizioni. 3, 4, 2, 1

Attività 7. Alcune espressioni di tempo con *volta, di, ogni, tutti, tutte*. a. 3 b. 5 c. 2 d. 1 e. 4

Attività 8. Domande. 1. bevevo 2. vedevo 3. chiedevo 4. leggevo 5. facevo 6. guidavo

Attività 9. Cosa facevi in Italia? 1. quasi dieci mesi 2. Padova 3. 1221 4. dal lunedì al venerdì, dalle nove a mezzogiorno 5. alle dodici e mezzo, pastasciutta e molta insalata 6. in biblioteca e nel laboratorio di lingue 7. in pizzeria o al bar con gli amici 8. Spesso pioveva e c'era la nebbia. 9. viaggiava; andava con il treno a Venezia, Bologna e Firenze e faceva anche gite sulle Alpi. 10. andare a studiare in Italia l'anno prossimo.

Attività 10. Dettato. L'estate scorsa, quando ero al mare, facevo spesso gite con gli amici. Qualche volta andavamo anche in montagna. Di quando in quando andavamo a visitare vari paesi interessanti nei dintorni e facevamo molte fotografie. Qualche volta ci divertivamo ad andare in giro per negozi caratteristici e compravamo ceramiche locali. Faceva quasi sempre bel tempo. Raramente pioveva, ma a volte era nuvoloso.

Lezione 10

Attività 2. Vero o falso? Vero: 1, 2 Falso: 3, 4, 5

Comprensione

Attività 5. In un negozio di abbigliamento. 2, 3, 4

Attività 6. Gli annunci pubblicitari. Rinascente: 3, 7 Standa: 2, 5 Coin: 1, 4, 6, 8

Attività 7. Contrasto fra l'imperfetto ed il passato prossimo. 1. sono andato 2. visitavo 3. sono andato 4. mangiavo 5. ho visitato 6. sono andato

Attività 8. Un sondaggio. Martina: 1, 3, 5, 8 Silvano: 1, 2, 4, 6, 7

Attività 9. Frasi incomplete. 1. a 2. a 3. b 4. b 5. a

Attività 10. Un vestito elegante. Sì: 2, 4, 5 No: 1, 3

Lezione 11

Attività 2. Vero o falso? Vero: 2, 4, 5 Falso: 1, 3

Comprensione

Attività 5. Il corpo umano. 2, 3, 5, 6, 8, 9

Attività 6. Oggetti personali utili. First row: 5, 3, 1, 2 Second row: —, —, —, 4

Attività 7. Domande. 1. a 2. b 3. a 4. b 5. a 6. a 7. b

Attività 8. La segreteria telefonica. 1. Mario 2. un favore 3. la settimana prossima 4. l'appartamento in montagna dello zio 5. 338.75.41.92.60

Attività 9. Domande e risposte. 1. Sì, mi è piaciuta molto. 2. Niente di grave. 3. Mi fa male il ginocchio. 4. Non si sente molto bene. Ha la febbre. 5. Sì, ma non ho il dentifricio.

Attività 10. Un completo da sci. 1. e 2. d 3. a 4. b 5. c

Lezione 12

Attività 2. Vero o falso? Vero: 1, 2, 5 Falso: 3, 4

Comprensione

Attività 5. Gli sport. Maurizio: sciare Silvia: andare in barca Renato: andare in bicicletta Cristina: andare a cavallo Ottavio: guardare la partita di calcio alla televisione

Attività 6. La pubblicità commerciale. *The following numbers should have check marks:* 1, 2, 3, 6, 7

Attività 7. La posta elettronica. 4. andrà a cavallo 5. si occuperà della grigliata 6. andrà al mare 7. nuoterà 8. Prenderà il sole 9. andrà in barca 10. farà il bravo

Attività 8. Dovrò chiamare Giuseppe. 1. no 2. no 3. sì 4. sì 5. sì

Lezione 13

Attività 1. Comprensione del dialogo. Franco: 5, 7 Paola: 3, 4 Luciana: 1, 8 Giulio: 2, 6

Comprensione

Attività 2. Alimenti e pasti. 1. b 2. a 3. c 4. a 5. b 6. b 7. b 8. a

Attività 3. Cosa devo comprare? 1. no 2. sì 3. no 4. sì 5. sì 6. sì

Attività 4. Organizziamo una festa. 1. Cristina, la sorella di Arturo 2. Cristina va a studiare in Francia 3. sabato sera 4. una cena fredda in piedi 5. antipasti, primi piatti e contorni a base di vegetali 6. con piatti e posate di plastica 7. in bicchieri di plastica 8. il dolce e lo spumante 9. la musica 10. i suoi CD

Attività 5. Domande. 1. a 2. a 3. b 4. b 5. b 6. b 7. a 8. a

Attività 6. Domande e risposte. 1. a: È il suo compleanno. 2. b: No, preferisce il minestrone. 3. a: Mi fa molto piacere di conoscerti, Paola. 4. b: Un po' di minestra, formaggio e frutta. 5. b: Sì, ma ho bisogno di un bicchiere. 6. b: Sì, ma non aveva la torta di mele.

Attività 7. Auguri! Francesco e Lucia: Venticinquesimo anniversario di matrimonio Nonno Paolo: il compleanno Giovanni: la laurea

Lezione 14

Attività 2. La scelta giusta. 1. in televisione 2. tre paesi dell'est Europa 3. la velocità 4. l'euro 5. alle ore ventuno

Comprensione

Attività 3. Sei mai stata in Europa? Susanna: 1, 3, 4 Lorenzo: 5, 7, 9

Attività 4. Visitate l'Europa con noi. 1. Praga, repubblica ceca 2. Budapest, Ungheria 3. Varsavia, Polonia

Attività 5. La politica e il governo. 5, 3, 7, 4, 1, 6, 2

Attività 6. Domande e risposte. 1. a 2. a 3. a 4. a 5. b 6. a

Attività 7. Completi le frasi. 1. b: Il presidente spera che il parlamento sostenga quella legge. 2. a: È possibile che il senatore Brentano sia in ritardo. 3. a: Non crediamo che quei candidati abbiano successo. 4. b: Mia sorella insiste che io rimanga con lei. 5. a: Gli elettori sperano che voi diciate la verità. 6. b: Sembra che tu non voglia ascoltare il presidente.

Attività 8. Commenti. 1. b 2. c 3. a

Lezione 15

Attività 2. Completi le frasi. 1. b 2. a 3. a 4. b 5. c

Comprensione

Attività 3. La fiera degli strumenti musicali. 1. batteria elettronica 2. organo più manuale 3. arpa 4. pianoforte 5. tamburo, tromba

Attività 4. Domande e risposte. 1. b 2. a 3. b 4. a 5. b

Attività 5. Annuncio pubblicitario. 1. lo stadio Olimpico 2. venerdì, 13 luglio 3. le ventuno 4. alla biglietteria dello stadio 5. a. attraverso l'ufficio prenotazioni b. attraverso l'Internet 6. con la carta di credito 7. 06.419.32.47 8. www.stadiolimpico.it

Attività 6. Gusti musicali. Luisa: 1, 4, 5, 6, 8 Marco: 2, 3, 5, 7

Attività 7. Dettato. <u>Stasera</u> io e Francesco <u>andiamo</u> al Palazzo dello Sport <u>per ascoltare un concerto di musica leggera. Sono in programma i fantastici complessi</u> *I cavalieri della notte* e *Le sorelle nostrane* <u>insieme a cantanti eccezionali</u> quali Michele Orlandini e Gustavo da Rieti. <u>Sono sicura che ci divertiremo molto.</u>

Lezione 16

Attività 1. Comprensione dell'intervista. Giovanni: 1 Giorgio: 2, 3, 4 Patrizia: 2, 5 Claudia: 2, 6

Comprensione

Attività 2. Mestieri, professioni ed altre occupazioni. Che lavoro vuoi fare? 3, 5, 14

Attività 3. Il mondo del lavoro. 1. a 2. a 3. a 4. b 5. b

Attività 4. Minidialoghi. 1. a 2. b 3. a 4. c

Attività 5. Quante aspettative! 1. b: diventassi medico. 2. b: volessi fare l'attore. 3. a: andassi in giro con loro. 4. a: mi laureassi. 5. b: mi sistemassi al più presto. 6. a: non avessi trovato un buon posto. 7. b: non avessi saputo guadagnarmi la vita. 8. b: avessi un lavoro sicuro e che mi fossi sposato.

Attività 6. Frasi introdotte da *se***.** Ipotetico: 2, 4, 6 Reale: 1, 3, 5

Attività 7. Annuncio pubblicitario. 1. la Lombardia 2. 35–40 anni 3. l'inglese 4. 10 5. il curriculum vitae

Lezione 17

Attività 2. Vero o falso? Vero: 2, 3, 4 Falso: 1, 5

Comprensione

Attività 3. La casa, i mobili e gli elettrodomestici. 1. la camera da letto 2. il frigorifero 3. la credenza 4. la cucina 5. la lavastoviglie 6. il bagno 7. l'armadio 8. la camera da pranzo

Attività 4. Annunci pubblicitari. 1. la camera da letto 2. lo studio 3. la cucina 4. il salotto

Attività 5. Una proposta. Corrado: 1, 2, 5 Silvana: 4, 6, 9 Sandro: 3, 7, 8, 10

Attività 6. Quando, dove, come, quanto? 1. b 2. a 3. b 4. a 5. b 6. b 7. a 8. a

Attività 7. Dettato. <u>Nelle vicinanze di</u> Piazza Garibaldi, <u>a due passi dall'Ospedale Gemelli, affitto un appartamento al</u> primo piano. <u>Tre camere da letto, salotto, cucina, due bagni, garage, giardino, riscaldamento centrale.</u> Telefonare ore pasti <u>al numero 06.79.41.52.9.</u>

Attività 8. La casa ideale. Uomo: villa; al mare; cinque stanze, giardino Donna A: casa; in montagna; camera da letto, studio, cucina, bagno, grandi finestre Donna B: appartamento; in città, al centro; grande salotto con camino, garage

Lezione 18

Attività 2. Vero o falso? Vero: 1, 2, 5 Falso: 3, 4

Comprensione

Attività 3. Un commento alla radio. 2, 4, 5, 8, 10, 11, 12, 13

Attività 4. Rispettare l'ambiente. Aria: 2, 3, 4 Acqua: 1, 4 Piante: 3, 4 Animali: 3, 5

Attività 5. Un programma radiofonico.
Alberto: 4, 7   Anna: 2, 6, 8   Giovanni: 1, 3, 5

Attività 6. Domande e risposte.   1. Sì, ma oggi preferisco andare a piedi.   2. Vogliamo salvaguardare l'ambiente.   3. Sì, è la città più trafficata d'Italia.   4. L'inquinamento dell'acqua.   5. Molto meglio.

Attività 7. Un gruppo di amici.   1. Andrea   2. Mariella   3. Andrea   4. Bruno

Parliamo italiano!
Video Manual Answer Key

Module 1

A. 1. original 2. direction 3. practical 4. station 5. center 6. condition 7. capital; eternal 8. photographer

B. 1. c 2. d 3. a 4. f 5. h 6. g 7. e 8. b

C. Napoli, Bologna, Firenze, Genova, Venezia, Milano, Roma, Torino

D. 1. G 2. G 3. P 4. P 5. G 6. P 7. G 8. P & G

E. 1. Vero 2. Falso 3. Vero 4. Falso 5. Vero 6. Falso 7. Vero

F. 1. Piero Corsetti e Gabriella Borelli. 2. una guida turistica d'Italia, nuovissima e bellissima. 3. Torino. 4. Roma. 5. in aereo. 6. lunedì mattina. 7. due aranciate. 8. è davvero un bravo fotografo!

G. *Answers may vary. Sample answers:* 1. Buon giorno. Come si chiama? 2. Mi chiamo . . . 3. Sono di . . . E lei? 4. Perché non andiamo a Venezia? 5. No, andiamo in treno. 6. Arrivederci!

H. *Answers will vary.*

Module 2

A. librerie, facoltà, biblioteche, zaini, studenti, biciclette, professoresse

B. 1. c 2. b 3. c 4. e 5. a

C. le undici e un quarto; mezzogiorno; mezzogiorno e dieci; mezzogiorno in punto

D. 1. L 2. L 3. F 4. A 5. F 6. L 7. F 8. A

E. 7, 2, 8, 4, 1, 6, 3, 5

F. 1. Sono a Bologna. 2. È mezzogiorno/mezzogiorno e dieci. 3. Cercano una libreria. 4. Si chiamano Francesca, Luca e Angelo. 5. Luca e Francesca studiano giurisprudenza e Angelo studia scienze politiche. 6. A Piero piace la cucina di Bologna: i tortellini, il ragù . . .

G. *Answers will vary.*

H. *Answers will vary.*

Module 3

A. 1. parte 2. malissimo 3. giocare 4. freddissimo 5. entrare 6. vendere 7. brutto

B. 1. alla zia 2. a Piero 3. alla zia 4. alla zia 5. a Piero 6. a Piero 7. alla zia 8. alla zia 9. a Piero

C. incontra; scendono; tabaccheria; tabaccheria; libreria; bar; prendere

D. 1. d 2. f 3. e 4. a 5. c 6. g 7. b

E. 1. P 2. G 3. G 4. P 5. G 6. G 7. G 8. P 9. G

F. 1. Falso 2. Vero 3. Falso 4. Falso 5. Falso 6. Vero 7. Vero 8. Falso 9. Vero 10. Falso

G. *Answers will vary.*

H. *Answers will vary.*

Module 4

A. 1. cibo 2. numero 3. numero 4. medicina 5. cibo 6. medicina 7. cibo 8. numero

B. 1. formale 2. formale 3. informale 4. formale 5. informale 6. formale 7. informale

C. 1. pesche speciali 2. panini buoni 3. formaggi italiani 4. ottime caciotte 5. salami crudi 6. prosciutti cotti 7. olive buone 8. insalate russe 9. aspirine normali 10. compresse masticabili

D. caciotta, salame crudo, olive, pesche, un digestivo, aspirina, prosciutto cotto

E. 1. G 2. P 3. G 4. P 5. P 6. P 7. G 8. G

F. 1. Compra due chili di pesche. Paga 6.500 lire. 2. Piero compra la caciotta. 3. Ha comprato anche prosciutto, salame, olive, ecc. 4. Compra un digestivo e aspirine per Piero. 5. Paga 11.200 lire.

G. *Answers will vary.*
H. *Answers will vary.*

Module 5

A. 1. splendido; panorama 2. celebre; località; tipicamente 3. suggestivo; famoso 4. locale 5. caratteristiche; storiche; geografiche; regione 6. ideale; coltivazione 7. segreta
B. 1. un ristorante 2. un paese 3. un vino 4. una persona 5. un piatto
C. 1. b 2. b 3. a 4. a 5. a
D. aglio, olio d'oliva, pinoli, basilico, parmigiano
E. 1. Vero 2. Vero 3. Falso 4. Vero 5. Vero 6. Falso 7. Vero 8. Falso
F. 11, 1, 3, 4, 9, 7, 5, 2, 8, 10, 6
G. *Answers will vary.*

Module 6

A. chiese, turisti, ponti, canali, piccioni, barche, monumenti, gondolieri, ristoranti, gondole
B. 1. afa 2. stanco 3. itinerario 4. morto 5. muoversi 6. stamattina 7. gondoliere
C. 1. P 2. G 3. P 4. P 5. P 6. P 7. G
D. non muoversi dal posto stupendo; fare un giro in gondola; ascoltare canzoni di amore; cercare un bel ristorantino; fare una passeggiatina; ammirare le luci della laguna
E. 7, 1, 3, 6, 2, 5, 4, 8
F. 1. Faceva caldo e c'era un'afa tremenda. 2. Piero prende un tè freddo e Gabriella prende un succo di frutta. 3. Perché ha lavorato tanto. 4. No, non torna a casa. 5. Vuole fare un giro in gondola. 6. Dice "Sono senza parole!"
G. *Answers will vary.*
H. *Answers will vary.*

Module 7

A. Gabriella: un abito da sera, una sciarpa di seta, orecchini, una gonna di lana, un costume da bagno a due pezzi. Piero: un vestito a tre pezzi, una cravatta, scarpette da ginnastica.
B. 1, 3, 4, 6, 7, 9
C. *Answers will vary.*
D. abito da sera, scarpe, sciarpa di seta, cravatta, vestito

E. 1. Falso 2. Vero 3. Falso 4. Vero 5. Vero 6. Vero 7. Falso
F. 1. Milano 2. Krizia, Armani, ecc. 3. va ad una festa importante 4. un abito da sera nero 5. l'abito e una sciarpa 6. orecchini per Gabriella 7. Piero le dà gli orecchini
G. *Answers will vary.*
H. *Answers will vary.*

Module 8

A. 1. d 2. c 3. b 4. a 5. f 6. e
B. 1. Y 2. X 3. Y 4. X 5. Y 6. X 7. X 8. Y 9. X
C. 1. Gli parla di affari. 2. Allora è per questo che l'hai scelta. 3. Non voglio prenderlo. (Non lo voglio prendere.) 4. È un vero piacere rivederla. 5. Telefonagli! 6. Lui gli scriveva poesie. (Scriveva loro poesie.) 7. Ti racconto la storia della mia vita.
D. 1. P 2. G 3. G 4. P 5. F 6. F 7. P 8. G
E. un bar, un telefonino, ombrelli, una torre, persone che camminano, negozi, un amico di Gabriella, una grande piazza, grandi palazzi
F. 1. Vanno in Sardegna. 2. Gabriella preferisce Milano perché è vivace e piena di novità. 3. Erano studenti insieme al liceo. 4. È molto più elegante e lavora alla Fiat. 5. Deve andare al lavoro. 6. Le sembra noioso e banale.
G. *Answers will vary.*
H. *Answers will vary.*

Module 9

A. aeroplani, bagaglio a mano, carte d'imbarco, viaggiatori, assistenti di volo, uscita numero 6
B. 1. ritorno 2. corridoio 3. vicino 4. bagno 5. doccia 6. paparazzo
C. *Answers will vary.*
D. 2, 3, 6, 1, 7, 5, 8, 4
E. l'isola, la doccia, soldi, barca a vela, la cena, spiaggetta, l'orizzonte infinito, rullini di foto, turiste francesi
F. 1. Falso (Vanno a Cagliari.) 2. Vero 3. Falso (Paga con Bancomat.) 4. Falso (Hanno solo bagaglio a mano.) 5. Vero 6. Vero 7. Vero 8. Vero
G. *Answers will vary.*
H. *Answers will vary.*

Module 10

A. 1. p 2. p 3. o 4. o 5. o 6. o 7. p
B. 1. a 2. a 3. b 4. a 5. b 6. a
C. *Answers will vary.*
D. 1. P 2. G 3. P 4. P 5. G 6. P 7. P 8. G
E. *Answers will vary.* 1. la musica popolare 2. un concerto di musica napoletana in piazza 3. andare al Teatro San Carlo 4. difficili da trovare. Bisogna prenotarli con settimane di anticipo. 5. alla biglietteria del teatro. 6. Piero conosce l'opera. 7. ritirare i biglietti.
F. *Answers will vary.*
G. *Answers will vary.*
H. *Answers will vary.*

Module 11

A. 1. g 2. j 3. a 4. i 5. d 6. h 7. b 8. f 9. c 10. e
B. 1, 3, 4, 5, 8, 9
C. *Answers will vary.*
D. *Amica, Il Vernacoliere, La Stampa, Autosprint, La Gazzetta dello Sport*
E. 1. P 2. P 3. G 4. P 5. G 6. G 7. F 8. G 9. F 10. G
F. *Answers will vary.* 1. Piero compra alcune riviste e giornali. Paga 18.000 lire. 2. Conosce alcuni poeti. 3. Propone una lettura di poesia. 4. È famoso come luogo di incontro di artisti, poeti e scrittori. 5. Dante, Petrarca e Boccaccio. Erano importanti perché hanno fondato la lingua italiana e la poesia. 6. Le è piaciuta. 7. Perché vuole invitarla ad una serata di poesia. 8. Sì, è geloso. Perché si sono scambiati numeri di telefono.
G. *Answers will vary.*
H. *Answers will vary.*

Module 12

A. 1. firmi 2. Complimenti 3. acqua in bocca 4. in gamba 5. tenere d'occhio 6. mi rendo conto 7. impegnativo
B. 1. b 2. d 3. f 4. h 5. j 6. i 7. g 8. e 9. c 10. a
C. 1. Le recensioni sono positive. 2. Marco vuole discutere il nuovo progetto. 3. Piero dovrà viaggiare all'estero. 4. È un lavoro molto impegnativo. 5. Piero non ha ancora firmato il contratto. 6. La partenza sarebbe tra due settimane. 7. Piero lavora meglio da solo. 8. Piero vuole che Gabriella venga con lui.
D. 1. Sono nell'ufficio di Marco a Torino. 2. Sì, è contento perché sta vendendo bene. 3. Dovrà andare all'estero. 4. Dovrà partire fra due settimane. 5. Piero le propone di andare con lui. 6. Accetta volentieri la proposta.
E. *Answers will vary.*
F. *Answers will vary.*

Test Bank

Nome _____ Data _____

Lezione 1
Esame A

Comprensione

A. You will hear a dialogue between two new students at the University of Rome. Listen to the dialogue twice. The second time, check the appropriate column to indicate whether each statement refers to Franco or Rita. (7 points)

	Franco	Rita
1. Abita a Roma.	_____	_____
2. Studia biologia.	_____	_____
3. Studia medicina.	_____	_____
4. È italiano/a.	_____	_____
5. È americano/a.	_____	_____
6. Abita a Latina.	_____	_____
7. È di Palermo.	_____	_____

B. Listen to the following descriptive paragraph twice. As you listen, determine whether each printed statement is true (**vero**) or false (**falso**). (8 points)

	Vero	Falso
1. Angelo e Giovanni sono studenti.	_____	_____
2. Angelo è americano.	_____	_____
3. Angelo ha ventun'anni.	_____	_____
4. Angelo studia a Firenze.	_____	_____
5. Angelo studia medicina.	_____	_____
6. Giovanni non abita a Firenze.	_____	_____
7. Giovanni studia a Roma.	_____	_____
8. Giovanni studia legge.	_____	_____

Vocabolario

C. Supply the following information by spelling the numbers in parentheses. (7 points)

1. Ho _____ anni. (17)

2. Il mio numero di telefono è _____
   _____ . (631-735-0299)

3. Ho _____ dischi di musica moderna (35) e
   _____ videocassette. (10)

4. Nella mia classe d'italiano ci sono _____ studenti. (16)

D. For each group of words, write the one word that doesn't belong. Include the indefinite article in your answers. (8 points)

1. _____ quaderno, orologio, libro
2. _____ penna, sport, matita
3. _____ calcolatrice, sedia, computer
4. _____ libro, quaderno, disco
5. _____ zaino, tavolo, televisore
6. _____ televisore, tavolo, radio
7. _____ CD, computer, audiocassetta
8. _____ motorino, registratore, stereo

E. Name the item or place you associate with each of the following. Include the indefinite article in your answers. (5 points)

1. *Jeopardy, Wheel of Fortune* _____
2. *The New York Times* _____
3. 1-(800)-555-1212 _____
4. UCLA, Notre Dame, U. of Wisconsin _____
5. *Newsweek, People, Fortune* _____

Lettura

F. Read the paragraph and then the statements that follow it. Check the statements that are true according to the reading. (10 points)

Caterina e Francesca, due studentesse, sono di Bologna. Caterina studia all'università di Bologna. Anche Francesca studia, ma non studia a Bologna. Lei frequenta l'università di Londra in Inghilterra. Naturalmente Francesca studia l'inglese. E Caterina? Caterina studia storia.

                                                                                              Vero (*True*)

1. Francesca è una studentessa liceale. _____
2. Caterina è di Bologna. _____
3. Francesca studia a Londra. _____
4. L'università di Caterina è a Bologna. _____
5. Caterina abita e studia in Italia. _____
6. Francesca è dell'Inghilterra, ma studia in Italia. _____
7. Caterina frequenta l'università in Europa. _____
8. L'università di Francesca è in Italia. _____
9. Francesca e Caterina sono italiane. _____
10. Francesca studia la storia. _____

Struttura

G. Which subject pronoun would you use when speaking to the following people? (7 points)

1. your mother _____
2. your teacher _____
3. a salesclerk _____
4. your grandparents _____
5. two of your teachers _____
6. your aunt _____
7. your brothers _____

H. Complete the following letter with the verb **essere**. (10 points)

Ciao Michelina,

adesso io _____ una studentessa d'italiano all'università e la professoressa _____ la signora Andreani. Lei _____ di Taormina. Stefano, Alessandro ed io _____ buoni studenti ma non _____ sempre in orario. Tu _____ sempre in orario? Tu e Giancarlo _____ ancora (*still*) all'università di Roma? Aldo e Mariano _____ all'università di Perugia mentre Marta _____ a Milano. Oh, io _____ in ritardo per la classe d'italiano. Arrivederci!

I. You and your friends are taking inventory in preparation for living in the dorm this school year. Complete the following with the verb **avere**. (9 points)

1. Io _____ due quaderni e Adamo _____ tre libri.
2. Voi _____ uno stereo e Gino ed io _____ trenta CD.
3. Carlo, _____ una o due calcolatrici?
4. Mario _____ il computer?
5. Tina, Giulia e Franca _____ un videoregistratore, e tu e Mario _____ molte videocassette.
6. Marisena e Annalisa, _____ le penne per scrivere?

J. Complete the following paragraph with the correct form of the indefinite article. (14 points)

Sono _____ studente americano (studentessa americana). Abito (*I live*) in _____ città vicino a Boston. Frequento _____ piccola università. Ho _____ sorella e anche _____ fratello. A casa ho _____ stereo, _____ videoregistratore, _____ motorino, _____ calcolatrice, _____ computer, _____ televisore e _____ bicicletta. Ho anche _____ telefonino e _____ radio.

Scrittura

K. Ask appropriate questions to find out the following information from an Italian exchange student. (15 points)

1. You want to know how old he/she is.
2. You want to know his/her name.
3. You want to know how he/she is doing.
4. You want to know where he/she is from.
5. You want to know if he/she attends high school or university.

1. _____
2. _____
3. _____
4. _____
5. _____

Cultura (opzionale)

L. Supply the correct facts about the geography of Italy. (5 points — 1/2 point each)

1. La capitale d'Italia è _____.
2. Il fiume più lungo d'Italia è _____.
3. A sud-ovest, l'Italia è circondata dal Mar _____.
4. Gli Appennini sono una catena di _____.
5. _____ è il capoluogo della Toscana.
6. L'Italia ha _____ regioni.
7. La Sicilia e la Sardegna sono due _____.
8. A nord, l'Italia confina con _____ e _____.
9. Milano è in _____.
10. Lo stretto di Messina è al _____ d'Italia.

Nome _____ Data _____

Lezione 1
Esame B

Comprensione

A. You will hear two Italian students describe themselves. Listen to each description twice, and then determine whether the statements that follow are true (**vero**) or false (**falso**). (10 points)

	Vero	Falso
1.	____	____
2.	____	____
3.	____	____
4.	____	____
5.	____	____
1.	____	____
2.	____	____
3.	____	____
4.	____	____
5.	____	____

B. Listen to the following descriptive paragraph twice. As you listen, determine whether each printed statement describes Angelo, Giovanni, or neither of the two (**nessuno dei due**). (5 points)

		Angelo	Giovanni	Nessuno dei due
1.	È uno studente liceale.	____	____	____
2.	Studia a Firenze.	____	____	____
3.	Abita a Firenze.	____	____	____
4.	Non studia arte; studia legge.	____	____	____
5.	Studia ed abita a Roma.	____	____	____

Vocabolario

C. Complete the following paragraph with an appropriate word from the list. (7 points)

professore   frequentare   musei   zaino
anno   medicina   di   studenti

Un gruppo di _____ americani arriva a Roma per _____ l'università in Italia. Sono _____ Boston e desiderano studiare _____ . Restano in Italia per un _____ .

Un _____ è con il gruppo e mostra loro (*shows them*) la città e i _____ .

D. Complete the foreign-student survey that follows by writing out the numbers given in parentheses. (13 points)

1. Studenti dall'Europa: _____ (100)
2. Studenti dell'università: _____ (88)
3. Studenti che hanno meno di diciotto anni: _____ (27)
4. Numero d'italiani: _____ (16)
5. Numero di studenti dalla Svizzera: _____ (26)
6. Numero di studenti dalla Spagna: _____ (21)
7. Studenti dall'Inghilterra: _____ (7)
8. Studenti dalla Francia: _____ (15)
9. Studenti dalle altre città d'Europa: _____ (15)
10. Studenti di legge: _____ (11)
11. Studenti d'inglese: _____ (44)
12. Studenti: _____ (63)
13. Studentesse: _____ (37)

E. Name the objects you associate with the following. Include the indefinite article in your answers. (5 points)

1. 1-800-374-8352 _____
2. CBS, NBC, ABC _____
3. *The Washington Post* _____
4. *Sports Illustrated, Time* _____
5. Purdue, U. of Indiana, Harvard _____

Lettura

F. Read the following paragraph, then provide the information requested in Italian. Answer with complete sentences. (10 points)

Marco and Elena are in Venice, the capital of the Veneto. Marco lives in Padova but he does not go to school. He is twenty-seven years old. Elena also lives in Padova, but she goes to the university. She is twenty-three years old. She studies mathematics and English.

1. Marco's age (write out the number): _____
2. Describe the city where Elena and Marco are now: _____
   _____
3. Where Elena studies: _____
4. Does Marco study? _____
5. Where Elena lives: _____

Struttura

G. Write the subject pronoun you would use when addressing the following people. (5 points)

1. Paola, una studentessa _____
2. Patrizia e Graziella, due amiche _____
3. i bambini della scuola elementare _____
4. i signori Franzini _____
5. il dottore Sabatini _____

H. Write the appropriate subject pronoun for the people being addressed or discussed at a party in the following sentences. (5 points)

1. —Anche _____ è di Perugia? (la signora Battaglia)
2. _____ è professoressa ed abita in città. (la professoressa Biazzo)
3. _____ è ingegnere. Abita a Milano. (l'ingegnere Mario Salvato)
4. _____ sono di Roma. (tre studenti)
5. _____ siamo dell'isola di Capri. (Dario ed io)

I. Complete the following paragraph with the correct form of the verb **essere**. (10 points)

Io e Tina _____ studentesse americane. Noi _____ a Firenze con un gruppo di studenti e un professore. Il professore _____ di Hartford, io _____ di Dallas e Tina _____ di Filadelfia. Gli altri studenti del gruppo _____ di New York e _____ interessati ai musei italiani. Anche Tina ed io _____ interessate all'arte italiana. All'università in America io _____ una studentessa d'arte. Tina _____ una studentessa d'architettura.

J. You are showing friends the photos you took on recent trip to Rome. Supply the correct form of the indefinite article. (10 points)

1. Ecco _____ museo d'arte.
2. È _____ città vicino a Roma.
3. Lui è _____ studente italiano.
4. Il signore è _____ professore americano.
5. È _____ amico di Marta.
6. Ecco _____ scuola di Roma.
7. È _____ università italiana.
8. La bambina ha _____ anno.
9. Ecco _____ amica di Andrea.
10. Ecco _____ zaino italiano.

K. Write complete sentences indicating that the people in column A have one of the items in column B. (10 points)

A	B
mio fratello	un videoregistratore
io	un film italiano
tu e Annalisa	un motorino
Luigi e Bruno	un telefonino
io e Tonio	un computer
la professoressa	una calcolatrice
tu	una radio
lui	uno stereo
le studentesse	un dizionario
Laura	un televisore
	un CD inglese
	un orologio

1. _____
2. _____
3. _____
4. _____
5. _____
6. _____
7. _____
8. _____
9. _____
10. _____

Scrittura

L. Write five sentences about yourself stating your name, age, nationality, and profession, and where you go to school or work. (10 points)

_____

_____

_____

_____

_____

Cultura (opzionale)

M. Supply the correct facts about the geography of Italy. (5 points — 1/2 point each)

1. La capitale d'Italia è _____ .

2. Il fiume più lungo d'Italia è _____ .

3. A sud-ovest, l'Italia è circondata dal Mar _____ .

4. Gli Appennini sono una catena di _____ .

5. _____ è il capoluogo della Toscana.

6. L'Italia ha _____ regioni.

7. La Sicilia e la Sardegna sono due _____ .

8. Al nord, l'Italia confina con _____ e _____ .

9. Milano è in _____ .

10. Lo stretto di Messina è al _____ d'Italia.

Nome _____   Data _____

Lezione 2
Esame A

Comprensione

A. Complete the written statements based on the conversation you will hear. Listen to the conversation twice. (7 points)

1. La nuova famiglia abita in _____ .

2. Ci sono quattro persone nella famiglia: il padre, la madre, un _____ e una _____ .

3. Non hanno un cane, ma hanno un _____ .

4. La famiglia è di _____ .

5. Il padre è _____ .

6. La madre è _____ .

B. Listen twice to the following description of a student's Monday schedule, and then indicate whether each of the printed statements is true or false. (8 points)

	Vero	Falso
1. È sera.	____	____
2. La classe di scienze politiche è nel pomeriggio.	____	____
3. Il professor Bruzzone insegna scienze politiche.	____	____
4. Carlo ha lezione a mezzogiorno.	____	____
5. Carlo è a casa alle dodici.	____	____
6. La lezione di storia è alle quattro di pomeriggio.	____	____
7. Carlo studia storia.	____	____
8. La professoressa Rinaldi insegna storia.	____	____

Vocabolario

C. For each word or expression in the first column, find a logical match in the second column. Write the letter of the logical match in the space provided. (8 points)

1. l'arte _____
2. le lingue straniere _____
3. le scienze naturali _____
4. la matematica _____
5. la storia _____
6. la musica _____
7. la letteratura _____
8. l'informatica _____

a. biologia, fisica, geologia
b. Michelangelo, Leonardo da Vinci
c. la Rivoluzione francese, la Guerra d'Indipendenza
d. algebra, geometria
e. i Beatles, Beethoven
f. Dante, Shakespeare, Dickens
g. Basic, e-mail, PC
h. Bonjour, Guten Tag, Good morning
i. un giornale, una rivista, un televisore

D. Write out in Italian the times shown. Be careful to use the correct form of the verb **essere**. (8 points)

1. 2:10 P.M. _____
2. 4:15 A.M. _____
3. 8:30 P.M. _____
4. 11:45 P.M. _____

Lettura

E. Read the following paragraph about Francesco and Maria. Then determine whether the statements listed are true or false. (7 points)

Maria e Francesco studiano all'università di Firenze. Maria studia matematica e abita con il padre, la madre e due sorelle in una villa fuori Firenze. Francesco studia informatica e ha un appartamento a Firenze con quattro amici. Lo zio di Francesco insegna chimica all'università di Firenze. Ogni giorno Francesco e lo zio mangiano (*eat*) in un ristorante a mezzogiorno.

	Vero	Falso
1. Francesco abita fuori Firenze.	_____	_____
2. Maria studia informatica.	_____	_____
3. Francesco abita con la famiglia.	_____	_____
4. Maria e Francesco sono studenti.	_____	_____
5. Maria ha due sorelle.	_____	_____
6. Lo zio di Francesco insegna matematica.	_____	_____
7. Francesco e lo zio mangiano insieme ogni giorno.	_____	_____

F. Check off the most logical conclusion following each statement about Professor Rinaldi. (8 points)

1. La professoressa Rinaldi insegna letteratura.

    _____ a. Ha una laurea in informatica.

    _____ b. Lavora all'università.

2. La professoressa ha trentasei anni.

    _____ a. Gli studenti hanno diciotto o diciannove anni.

    _____ b. Il gatto ha dieci anni.

3. La lezione è alle due.

    _____ a. Gli studenti sono puntuali.

    _____ b. Gli studenti sono a casa alle due e un quarto.

4. Ora gli studenti non sono in classe.

    _____ a. È mezzanotte.

    _____ b. Sono le dieci di mattina.

5. La professoressa è sposata.

    _____ a. Il marito non è sposato.

    _____ b. Lei e il marito abitano in centro.

6. La professoressa ha ventidue studenti di letteratura.

    _____ a. Sei sono studenti e sedici sono studentesse.

    _____ b. Quindici sono studentesse e nove sono studenti.

7. All'università gli studenti hanno bisogno di . . .

    _____ a. libri, quaderni e un dizionario.

    _____ b. un teatro, uno stadio e un liceo.

8. Il signor Rinaldi insegna anche all'università.

    _____ a. Ha cento studenti di matematica.

    _____ b. Ha cento figli.

Struttura

G. You need several items for your classes this semester. Rewrite the nouns in parentheses in the plural. (10 points)

Ho bisogno di due _____ (calendario), due _____ (matita), sette _____ (libro), due _____ (dizionario), due _____ (calcolatrice), tre _____ (penna), cinque _____ (videocassetta), due _____ (zaino), tre _____ (film) italiani, e otto _____ (quaderno).

H. Tell a friend which courses you like and don't like by supplying the correct form of the definite article. (10 points)

1. Mi piace _____ informatica ma non mi piace _____ matematica.
2. Non mi piacciono _____ scienze politiche ma mi piace _____ storia.
3. Mi piace _____ spagnolo ma non mi piace _____ cinese.
4. Mi piace _____ arte ma non mi piace _____ musica.
5. Mi piace _____ francese ma non mi piacciono _____ scienze naturali.

I. The following items have been left in a classroom after a meeting. Form sentences stating that the items listed belong to the people indicated. (10 points)

1. orologio / Stella

2. zaino / Italo

3. radio / Maria Giovanna

4. quaderno / Antonio

5. dizionari / Rosa

6. telefonini / Franco e Aldo

7. giornale / Nora

_____

8. videocassetta / Giancarlo

_____

9. calcolatrice / Anna

_____

10. riviste / Luisa

_____

J. Complete the following paragraph with the correct form of the possessive adjective, including or omitting the definite article as necessary. (10 points)

_____ (*My*) famiglia è composta di cinque persone: _____ (*my*) padre, _____ (*my*) madre, io e _____ (*my*) due fratelli.

_____ (*My*) genitori sono professori d'italiano e noi abitiamo a Pavia dove abitano anche _____ (*our*) nonni. _____ (*Their*) casa non è lontana. Anche _____ (*our*) zii e _____ (*our*) zie abitano a Pavia. _____ (*Our*) nonno è anche professore d'italiano.

Scrittura

K. Write a dialogue of seven sentences between a salesperson at a school-supply store and a student buying supplies for the new school year. (14 points)

_____

_____

_____

_____

_____

_____

_____

_____

_____

Cultura (opzionale)

L. Choose the completion for each statement and write the letter in the space provided. (3 points)

1. Bologna è il capoluogo _____ .

    a. del Lazio

    b. dell'Emilia-Romagna

    c. del Piemonte

2. Bologna è chiamata _____ .

    a. la dotta

    b. la serenissima

    c. la fantastica

3. Bologna ha una delle _____ più importanti d'Europa.

    a. chiese

    b. università

    c. trattorie

Nome _____ Data _____

Lezione 2
Esame B

Comprensione

A. Listen twice to the following conversation between a man and a woman who meet on a train. Then indicate whether each printed statement is true or false, or if the information is not given (**informazione non data**). (7 points)

	Vero	Falso	Informazione non data
1. La signora è di Genova.	_____	_____	_____
2. La signora lavora a Milano.	_____	_____	_____
3. Il signore è di Milano.	_____	_____	_____
4. Il signore ha trent'anni.	_____	_____	_____
5. La signora è dottore.	_____	_____	_____
6. La signora ha un figlio.	_____	_____	_____
7. Rossana ha dieci anni.	_____	_____	_____

B. Listen to the following descriptive passage. Then listen again and check off the printed statements that are *false*. (8 points)

	Falso
1. Sandra Fortuna ha trentatré anni.	_____
2. Sandra lavora al centro.	_____
3. Sandra abita fuori Firenze.	_____
4. Claudio frequenta la facoltà d'architettura.	_____
5. Sandra non è sposata.	_____
6. Claudio è studente.	_____
7. Sandra e Claudio hanno due figli.	_____
8. Loro abitano con due gatti.	_____

Vocabolario

C. Find the items in the second column that you associate with each of the subjects in the first column. Write the letter of the logical match in the space provided. (5 points)

1. la letteratura _____
2. la chimica _____
3. la psicologia _____
4. la fisica _____
5. le scienze politiche _____

a. CO_2, H_2O, gli elementi
b. Freud, Jung
c. la gravità, la velocità
d. Dante, Shakespeare
e. capitalismo, socialismo
f. il tedesco, il francese

D. Add two hours to the items indicated, then write out the new time in Italian. (10 points)

1. 10:00 A.M. _____
2. 12:40 P.M. _____
3. 1:00 P.M. _____
4. 4:30 A.M. _____
5. 6:25 P.M. _____

Lettura

E. Read the following paragraph about Francesco and Maria, then place a check mark in the column that correctly identifies each person described. (7 points)

Maria e Francesco studiano all'università di Firenze. Maria studia matematica e abita con il padre, la madre e due sorelle. La famiglia di Maria abita in una villa fuori Firenze. Francesco studia informatica ed ha un appartamento a Firenze con quattro amici. Lo zio di Francesco insegna chimica all'università di Firenze. Ogni giorno Francesco e lo zio mangiano (*eat*) in un ristorante a mezzogiorno.

	Francesco	Maria	Lo zio
1. Studia informatica.	___	___	___
2. Studia matematica.	___	___	___
3. Abita in un appartamento.	___	___	___
4. Abita con gli amici.	___	___	___
5. Abita con la famiglia.	___	___	___
6. È un professore di chimica.	___	___	___
7. Mangia con Francesco alle dodici.	___	___	___

F. Match each item in the left-hand column with the appropriate question. There is one extra item in the right-hand column. (8 points)

1. Il fratello di Giacomo è a casa. _____
2. Si chiama Giggi. _____
3. Con la mia famiglia. _____
4. Il marito lavora con la moglie al centro di Salerno. _____
5. No, cinese. _____
6. A mezzogiorno. _____
7. Sergio abita con Marco in un piccolo appartamento. _____
8. Sì, Pasquale insegna letteratura all'università. _____

a. Dove abita lui?
b. È professore?
c. Hai un cane?
d. Dov'è lui?
e. Dove lavora lei?
f. A che ora arriva Lucio?
g. Con chi abiti?
h. Studia francese?
i. Con chi lavora e dove?

Struttura

G. The following is an inventory of supplies for a group of university students. Give the plural form of the objects in parentheses. (13 points)

1. undici _____ (audiocassetta)
2. quindici _____ (registratore)
3. trenta _____ (sedia)
4. tre _____ (calcolatrice)
5. ventiquattro _____ (disco)
6. cinque _____ (computer)
7. otto _____ (quaderno)
8. due _____ (radio)
9. trentasei _____ (rivista)
10. venti _____ (film)
11. sette _____ (giornale)
12. quattordici _____ (televisore)
13. dieci _____ (orologio)

H. Michelina and Stefania are best friends. They share everything and prefer to study together. Complete the following dialogue with the correct forms of the definite article. (8 points)

(Michelina) Stefania, dov'è _____ libro di matematica? Abbiamo bisogno di studiare.

(Stefania) È a scuola. Hai _____ calcolatrice?

(Michelina) No, è a scuola. Hai _____ quaderni e _____ penne?

(Stefania) No, ma ho _____ foglio di carta che ha _____ numero di telefono di Gianni.

(Michelina) Perché devi telefonare a Gianni?

(Stefania) Perché lui ha _____ stereo e _____ CD ed io non desidero studiare.

I. Write complete sentences indicating which of the persons in column B owns the items in column A, using the present tense of **essere**. Make any necessary changes. (10 points)

A		B
videoregistratore	essere	Luigi
matite		Giulia
il computer		Marco e Luisa
motorino		Pietro
macchina		Franco
quindici CD		Michele
zaino		Alessandro
orologi		Rosalba e Aldo
calendario		Alberto
musica		Adriana

1. _____
2. _____
3. _____
4. _____
5. _____
6. _____
7. _____
8. _____
9. _____
10. _____

J. Vincenzo is describing his cousin's birthday party. Complete the following paragraph with the appropriate forms of the possessive adjective. (10 points)

Per il compleanno di _____ (*my*) cugino, tutta _____ (*my*) famiglia è presente. Per _____ (*his*) compleanno _____ (*my*) parenti vengono (*come*) da vicino e lontano. Vengono anche _____ (*my*) zie dagli Stati Uniti con _____ (*their*) famiglie. _____ (*His*) genitori abitano in Francia; _____ (*his*) madre è francese e _____ (*his*) padre è italiano. Durante la festa _____ (*our*) famiglia si diverte (*enjoys itself*) molto.

Scrittura

K. Write a composition of seven sentences about the subjects you study and the time each class meets. (14 points)

_____
_____
_____
_____
_____
_____
_____
_____
_____

Cultura (opzionale)

L. Choose the correct completion for each statement and write the letter in the space provided. (3 points)

1. Bologna è importante per _____ .

    a. la cucina

    b. la moda

    c. i dottori

2. Bologna ha _____ famosa.

    a. un'università

    b. una trattoria

    c. una casa

3. Il parmigiano è _____ .

    a. un ragù

    b. un formaggio

    c. un negozio

Nome _____ Data _____

Lezione 3
Esame A

Comprensione

A. Listen to the following telephone conversation. Then listen again, and indicate whether the printed statements are true or false. (8 points)

	Vero	Falso
1. Gaetano invita Ilaria a casa sua.	_____	_____
2. Al cinema stasera c'è un film francese.	_____	_____
3. Ilaria desidera andare con Gaetano.	_____	_____
4. Ilaria deve studiare prima di andare al cinema.	_____	_____
5. Ilaria ha un esame di francese.	_____	_____
6. Il film comincia alle sette e mezzo.	_____	_____
7. Gaetano va a casa di Ilaria alle otto.	_____	_____
8. Il cinema è vicino alla casa di Ilaria.	_____	_____

B. You will hear a waiter's questions to his customers. Two possible answers will be given for each question. Check the answer that is most logical. You will hear each question-and-answer set twice. (7 points)

1. a. _____   5. a. _____
   b. _____   b. _____

2. a. _____   6. a. _____
   b. _____   b. _____

3. a. _____   7. a. _____
   b. _____   b. _____

4. a. _____
   b. _____

150   Oggi in Italia

Vocabolario

C. Fill in the following paragraph with the appropriate words from the list provided. There are two extra place names listed. (8 points)

farmacia	chiesa	ospedale	museo
supermercato	cinema	stazione	gelateria
ristorante	biblioteca		

Vicino a casa mia ci sono molti luoghi interessanti. C'è il _____ dove è possibile vedere film americani. Quando desidero guardare l'arte antica, invece, visito il _____ all'angolo. Se ho fame, c'è un piccolo _____ dove mangio con gli amici, o il _____ dove compro i cibi (*food*). Passo la domenica mattina a pregare nella _____ di Santa Maria che è un duomo grande e bello. Quando studio, entro spesso nella _____ non lontano da casa mia. Dopo, prendo un gelato in una _____ . E quando desidero andare in un'altra città qui vicino, c'è la _____ per prendere il treno.

D. Complete the following paragraph and dialogue with the correct form of the verb **avere**. (7 points)

Gina, una studentessa liceale, _____ tre buone amiche: Sandra, Gilda e Laura. Sono le otto di mattina. Oggi le ragazze _____ un esame di storia, e Gina _____ paura di essere in ritardo.

(Gina) Dov'è l'autobus? È sempre in ritardo. Io _____ fretta oggi!

(Laura) Gina, _____ bisogno di avere pazienza.

(Gilda) Sì, Laura _____ ragione (*she's right*). Noi _____ abbastanza tempo.

(Sandra) Ecco l'autobus.

(Gina) Meno male!

E. You are talking to a friend on your cell phone. Complete the following sentences by choosing the appropriate word or phrase. (5 points)

1. Passi a _____ stasera alle otto e mezzo? (rispondermi, prendermi)

2. Penso _____ tornare prima di mezzanotte. D'accordo? (di, con)

3. _____ , mangiamo in un ristorante al centro. E dopo ascoltiamo un po' di musica. (Prima, Poi)

4. Non mangio alle sette, ma _____ è un giorno speciale. (oggi, d'accordo)

5. Domani desidero andare _____ banca alle otto e mezzo. (per, in)

Lettura

F. The following conversations are scrambled. Number each sentence to show the correct sequence. (12 points)

a. _____ Grazie. È qui vicino? Non sono della città.

_____ C'è una farmacia in via Ruggero Settimo.

_____ Scusi, signore. C'è una farmacia qui vicino? Ho bisogno di comprare aspirine.

_____ Sì. È a due passi da qui.

b. _____ No, è molto vicino.

_____ È vicina alla gelateria, dopo l'ufficio postale.

_____ Dov'è via Ruggero Settimo?

_____ È lontana dalla biblioteca?

c. _____ Devo fare una telefonata. Dov'è un telefono?

_____ Di niente. Buon giorno!

_____ C'è un telefono nel bar vicino alla farmacia.

_____ Grazie dell'informazione, lei è proprio gentile.

Struttura

G. Your friends are talking about what they and others do at school and afterward. Complete each sentence with the correct form of the verbs in parentheses. (13 points)

1. Io _____ questa classe perché mi piace e perché il professore _____ bene. (frequentare, insegnare)

2. Tu e Tiziana _____ sempre in italiano e anche Mario ed io _____ parlare italiano! (parlare, desiderare)

3. Dopo la lezione Annamaria e Lidia _____ le amiche e _____ anche Paolo e Edoardo. (aspettare, incontrare)

4. Giorgio, come _____ il tempo dopo le lezioni? _____ con Michele al ristorante? (passare, lavorare)

5. La professoressa d'inglese _____ una Ferrari e _____ sempre in ritardo! (guidare, arrivare)

6. Ogni giorno, le mie amiche non _____ i loro libri e _____ i miei libri, invece. (trovare, cercare)

7. Alberto, tu _____ il caffè per noi oggi? (pagare)

H. In the following conversation, supply the correct contractions for the prepositions indicated. (12 points)

(Patrizia) Non trovo i quaderni e le matite; non sono _____ (su) tavolo!

(Salvatore) I quaderni sono _____ (su) televisore e le matite sono _____ (su) riviste.

(Patrizia) Non trovo né la penna né la calcolatrice _____ (in) zaino.

(Salvatore) La penna è vicino _____ (a) quaderno. Uso la calcolatrice fino _____ (a) sei stasera.

(Patrizia) Perché?

(Salvatore) Perché c'è un programma _____ (a) radio che desidero ascoltare.

(Patrizia) Ma adesso sono solo le due _____ (di) pomeriggio! Anch'io ho bisogno di usare la calcolatrice!

(Salvatore) Allora, io studio _____ (da) due _____ (a) sei e tu lavori tutta la notte se desideri.

(Patrizia) Cosa? Stasera devo incontrare un'amica _____ (a) cinema.

(Salvatore) Va bene, ma devi ricordare _____ (in) futuro com'è buono tuo fratello!

(Patrizia) Come sei noioso!

I. Use **c'è, ci sono,** or **ecco** as appropriate in the following paragraph. (14 points)

_____ la mia città. È situata vicino al mare e d'estate _____ molti turisti. Non _____ molti musei, però _____ una biblioteca pubblica dove spesso _____ una mostra d'arte. _____ buoni ristoranti e _____ anche un'università famosa. Vicino all'università _____ uno stadio. _____ la piazza principale. In piazza _____ il mio ristorante preferito, dove _____ un'atmosfera amichevole. Il cibo è eccellente. _____ un parco vicino alla piazza dove _____ una bella fontana con tanti fiori. Di sera _____ sempre musica.

Scrittura

J. Compose a journal entry of seven sentences about studying music in Italy, or discuss your plans to go see a famous singing group at the stadium tonight. (14 points)

_____
_____
_____
_____
_____
_____
_____
_____

Cultura (opzionale)

K. Choose the correct Italian word to complete each of the following statements. Write the letter of the correct answer in the space provided. (3 points)

1. In Italy, this is a place where you can buy candy, ice cream, milk, coffee, and alcoholic beverages. _____

    a. bar

    b. gelateria

    c. sorellina

2. After customers pay the cashier for what they want, they bring this to the counter to receive their order. _____

    a. la mancia

    b. la cassiera

    c. lo scontrino

3. This person serves customers who choose to sit at a table. _____

    a. la cassiera

    b. l'aperitivo

    c. il cameriere

Nome _____ Data _____

Lezione 3
Esame B

Comprensione

A. Listen to the following conversation. Then listen again and check the suggestions that the speakers consider good ideas. (6 points)

                                  È una buona idea

1. Andare a teatro _____
2. Andare al cinema _____
3. Andare allo stadio _____
4. Andare in pizzeria _____
5. Fare una passeggiata _____
6. Andare in gelateria _____

B. Listen to the following telephone survey. Then listen again and check or fill in the missing information. (9 points)

1. Chi risponde alle domande: donna _____ uomo _____
2. Guarda la televisione: di giorno _____ di sera _____
3. Ore quando guarda la TV: dalle _____ alle _____
4. Ascolta la radio: sì _____ no _____
5. Ascolta musica: classica _____ rock _____
6. È studente: sì _____ no _____
7. Tipo di lavoro: _____
8. Abita: in una casa _____ in un appartamento _____
9. Abita: al centro _____ fuori città _____

Vocabolario

C. Match the following definitions with the corresponding words. There are two extra words listed. (15 points)

1. un posto all'aperto dove giocano i bambini _____
2. dove prendi un espresso _____
3. come rispondi al telefono _____
4. va bene _____
5. un caffè italiano _____
6. dove vai per guardare il football _____
7. una cosa che compri in gelateria _____
8. il periodo dopo la mattina _____
9. il marito della nonna _____
10. dove compri le medicine _____
11. dove ci sono un milione di libri _____
12. dove mangi fuori casa _____
13. un posto da dove mandi una lettera _____
14. dove guardi un film _____
15. dove depositi i dollari _____

a. il gelato
b. l'ufficio postale
c. Pronto?
d. il nonno
e. il ristorante
f. la chiesa
g. la farmacia
h. il parco
i. la biblioteca
j. lo stadio
k. il bar
l. il pomeriggio
m. d'accordo
n. il cinema
o. la banca
p. il teatro
q. l'espresso

Lettura

D. Read the following letter. Then determine whether the statements that follow are true or false. (15 points)

Cara Marisa,

    scrivo questa lettera dal mio albergo. Sono in Italia da due settimane. È molto bello qui. Ho molti nuovi amici. La mattina vado al bar vicino all'albergo e prendo un cappuccino. O prendo un caffè espresso. Poi telefono a Loredana, la mia amica. Incontro Loredana nel pomeriggio al centro dove ci sono molti negozi eleganti. Desidero comprare tante cose perché tutto è così bello e originale! La sera andiamo in discoteca, o al cinema o mangiamo in un buon ristorante. Le mie vacanze sono fantastiche!

Arrivederci a presto!
Maria Giovanna

		Vero	Falso
1.	La lettera è dall'Italia.	_____	_____
2.	Maria Giovanna abita nella casa della zia.	_____	_____
3.	Ritorna a casa fra due settimane.	_____	_____
4.	Maria Giovanna ha molti amici in Italia.	_____	_____
5.	La mattina prende un caffè in casa.	_____	_____
6.	Mangia un panino la mattina.	_____	_____
7.	Chiama la sorellina.	_____	_____
8.	Incontra un'amica al mare.	_____	_____
9.	Le amiche visitano i negozi al centro.	_____	_____
10.	Maria Giovanna desidera comprare un negozio.	_____	_____
11.	C'è molto da fare la sera.	_____	_____
12.	Di sera Maria Giovanna va al supermercato.	_____	_____
13.	Se desiderano, le amiche guardano un film.	_____	_____
14.	Di sera, cercano un ristorante dove mangiare.	_____	_____
15.	Le vacanze di Maria Giovanna sono bellissime.	_____	_____

Struttura

E. Complete the following paragraph with the correct form of the verbs in parentheses. (10 points)

Due sorelle, Rosa e Stefania, _____ (entrare) in un negozio di regali (*gifts*) con l'amica Claudia. Le sorelle _____ (desiderare) comprare un regalo per la mamma. Stefania _____ (guardare) e _____ (trovare) una cosa appropriata, uno stereo. Ma costa troppo. Rosa _____ (cercare) ancora ma non _____ (trovare) niente di speciale. Le sorelle _____ (pensare) di andare in un altro negozio ma poi Claudia suggerisce (*suggests*) alle sorelle: Perché non _____ (comprare) lo stereo? D'accordo, risponde Rosa. Le tre ragazze _____ (aspettare) alla cassa e poi _____ (pagare) lo stereo.

F. Complete the paragraph with the appropriate prepositions or prepositional contractions. (10 points)

C'è un gruppo _____ (di) studenti davanti _____ (a) università e parlano _____ (di) estate passata (*last summer*). Luigi parla _____ (di) vacanze _____ (in) montagna. Mariella parla _____ (di) vacanze con la sua amica _____ (a) mare vicino _____ (a) Viareggio. Mariella mostra _____ (a) amiche le belle cose che ha comprato (*bought*) _____ (in) negozi eleganti. Tutti gli studenti desiderano continuare a parlare, ma adesso cominciano le lezioni.

G. Some friends discuss their needs and/or desires. Form original sentences and make all necessary changes. (10 points)

1. io / avere sete / oggi

2. ma tu / avere fame / sempre!

3. noi / non / avere voglia / di lavorare

4. voi / non / avere voglia / di studiare

5. Maria, / avere freddo?

6. no / io / avere caldo!

7. Carlo / avere bisogno / di un computer

8. e noi / avere bisogno / di carta

9. Marta e Luigi / avere fretta / sempre!

   _____

10. sì, e / io / avere sonno / sempre!

    _____

H. A tourist is asking for information at a travel agency. Complete the following dialogue with **c'è, ci sono,** or **ecco,** as required. (10 points)

(Un turista)   Buon giorno. Desidero delle informazioni sulla città.

(Impiegato)   Certamente!

(Un turista)   _____ un mercato qui vicino?

(Impiegato)   Sì, _____ tre mercati. Uno vicino allo stadio, e due vicino alla stazione.

(Un turista)   _____ alberghi eleganti in questa città?

(Impiegato)   Sì, _____ l'albergo Superior. È un albergo molto elegante.

(Un turista)   _____ un ristorante nell'albergo?

(Impiegato)   Sì, _____ due ristoranti.

(Un turista)   _____ l'albergo perfetto! Non desidero altro.

(Impiegato)   Va bene. _____ un'altra persona con lei, signore?

(Un turista)   No. _____ solamente io, e desidero restare tre giorni in città.

(Impiegato)   Bene! _____ le informazioni per trovare l'albergo.

(Un turista)   Grazie, arrivederci!

Scrittura

I. Write seven or eight sentences about your town. Use your imagination and include the following information. (15 points)

The museum is near the university in the center of town.
The theater is far from the cinema.
There is a good restaurant in the hotel at the station.
There are two post offices, one near the hotel, and another near the library and hospital.

Cultura (opzionale)

J. Check the appropriate response to each item. (3 points)

1. Instead of a coin, a _____ may be used to make a phone call.

    a. carta telefonica

    b. tabaccheria

    c. panino

2. La Grotta Rustica is a _____ .

    a. liceo

    b. clothing store

    c. pizzeria

3. The Arno River runs through _____ .

    a. Bologna

    b. Firenze

    c. Roma

Nome _____ Data _____

Lezione 4
Esame A

Comprensione

A. Listen to the following conversations twice. Determine where each conversation is taking place, and write the corresponding letter in the blank provided. (7 points)

1. _____   a. al ristorante
2. _____   b. al bar
3. _____   c. all'università
4. _____   d. al telefono
5. _____   e. al cinema
6. _____
7. _____

B. Listen to the following conversation twice, and indicate whether each printed statement is true or false. (8 points)

	Vero	Falso
1. Graziella riceve una telefonata da un'amica.	_____	_____
2. L'amica non ha compiti.	_____	_____
3. Graziella deve fare i compiti d'italiano.	_____	_____
4. L'amica ha due nuove cassette di musica.	_____	_____
5. Le amiche desiderano ascoltare musica rock.	_____	_____
6. L'amica viene a casa di Graziella.	_____	_____
7. Graziella va a casa dell'amica.	_____	_____
8. L'appuntamento è alle cinque.	_____	_____

Vocabolario

C. Complete the following letter, using the suggested words. (8 points)

attesa	po' di pazienza	qualcosa da mangiare
teatro	all'aperto	l'autobus
impossibile	confusione	

Cara Giovanna,

sono a Roma per una breve visita. Roma è una bella città, ma il traffico è

_____ . C'è una grande _____ e c'è spesso

una lunga _____ per andare in centro. È necessario avere un

_____ per andare con l'automobile. Non mi piace guidare. Spesso

prendo _____ perché è più pratico. Il sabato mi piace andare a

_____ a vedere uno spettacolo interessante. È molto bello ed

originale vedere uno spettacolo _____ ! Poi dopo, si va a prendere

_____ . Che bello!

D. Organize the following scrambled plans into their proper time sequence, numbering them in the space provided. (7 points)

_____ Stamattina fa bel tempo e sono libera. Forse faccio una passeggiata all'aperto.

_____ C'è musica rock in programma stasera al teatro tenda.

_____ Giorgio viene finalmente dagli Stati Uniti martedì pomeriggio.

_____ Dopodomani devo lavorare.

_____ Oggi pomeriggio incontro un amico al bar dove ci sono panini al prosciutto e al tonno. Fanno anche un caffè molto buono.

_____ Domattina faccio fotografie al parco vicino a casa mia. Mi piace fare fotografie la domenica.

_____ Si va al cinema martedì sera a vedere un film sulla Sardegna.

Lettura

E. Read the following paragraph about Roberto, and then circle the letter of the word or phrase that best completes each statement. (5 points)

Roberto è sempre occupato durante la settimana. Dal lunedì al venerdì ha lezioni all'università. Il venerdì sera ha un appuntamento con una ragazza per andare a teatro o a mangiare al ristorante. Il sabato se fa bel tempo fa una gita con gli amici dell'università. La domenica visita i genitori.

1. Roberto ha lezione . . .

    a. la mattina b. il mercoledì c. cinque giorni alla settimana

2. Ha un appuntamento . . .

    a. il venerdì b. il sabato c. la domenica sera

3. Va a teatro con . . .

    a. una ragazza b. gli amici c. i genitori

4. Va a fare una gita se . . .

    a. ha tempo b. fa caldo c. fa bel tempo

5. Roberto visita i genitori . . .

    a. durante la settimana b. il lunedì c. la domenica

F. Match each of the questions in the left-hand column with the most appropriate response in the right-hand column. Write the letter of the response in the space provided. There is one extra lettered item. (10 points)

1. Cosa fai di solito mercoledì sera? _____
2. Dove ascolti la radio? _____
3. Ascolti le audiocassette a casa? _____
4. Quando hai lezione d'italiano? _____
5. Che cosa fai di bello la fine settimana? _____
6. Cosa ordini quando fai colazione al bar? _____
7. Che giorno della settimana preferisci? _____
8. Quando vai al cinema? _____
9. Sei molto impegnato oggi? _____
10. Compri una rivista la mattina? _____

a. Di solito prendo un cappuccino.
b. No, ascolto i CD quando sto a casa.
c. Giovedì sera vado al cinema.
d. Il sabato e la domenica non faccio niente di speciale.
e. Il mercoledì guardo la televisione.
f. Sì, oggi ho molto da fare.
g. L'italiano è la prima lezione del giorno.
h. No. Leggo il giornale la mattina.
i. Ascolto la radio in macchina.
j. Mi piace il sabato di più.
k. Giovedì sera sto a casa.

Struttura

G. You and your schoolmates are talking about school. Complete the following with the correct form of the verbs in parentheses. (15 points)

1. Io _____ (discutere) sempre in classe e quando ho tempo, _____ (leggere) un libro.

2. Marta _____ (rispondere) sempre bene alle domande e non _____ (chiedere) mai aiuto.

3. Tu _____ (perdere) sempre la matita e tu e Viola _____ (chiudere) i libri prima di tutti gli altri!

4. Paolo e Gina _____ (ricevere) sempre una A perché _____ (scrivere) bene in italiano.

5. Tommaso ed io _____ (prendere) un gelato ogni giorno e poi _____ (decidere) di studiare insieme.

6. Quando la professoressa _____ (ricevere) le risposte, _____ (mettere) i voti (*grades*) nel suo quaderno.

7. Noi _____ (conoscere) tutti i professori e loro _____ (credere) che noi siamo buoni studenti.

8. Oggi, dopo le lezioni, io _____ (vendere) il mio motorino.

H. You are being interviewed by a classmate. Complete the following questions. (15 points)

1. _____ parli italiano? (*How*)

2. _____ vai a fare quattro salti in discoteca? (*When*)

3. Con _____ parli sempre al telefono? (*whom*)

4. _____ costa il tuo (*your*) computer? (*How much*)

5. _____ dai il regalo a Maria? (*When*)

6. _____ preferisci ordinare al caffè? (*What*)

7. Con _____ parli in italiano? (*whom*)

8. _____ fai una passeggiata? (*Where*)

9. _____ cerchi dopo le lezioni? (*Who*)

10. _____ inviti Bettina al concerto? (*Why*)

11. _____ sta la mamma? (*How*)

12. _____ canto ti piace? (*Which*)

13. _____ non scrivi a Laura? (*Why*)

14. A _____ rispondi in classe? (*whom*)

15. _____ sei sempre in ritardo? (*Why*)

I. Giorgio phones Arianna to discuss their plans for the day. Complete each sentence with the correct form of the verb given. (9 points)

(Giorgio) Ciao, Arianna. Come _____ ? (stare)

(Arianna) Bene, grazie. Cosa _____ (fare) oggi?

(Giorgio) Oggi _____ (fare) caldo e così _____ (stare) a casa.

(Arianna) Mi dispiace. Mi _____ (dare) il numero di telefono di Marco?

(Giorgio) Non ho il numero di Marco ma ti _____ (dare) il numero di

Gianni. Lui ti _____ (dare) il numero di Marco.

(Arianna) Bene. Cosa _____ (fare) tu e Pierina stasera?

(Giorgio) Noi _____ (fare) una passeggiata nel parco e poi torniamo a casa.

(Arianna) Bene. Ciao.

Scrittura

J. Write a dialogue of eight sentences between two friends. One friend wants to go to the outdoor theater because a play she likes is being performed. The other friend is hesitant to go because she is very busy. (16 points)

_____
_____
_____
_____
_____
_____
_____
_____
_____

Cultura (opzionale)

K. Complete each statement by circling the most appropriate choice. (3 points)

1. The official language in Italy is _____ .
    a. il siciliano
    b. il romanesco
    c. l'italiano

2. In several cities and regions _____ is also spoken.
    a. French
    b. a dialect
    c. Spanish

3. The active volcano in Sicily is _____ .
    a. il Vesuvio
    b. l'Etna
    c. Stromboli

Nome _____ Data _____

Lezione 4
Esame B

Comprensione

A. Listen to the following conversations twice. Determine whether each conversation is formal or informal, and where it takes place. Review the list of places before you begin. (8 points)

al telefono   al ristorante   al cinema
al bar   all'università   in banca

	Formale	Informale	Ha luogo . . . *(It takes place . . .)*
1.	_____	_____	_____
2.	_____	_____	_____
3.	_____	_____	_____
4.	_____	_____	_____
5.	_____	_____	_____
6.	_____	_____	_____
7.	_____	_____	_____
8.	_____	_____	_____

B. Listen to the following dialogue twice, then write the letter of the correct answer to each question in the space provided. (7 points)

1. Che deve comprare Manuela? _____

   a. Una gita.   b. Una macchina.   c. Un regalo.

2. Quale musica preferisce Giuseppe? _____

   a. Classica.   b. Moderna.   c. Italiana.

3. Che tipo di musica americana ascolta Giuseppe? _____

   a. Classica.   b. Musica rock.   c. Folcloristica.

Oggi in Italia

4. Perché è bene comprare una cassetta? _____

   a. È simpatica.   b. Non è grande.   c. Non è noiosa.

5. Perché non prende la macchina Francesca? _____

   a. È piccola.   b. Non ha la macchina oggi.   c. È a casa.

6. Quando è la festa per Giuseppe? _____

   a. Oggi.   b. Domani sera.   c. Venerdì.

7. Come va alla festa Francesca? _____

   a. Con Manuela.   b. In autobus.   c. A piedi da sola.

Vocabolario

C. Match the following definitions with the corresponding words or expressions. (10 points)

1. cosa che devo comprare prima di entrare al cinema _____
2. cosa che metto nel caffè _____
3. qualcosa da bere _____
4. dove mangio quando ho fame _____
5. dove faccio una passeggiata _____
6. il contrario di occupato _____
7. una persona che serve il pranzo _____
8. fare una domanda _____
9. qualcosa da mangiare in un bar _____
10. hai bisogno di questo per una lunga attesa _____

a. il cameriere
b. al parco
c. una limonata
d. un panino
e. il latte
f. libero
g. al ristorante
h. chiedere
i. i biglietti
j. un po' di pazienza
k. fa bel tempo

D. Choose the appropriate word or expression from the list provided to complete the following paragraph. (5 points)

dopodomani   domani   stanotte
sera   vedere   mercoledì

Oggi è martedì e desidero stare a casa. Ma _____ è mercoledì e penso di andare a _____ uno spettacolo al teatro comunale. Il biglietto costa 10 euro il sabato ma il _____ costa 7 euro. _____ è giovedì e se fa bel tempo vado a un ristorante che ha tavoli all'aperto. È un ristorante molto popolare la _____ , ma non c'è molta gente durante il pomeriggio.

Lettura

E. An Italian student is asked to describe his favorite bar. Read his description, and then determine whether the following statements are true or false. (10 points)

Mi piace andare al bar Dante vicino a casa mia. La mattina, prima di andare a lezione, passo dal bar per fare colazione. Di solito prendo un cappuccino e qualcosa da mangiare. La sera torno al bar a vedere gli amici. Prendiamo qualcosa all'aperto e discutiamo di sport. Di solito non desideriamo discutere di politica. Oggi pagano gli amici perché domani vado negli Stati Uniti per studiare all'università di Boston.

	Vero	Falso
1. Il bar è lontano da casa.	_____	_____
2. Lo studente va al bar la mattina dopo le lezioni.	_____	_____
3. Fa colazione al bar.	_____	_____
4. Lui ordina sempre una limonata.	_____	_____
5. Vede gli amici la sera.	_____	_____
6. Mangiano all'aperto.	_____	_____
7. Discutono spesso di politica.	_____	_____
8. Oggi paga lui.	_____	_____
9. Lo studente va negli Stati Uniti per studiare.	_____	_____
10. Gli amici vanno negli Stati Uniti con lui.	_____	_____

F. Read the following sentences and then write the letter of the choice that best completes each sentence. (5 points)

1. Oggi devo studiare perché _____
2. Domani devo andare alla stazione _____
3. La sera mi piace _____
4. Desidero andare a teatro; cosa c'è _____
5. Cosa facciamo stasera? Prendiamo qualcosa _____

a. in programma?
b. con due amiche italiane.
c. da mangiare?
d. dopodomani ho un esame di matematica.
e. stare con gli amici.

Struttura

G. Complete Alberto's e-mail with the proper form of the verbs in parentheses. (13 points)

Claudio,

(Tu) _____ (conoscere) Carlo, l'amico di Marta? Ogni giorno lui ed io _____ (prendere) il treno delle nove e spesso _____ (discutere) molte cose. Per esempio, lui va spesso a _____ (vedere) i film in centro. Io _____ (chiedere) sempre cosa _____ (decidere) di fare nel futuro. Siccome (*Since*) lui _____ (leggere) molto, _____ (credere) di vuol'essere autore (*he wants to become an author*). E tu, cosa _____ (decidere) di studiare all'università? Tu e Pietro _____ (scrivere) spesso a Lidia e a Laura? Loro _____ (scrivere) sempre ma io non _____ (rispondere) immediatamente. Adesso, _____ (chiudere) questo messaggio perché è tardi.

Saluti,
Alberto

H. Complete the following questions with the necessary interrogatives. (12 points)

1. _____ risponde lo studente?   Lo studente risponde bene.
2. _____ sono gli studenti?   Sono in classe.
3. Di _____ è la macchina?   È del professore.
4. Con _____ discuti di musica?   Con gli amici.
5. _____ non fai una passeggiata?   Devo fare i compiti.

6. _____ prendi spesso al bar?   Prendo un espresso.

7. Di _____ discutono gli studenti?   Discutono di politica.

8. _____ sono i tuoi libri?   Sono sulla scrivania.

9. _____ lavoro hai oggi?   Ho due ore di lavoro.

10. _____ sta Sara?   Sta bene.

11. _____ scrivi una lettera a tua sorella?   Ogni mese.

12. _____ c'è in programma?   C'è un bel film.

I. A group of friends are talking about their activities. Complete each blank with the correct form of the verb given. (10 points)

(Marco)   Antonio, cosa _____ (fare) di solito il sabato?

(Antonio)   _____ (vedere) la mia ragazza e noi _____ (fare) una passeggiata se _____ (fare) bel tempo.

(Marco)   E tu, Stefania?

(Stefania)   Io _____ (scrivere) messaggi alle mie amiche.

(Carla)   Il cane ed io _____ (stare) un po' di tempo all'aperto. Spesso, io e i miei amici _____ (fare) una gita, e il mio amico Alessandro _____ (fare) fotografie. E tu, Marco?

(Marco)   Io _____ (leggere) romanzi o _____ (scrivere) poesie.

J. Write the correct form of the verb given in parentheses. (6 points)

Stasera Paola e Stefano _____ (stare) a casa. _____ (fare) freddo e non desiderano andare a teatro.

—Noi a chi _____ (dare) i biglietti? — chiede Stefano. — Tutti _____ (stare) male con il raffreddore.

—Io _____ (fare) una telefonata — risponde Paola.

—C'è un amico o un'amica che _____ (stare) bene stasera?

Scrittura

K. A new student asks you information about what there is to do in your town. Write seven sentences that describe possible activities. (14 points)

_____

_____

_____

_____

_____

_____

_____

Cultura (opzionale)

L. Complete each statement by circling the most appropriate choice. (3 points)

1. The official language in Italy is _____ .

    a. il siciliano

    b. il romanesco

    c. l'italiano

2. In several cities and regions _____ is also spoken.

    a. French

    b. a dialect

    c. Spanish

3. The active volcano in Sicily is _____ .

    a. il Vesuvio

    b. l'Etna

    c. Stromboli

Nome _____ Data _____

Lezione 5
Esame A

Comprensione

A. You will hear a conversation between two friends who are window-shopping. Listen to the conversation twice. As you listen, mark each printed statement as true or false. Review the list of statements before you begin. (9 points)

	Vero	Falso
1. Marco e Bettina guardano una radio.	_____	_____
2. Secondo Marco, la radio è bella e originale perché è vecchia.	_____	_____
3. Bettina chiede il prezzo della radio.	_____	_____
4. Il prezzo è a buon mercato.	_____	_____
5. Gli amici decidono di andare ad un altro negozio.	_____	_____
6. Il negozio vicino alla casa di Marco ha prezzi alti.	_____	_____
7. I negozi del centro non hanno prezzi a buon mercato.	_____	_____
8. Marco non desidera spendere molto.	_____	_____
9. Bettina è d'accordo con Marco.	_____	_____

B. You will hear two friends discussing their plans for the day. Listen to the conversation twice. As you listen, choose the letter of the phrase that best completes each printed statement. Read the statements before you begin. (6 points)

1. Gli amici vanno al museo per vedere una mostra di _____ .

    a. storia   b. quadri   c. costumi

2. Il museo apre _____ .

    a. alle dieci   b. alle nove   c. alle due

3. Gli amici decidono di fare prima _____ .

    a. una passeggiata   b. un viaggio   c. una gita

174 Oggi in Italia

4. Alle due, uno degli amici deve andare _____ .

    a. al bar   b. al museo   c. ad un'agenzia di viaggi

5. Secondo gli amici, i costumi sono _____ .

    a. pazzeschi   b. eleganti   c. grandi

6. Gli amici parlano _____ .

    a. della storia di Venezia   b. dei bar di Venezia   c. dei colori di Venezia

Vocabolario

C. Complete the following paragraph, using words from the list below. Use each word only once. (8 points)

eleganti	vetrina	sforzi	cari
centro	sconto	gente	stessi
alti	acquisti	piccoli	mercato

I negozi del _____ sono molto esclusivi. Le cose sono di prima qualità; sono belle ed _____ . È piacevole passeggiare e guardare le belle cose in _____ . Nelle strade c'è sempre molta _____ perché molte persone fanno _____ in questi negozi. In generale i negozi del centro sono _____ . Per comprare cose a buon mercato, bisogna andare al _____ dove ci sono prodotti buoni e non ci sono prezzi _____ .

D. Match the following adjectives with their opposites. (7 points)

1. _____ grande
2. _____ basso
3. _____ caro
4. _____ facile
5. _____ gentile
6. _____ nuovo
7. _____ dinamico

    a. difficile
    b. noioso
    c. magro
    d. pigro
    e. vecchio
    f. sgarbato
    g. piccolo
    h. a buon mercato
    i. alto

Lettura

E. Read the following opening lines of conversation and circle the letter that indicates the best response for each. (7 points)

1. —Venezia è proprio una città fantastica! Non è vero?
   a. —Sto proprio bene!
   b. —È piuttosto lontano.
   c. —Hai ragione. È una città speciale!

2. —È molto caro andare in gondola?
   a. —Sì, ma è una bella gita.
   b. —Andiamo ogni giorno.
   c. —Sei molto caro.

3. —Preferisci vedere le chiese o i musei?
   a. —Sono d'accordo.
   b. —È interessante.
   c. —Le chiese.

4. —Ci sono tanti bei negozi qui!
   a. —È sempre in anticipo.
   b. —Sì, e sono molto eleganti!
   c. —Sì, vado in un negozio.

5. —Quando apre il museo?
   a. —L'arte è magnifica!
   b. —Sì, è un bel museo.
   c. —Solo il pomeriggio.

6. —Come sono belli i costumi di Carnevale!
   a. —È vero, che eleganza!
   b. —Che prezzi esorbitanti!
   c. —È vero, che confusione!

7. —Andiamo al ballo in maschera!
   a. —Non esagerare!
   b. —Che idea brillante.
   c. —Sì, è vero.

F. The following conversation is in scrambled order. Number each statement to show the correct sequence. (8 points)

_____ Vieni a fare una gita con me?

_____ Sì, c'è un mercato all'aperto vicino a casa mia.

_____ Venerdì. Vado a Roma.

_____ Vado al mercato per comprare un costume per la festa di Carnevale.

_____ No, venerdì vado ad una festa.

_____ Quando?

_____ Che bell'idea! C'è un mercato vicino a casa tua?

_____ Che peccato! Dove vai adesso?

Struttura

G. You and your sister never agree. Complete the statements with the *opposite* of the adjectives in parentheses. (12 points)

1. Anna è una persona _____ (pigro).

2. Le amiche di Rosanna sono _____ (antipatico).

3. I film francesi sono _____ (divertente).

4. In Italia ci sono molti _____ (brutto) musei.

5. Il costume di Marta è molto _____ (lungo).

6. La macchina di Riccardo è _____ (nuovo).

7. Le lezioni d'italiano sono _____ (facile).

8. Gli zii di Marianna sono _____ (vecchio).

9. È un _____ (cattivo) libro.

10. La sorella di Giulio è _____ (triste).

11. Gli amici di Carlo sono _____ (cortese).

12. La nonna è _____ (povero).

H. Complete Loredana's e-mail with the correct form of the verbs in parentheses. (15 points)

La fine settimana a casa mia è uno spettacolo! Il sabato, tutti _____ (dormire) tardi! Poi, mio fratello Aldo _____ (partire) per il centro mentre mia sorella Lorena _____ (spedire) molte lettere alle amiche. Mia madre e mia zia _____ (pulire) la casa mentre mio padre _____ (sentire) la radio e _____ (preferire) non fare molto. Io _____ (servire) la colazione allo zio e poi _____ (finire) i compiti (*homework*). Alle due, _____ (restituire) i libri alla biblioteca. La domenica, mio fratello Alberto _____ (aprire) due o tre libri perché _____ (seguire) alcuni corsi all'università. Poi lui e Aldo _____ (partire) in auto e ritornano la sera. Tu cosa _____ (preferire) fare il sabato? Tu e Adelina cosa _____ (suggerire) alle vostre amiche di fare il sabato sera? La domenica sera tu _____ (soffrire) di malinconia (*melancholy*) perché lunedì torni a scuola? Io, sì!

I. Your friends are discussing their plans for the weekend. Complete their statements or questions with the correct form of the verb in parentheses. (12 points)

1. Tiziano ed io _____ al cinema sabato sera. (andare)
2. Chi _____ con noi? (venire)
3. A che ora _____ i tuoi amici? E Graziella? (venire)
4. Graziella _____ al ballo in maschera. (andare)
5. Elena, non _____ alla festa di Pino? (andare)
6. Perché non _____ anche tu, Cristian? (venire)
7. _____ a Roma tu e Nora? (Andare)
8. Io _____ con Nadia alla festa di Giacomo. (andare)
9. _____ anche tu alla festa? (Venire)
10. Carlo, Adriana e Paolo _____ a Viareggio. (andare)
11. Io non _____ da te domani. Ho un appuntamento. (venire)
12. Ragazzi, _____ con noi? (venire)

Scrittura

J. Imagine that two friends are discussing an actor or actress they both admire. Write a dialogue of eight sentences in which they describe his/her personal and physical qualities. (16 points)

_____
_____
_____
_____
_____
_____
_____
_____

Cultura (opzionale)

K. Complete each statement by circling the letter of the most appropriate response. (3 points)

1. Nelle città grandi italiane, i negozi eleganti sono nella zona . . .

    a. lungo il fiume.

    b. all'aperto.

    c. del centro.

2. La gente compra i prodotti a buon mercato . . .

    a. al teatro all'aperto.

    b. nei negozi del centro.

    c. nei mercati all'aperto.

3. Carnevale ha luogo . . . Quaresima.

    a. dopo la

    b. prima della

    c. durante la

Lezione 5
Esame B

Comprensione

A. Listen to the following conversation twice, then answer the printed questions. Limit your response to two or three words. If necessary, stop the recording to complete your answers. (10 points)

1. Perché la radio piace a Marco? _____
2. Dov'è indicato il prezzo? _____
3. Perché Marco non compra la radio? _____
4. Come sono i prezzi al negozio vicino alla casa di Marco? _____
5. Dove vedono la radio Marco e Bettina? _____

B. Listen to the following exchanges twice. Decide whether the response in each is logical (**logica**) or illogical (**illogica**), and check the appropriate column. (5 points)

	Logica	Illogica
1.	_____	_____
2.	_____	_____
3.	_____	_____
4.	_____	_____
5.	_____	_____

Vocabolario

C. Complete the following sentences using words from the list. (5 points)

fare   allegria   venire   economico
passeggiare   grasso   carriera

1. Prima di andare al negozio, devo _____ da te.
2. Devo andare in centro per _____ acquisti.
3. C'è tanta _____ a Carnevale.
4. Quando vado in centro, mi piace _____ .
5. Questo negozio non è caro, è _____ .

D. Check off those pairs of sentences with opposing meanings. (10 points)

1. Domani parto alle sette di mattina.

   Mi piace dormire fino a mezzogiorno. _____

2. Che settimana pazzesca!

   Sono giorni noiosi per me. _____

3. Lei è sempre così audace.

   Non è una persona molto prudente. _____

4. È una donna disinvolta!

   Oltre ad essere timida, non ha coraggio. _____

5. Quante belle cose!

   Tutte le cose sono carine. _____

6. Tutto qui è economico.

   Che prezzi cari! _____

7. È molto povero.

   Non ha denaro. _____

8. Non esagerare. Sai bene che lei è onesta e generosa.

   È egoista e, secondo me, disonesta. _____

9. È una donna sgarbata.

   È scortese. Veramente è sempre scortese. _____

10. È furba.

    È una ragazza ingenua. _____

Lettura

E. Read the following travel notes written by a tourist in Italy. Then determine whether the statements that follow are true, false, or based on information not given in the notes. (8 points)

Roma è una città molto elegante. Le vie sono larghe e lunghe e sono piene di negozi con bellissime vetrine. L'atmosfera è magica, specialmente di notte, quando tutto è illuminato. Che bella città!

San Marino, situato su un monte, è un paese ricco di storia fin dall'anno 885 dopo Cristo. Ogni anno, persone di tutto il mondo visitano questo piccolo paese.

Venezia è una bella città situata sull'acqua. I canali veneziani sono come strade. È difficile trovare un'altra città così originale!

	Vero	Falso	Informazione non data
1. I negozi di Roma sono tutti cari.	____	____	____
2. Roma non piace alla turista.	____	____	____
3. San Marino è una città molto vecchia.	____	____	____
4. Costa poco spedire una lettera da San Marino.	____	____	____
5. San Marino è famosa per le vetrine.	____	____	____
6. La turista riferisce che Venezia è molto speciale.	____	____	____
7. A Venezia ci sono i canali.	____	____	____
8. Secondo la turista, non è facile trovare un'altra città come Venezia.	____	____	____

F. For each sentence in the first column, choose the item in the second column that follows most logically. (7 points)

1. Non compro questa calcolatrice. ____
2. Oggi devo andare da Lucia. ____
3. Sai bene che mi piace partire presto di mattina. ____
4. Vieni con me? Vado al mercato all'aperto. ____
5. Di solito sono pigra. ____
6. Ho molta fretta in questo momento. ____
7. Preferiamo non parlare con lei. ____

a. Ho molto da comprare.
b. Oggi, però, faccio un piccolo sforzo.
c. È sgarbata, sai?
d. È troppo cara.
e. Vado da lei nel pomeriggio.
f. Spedisco una lettera e l'ufficio postale chiude fra quindici minuti.
g. Perché non aspetti fuori casa tua alle sette domani mattina?
h. Partite subito.

Struttura

G. You are describing several people and objects to a friend at a Carnevale party. Write the correct form of the descriptive adjectives indicated. (13 points)

1. Anna è una persona _____ (dinamico).
2. Lei e Bruna sono ragazze _____ (divertente).
3. I nostri amici _____ (francese) arrivano adesso con Michele.
4. Ci sono molti _____ (bello) costumi stasera!
5. L'amica _____ (inglese) di Adriana è con Aldo.
6. Le maschere _____ (italiano) sono interessanti.
7. La compagna di Regina è una _____ (bello) signorina!
8. Antonio e Pippo sono molto _____ (elegante)!
9. Gli amici di Helga sono _____ (tedesco).
10. Il padre di Stefania è un _____ (bello) uomo.
11. I costumi sono molto _____ (originale).
12. Luigi è un _____ (buono) amico di tutti!
13. I CD di Aldo sono molto _____ (vecchio).

H. You are curious to know more about your new class. Complete your friend's remarks about your classmates with the correct form of the verbs in parentheses. (15 points)

1. Piero _____ (seguire) sempre le lezioni e _____ (offrire) aiuto (*help*) ai suoi amici.

2. Carlo e Gianni _____ (preferire) la televisione allo studio e _____ (sentire) la musica ma non il professore!

3. Io _____ (aprire) i libri e non _____ (capire) molto.

4. Ada _____ (ubbidire) sempre al professore e _____ (finire) sempre i compiti.

5. Il povero professore _____ (soffrire) molto quando vede che io e Mario _____ (dormire) in classe!

6. Spesso, gli studenti non _____ (restituire) le matite al professore, e non _____ (pulire) la lavagna (*chalkboard*).

7. Ogni giorno, Alberto _____ (partire) presto perché _____ (servire) il caffè al bar vicino la scuola.

8. Io _____ (suggerire) a Mario di stare a casa perché non studia mai!

I. Complete each sentence with the appropriate form of **andare** or **venire**. (13 points)

(Giorgio) Quando _____ (venire) a fare colazione con me?

(Bruno) _____ (Venire) oggi se non hai già un programma per la mattina.

(Giorgio) Benissimo! Non ho niente da fare. Dopo tu ed io _____ (andare) a fare una passeggiata lungo il fiume.

(Bruno) _____ (Andare) bene. _____ (Venire) da te fra un'ora. D'accordo?

(Giorgio) D'accordo. _____ (Venire) anche Simona?

(Bruno) Telefono a Simona adesso per invitarla.

(Bruno) Io _____ (andare) da Giorgio fra un'ora. Tu _____ (andare) a studiare in biblioteca stamattina come al solito o _____ (venire) con me?

(Simona) Dipende. Voi _____ (andare) in centro dopo?

(Bruno) No. _____ (Andare) al fiume.

(Simona) Ah, fa bel tempo oggi . . . Sì, _____ (venire) a fare una gita con voi.

(Bruno) Quando _____ (andare) a studiare?

(Simona) Nel pomeriggio, quando torno dalla gita!

Scrittura

J. A new student in Italy asks his Italian friend where to find good bargains in town. Assume the part of the Italian friend, and write a seven-sentence description of a flea market, second-hand store, or bargain basement in your town. (14 points)

_____
_____
_____
_____
_____
_____
_____
_____

Cultura (opzionale)

K. Determine whether each statement is true or false. (3 points)

	Vero	Falso
1. Il lago più grande d'Italia è il Trasimeno.	_____	_____
2. Il capoluogo dell'Umbria è Assisi.	_____	_____
3. Il Festival di Spoleto ha luogo in Umbria.	_____	_____

Lezione 6
Esame A

Comprensione

A. Listen to the following conversation twice, and determine whether each printed statement is true or false. (7 points)

	Vero	Falso
1. Franco va alla libreria.	_____	_____
2. La motocicletta dell'amica è dal meccanico.	_____	_____
3. Una settimana fa l'amica ha avuto problemi con la macchina.	_____	_____
4. L'altro ieri l'amica è tornata a casa senza macchina.	_____	_____
5. Franco decide di andare dal meccanico con l'amica.	_____	_____
6. L'amica offre di comprare un caffè.	_____	_____
7. Secondo l'amica, Franco è un buon amico.	_____	_____

B. Listen to the dialogue twice, and indicate whether each of the printed statements is spoken by or refers to Stefano, Maurizio, or Laura. (8 points)

	Stefano	Maurizio	Laura
1. Ha comprato una macchina.	_____	_____	_____
2. Va in giro e non vede gli amici.	_____	_____	_____
3. Ha ricevuto i soldi dalla nonna.	_____	_____	_____
4. Ha sentito da dove sono venuti i soldi.	_____	_____	_____
5. Hanno la laurea.	_____	_____	_____
6. Ha ricevuto un libro.	_____	_____	_____
7. Ha ricevuto un computer.	_____	_____	_____
8. Non ha ricevuto niente per la sua laurea.	_____	_____	_____

Vocabolario

C. Complete the following paragraph, using the suggested words. (6 points)

birra	pizza	divertente	ieri
scorso	buoni	Stati Uniti	pizzeria

_____ sera sono andata al cinema con i miei amici. Abbiamo veduto un film italiano molto _____ . Dopo il cinema siamo andati a mangiare alla Cantina Romana e abbiamo ordinato una _____ . Abbiamo bevuto della ottima _____ tedesca e dopo siamo andati a casa mia per ascoltare un po' di musica dagli _____ . Io sono fortunata (*lucky*) perché ho molti _____ amici!

D. Match the following definitions with the corresponding words and phrases. (12 points)

1. _____ l'opposto (*opposite*) di mattina
2. _____ ultimo giorno di un mese primaverile
3. _____ il mese fra gennaio e marzo
4. _____ oggi è giovedì; sette giorni fa
5. _____ facile
6. _____ la stagione quando fa molto caldo in Italia
7. _____ quattro settimane fa
8. _____ ho molto tempo
9. _____ non è il primo; è . . .
10. _____ l'opposto di lentamente
11. _____ i mesi di ottobre, novembre e dicembre
12. _____ il periodo quando non hai bisogno di lavorare sei . . .

a. non difficile
b. basta così
c. finalmente
d. l'ultimo
e. giovedì scorso
f. l'autunno
g. un mese fa
h. sera
i. il trentuno maggio
j. velocemente
k. la sfortuna
l. non avere fretta
m. in vacanza
n. febbraio
o. l'estate

Lettura

E. Read the paragraph, then answer the questions. Limit your response to 2–4 words. (5 points)

Dopo il liceo molti giovani italiani frequentano l'università, se non cominciano a lavorare. Le università italiane non offrono dormitori agli studenti. Molti giovani abitano in appartamenti o restano in famiglia. In Italia ci sono numerose università situate nelle maggiori città del paese. Per esempio, situata nel centro della città di Bologna è la più antica università italiana, l'università di Bologna. È dall'anno 1158.

1. Se non lavora, cosa fa un giovane italiano o una giovane italiana dopo il liceo? _____

2. Perché non abitano all'università gli studenti? _____

3. Dove abitano molti studenti universitari? _____

4. Dov'è la maggior parte delle università italiane? _____

5. Da quando esiste l'università di Bologna? _____

F. Read the sentences in the first column and match them with the most logical responses in the second column. Write the letter of the matching response in the space provided. (5 points)

1. Che cosa hai fatto durante il weekend? _____
2. Cosa siete andati a vedere? _____
3. Com'è stato il film? _____
4. Cosa avete fatto dopo il film? _____
5. A che ora sei ritornato a casa? _____

a. Un film di Fellini.
b. Sabato ho visitato un amico e domenica siamo andati al cinema.
c. Alle undici.
d. Fellini è un regista famoso.
e. È stato molto interessante.
f. Abbiamo passeggiato per un po'.
g. Lunedì ho fatto un grande acquisto.

Struttura

G. You and a group of friends decided to have a pizza party, but not everything went as you hoped. Complete the following with the correct form of the **passato prossimo**. (16 points)

1. Carlo ed io _____ (organizzare) una piccola festa ma non _____ (andare) bene.

2. Io _____ (ordinare) le pizze ma Mary e Tom _____ (portare) panini.

3. Poi Marta _____ (arrivare) in anticipo e Paolo e Anna _____ (arrivare) in ritardo!

4. Tu _____ (uscire) con Aldo quando le mie sorelle _____ (entrare)!

5. Tina _____ (cantare) ma noi non _____ (ballare) perché Giulio _____ (dimenticare) di portare i CD.

6. Tu e Tony _____ (giocare) a carte e Jim _____ (dormire) un po'.

7. Quando tutti _____ (partire), Marta ed io _____ (pulire) la casa e poi _____ (mangiare) una pizza fredda!

H. This morning your friend Linda phoned. Recount what you told her by writing the correct form of the **passato prossimo** of the verbs in parentheses. (12 points)

Oggi, Linda ha telefonato e _____ (chiedere) quello che (io) _____ (fare) ieri. Io _____ (rispondere) così: "Ieri io e Roberta _____ (scrivere) ad Antonio a Boston e _____ (dire) che tutti stanno bene e che tu _____ (spendere) molto per un bell'abito (*suit*). Poi noi _____ (decidere) di andare in città. Al bar, io _____ (prendere) un espresso e Roberta _____ (bere) un cappuccino. Noi _____ (offrire) un caffè ad un'amica di Roberta, e poi Roberta e l'amica _____ (rimanere) a parlare. Alle quattro, noi _____ (tornare) a casa. Che bella giornata!"

I. Tell a friend about the habits of some people you know. Complete with the present tense of the verbs in parentheses. (9 points)

1. Filippo _____ (bere) solo acqua minerale e _____ (dire) sempre la verità.

2. Annamaria ed io _____ (bere) solo acqua e non _____ (dire) sempre la verità!

3. Mia madre e mia sorella _____ (uscire) sempre insieme e _____ (dire) che bevono acqua minerale o Coca-Cola.

4. Tu _____ (uscire) spesso con Piero, e voi cosa _____ (bere) al ristorante?

Scrittura

J. Write a paragraph of about ten sentences describing what you did during the weekend. Use the **passato prossimo** with **avere** or **essere**. (20 points)

_____
_____
_____
_____
_____
_____
_____
_____
_____
_____
_____
_____

Cultura (opzionale)

K. Indicate whether each statement is true or false. (3 points)

	Vero	Falso
1. I giovani italiani spesso abitano con i genitori.	_____	_____
2. Ai giovani italiani non piacciono gli sport.	_____	_____
3. Il mese più importante per le vacanze in Italia è settembre.	_____	_____

Nome _____ Data _____

Lezione 6
Esame B

Comprensione

A. Listen twice to the following conversation between two friends. Determine whether each printed statement is true or false. (7 points)

	Vero	Falso
1. Fabrizio ha comprato un biglietto.	_____	_____
2. Il biglietto è di questa settimana.	_____	_____
3. Fabrizio pensa di vincere stasera.	_____	_____
4. Fabrizio ha vinto la settimana scorsa.	_____	_____
5. Fabrizio non vince mai.	_____	_____
6. Luisa desidera mangiare.	_____	_____
7. Gli amici sperano di andare un giorno in un buon ristorante.	_____	_____

B. Listen to the following exchanges. Then listen again, and decide whether each response is logical or illogical. Place a check mark in the appropriate column. (8 points)

	Logica	Illogica
1.	_____	_____
2.	_____	_____
3.	_____	_____
4.	_____	_____
5.	_____	_____
6.	_____	_____
7.	_____	_____
8.	_____	_____

Vocabolario

C. Complete the following sentences using the most appropriate word from the choices provided. (10 points)

1. Quando ho fame vado in _____ . (Inghilterra, pizzeria, biblioteca)
2. Lui ripara le automobili. È _____ . (avvocato, dottore, meccanico)
3. La FIAT è una _____ italiana. (marca, vacanza, birra)
4. Tu sei proprio _____ . Ricevi sempre una "A" in classe. (favolosa, economica, semplice)
5. Preferisco bere _____ tedesca quando ordino la pizza. (vino, birra, aranciata)
6. Quando vai _____ vacanza? (a, in, per)
7. Lui è partito _____ quindici luglio. (al, nel, il)
8. Due giorni _____ ho ricevuto una lettera da Napoli. (fra, da, fa)
9. L'anno _____ sono andata in Italia. (prossimo, scorso, già)
10. Il dodici _____ è il giorno di Cristoforo Colombo. (ottobre, estivo, invernale)

D. Write the opposite of the following words. (6 points)

1. lentamente _____
2. estate _____
3. autunno _____
4. niente _____
5. primo _____
6. mangiare _____

E. Replace each word or phrase in boldface with a time expression that most closely conveys similar meaning. Choose from the list provided. Use each time expression only once. (5 points)

già
molto tempo fa
aprile, maggio e giugno
cinque giorni fa
luglio, agosto e settembre
qualche tempo fa

1. Ho viaggiato in Jugoslavia per la prima volta **quindici** o **venti anni fa.** _____
2. Oggi è lunedì. **Mercoledì scorso:** _____
3. Ricordo come lei è diventata nervosa e magra **due mesi fa.** _____
4. Sono uscita con Ubaldo **ieri:** Sono _____ uscita con Ubaldo.
5. Sono andati in Europa per **la primavera.** _____

Lettura

F. Read the following passage about a student's trip to Italy. Then determine whether the statements that follow are true or false. (10 points)

L'estate scorsa sono andata in Italia con un gruppo di studenti dell'università. Siamo partiti a luglio e siamo ritornati ad agosto. Abbiamo veduto posti molto belli ed abbiamo incontrato molte persone. Gli italiani sono stati cortesi e generosi. Durante il soggiorno abbiamo visitato le città più importanti ma anche molti piccoli paesi caratteristici. Abbiamo comprato molti regali per le nostre famiglie e per i nostri amici degli Stati Uniti. Di giorno siamo andati in giro con il treno. Siamo usciti anche di sera e siamo andati a ballare ogni sabato sera. È stata proprio una bella estate!

	Vero	Falso
1. La studentessa è andata in Italia con la famiglia.	_____	_____
2. Gli studenti sono andati in Italia a luglio.	_____	_____
3. La studentessa è ritornata ad agosto.	_____	_____
4. Ha incontrato solo altri studenti dell'università.	_____	_____
5. Il gruppo ha visitato solamente le grandi città.	_____	_____
6. La gente in Italia è stata simpatica.	_____	_____
7. Hanno girato con la macchina.	_____	_____
8. Sono andati a ballare ogni sera.	_____	_____
9. Gli studenti hanno fatto acquisti.	_____	_____
10. Hanno viaggiato d'inverno.	_____	_____

Struttura

G. Sandra spent yesterday with her friend Anna. Complete her description of their activities with the correct form of the **passato prossimo**. (15 points)

Ieri io ed una mia amica _____ (andare) al museo. Noi

_____ (entrare) in una sala per vedere una mostra speciale di arte

italiana del Rinascimento. _____ (Essere) un'esperienza unica.

Noi _____ (restare) nel museo per un paio di ore e

_____ (vedere) molti quadri rari. Alle due

_____ (uscire) dal museo. _____ (Andare) al

ristorante dove _____ (ordinare) un bel pranzo. Dopo,

_____ (fare) due passi al centro e _____

(guardare) le belle vetrine piene di nuove idee per la moda autunnale. Quando

_____ (ritornare) a casa _____ (ascoltare) la

musica e poi _____ (telefonare) a Marianna.

_____ (Parlare) dei nostri ricordi del passato. Alle dieci Anna

_____ (andare) a casa.

H. Complete the following statements with the **passato prossimo** of the verb in parentheses. (5 points)

1. Marco, dove _____ l'altro ieri? (andare)

2. Io _____ una lettera dall'Italia il mese scorso. (ricevere)

3. Il professore _____ un'ora fa. (partire)

4. Le mie amiche _____ dall'Italia poco tempo fa. (ritornare)

5. Gli amici _____ in anticipo. (arrivare)

I. Complete Alfredo's descriptive paragraph with the **passato prossimo** of the verb in parentheses. (10 points)

Ieri io _____ (vedere) il mio caro amico Sergio. Siamo della stessa età. Lui

_____ (nascere) due ore prima di me. Per il nostro compleanno qualche

giorno fa noi _____ (fare) una grande festa a casa mia.

_____ (Invitare) molte persone. _____ (Venire) quasi cento

amici! Ieri Sergio ed io _____ (discutere) della festa. È stato un gran

successo! Tutti _____ (essere) lieti. Loro _____ (aprire)

alcune bottiglie di vino, _____ (mangiare) molto . . . e

_____ (rimanere) fino a tardi!

J. Complete the paragraph that follows. Use the appropriate form of the present tense for each verb indicated. (10 points)

Ogni sabato sera, Renato ed io _____ (uscire) e dopo il cinema andiamo al bar dove _____ (bere) sempre la stessa cosa. Lui _____ (bere) un espresso ed io _____ (bere) un cappuccino. Lui _____ (dire) che l'espresso è buono ed io _____ (dire) che il cappuccino è migliore (*better*). Gli amici che _____ (uscire) con noi _____ (dire) che loro _____ (bere) il latte perché fa bene alla salute (*health*). Tu cosa _____ (dire)?

Scrittura

K. Write a paragraph of seven sentences describing what you did last summer or on the last vacation you took. (14 points)

_____
_____
_____
_____
_____
_____
_____
_____
_____
_____

Cultura (opzionale)

L. Determine whether each statement is true or false. (3 points)

	Vero	Falso
1. Gli studenti universitari in Italia abitano nei dormitori.	_____	_____
2. I caffè all'aperto e le paninerie sono i luoghi d'incontro preferiti dei giovani italiani.	_____	_____
3. Le università italiane sono situate nelle grandi città.	_____	_____

Nome _____ Data _____

Lezione 7
Esame A

Comprensione

A. You will hear a series of questions, each followed by three possible responses. You will hear each set twice. The second time, write the letter of the most appropriate response in the space provided. (7 points)

1. _____   3. _____   5. _____   7. _____

2. _____   4. _____   6. _____

B. You will hear each of the following questions twice. The second time, check the most appropriate response. (8 points)

1. a. _____ Mi sveglio alle otto.

   b. _____ Mi sveglio alle due.

   c. _____ Mi sveglio alle venti.

2. a. _____ Ti alzi tardi.

   b. _____ Mi vesto tardi.

   c. _____ Mi alzo tardi.

3. a. _____ Sì, ogni tanto.

   b. _____ Non faccio colazione.

   c. _____ Vicino all'ufficio.

4. a. _____ A presto.

   b. _____ Ogni anno.

   c. _____ Ogni giorno.

5. a. _____ All'ufficio.

   b. _____ Al chilo.

   c. _____ Al mercato.

6. a. _____ Dal cameriere.

   b. _____ Dal fruttivendolo.

   c. _____ Dal meccanico.

7. a. _____ Sì, è veramente dolce.

   b. _____ No, è vicino all'ufficio.

   c. _____ Sì, la bancarella è piena di frutta.

8. a. _____ La frutta è fresca.

   b. _____ Non c'è molta scelta.

   c. _____ Mi sembra un po' cara.

Vocabolario

C. Complete the following sentences, using the appropriate words from the list below. (10 points)

al chilo	veramente	verdura	arancia
sale	scelta	dolci	fresco
fare la spesa	il quartiere	bancarella	ogni tanto

1. Queste pere sono proprio _____ .

2. Trovo della buona frutta _____ .

3. Oggi c'è una buona _____ di frutta.

4. Una buona dieta deve includere frutta e _____ .

5. Che bell'ananas _____ !

6. Vuoi un' _____ o una pera?

7. Quanto costano i calamari _____ ?

8. La frutta di quella _____ è fresca.

9. Non uso molto _____ quando mangio.

10. Vado al mercato per _____ .

D. Cross out the one word that does not belong in each grouping. (5 points)

1. salame / prosciutto / carne / tiramisù

2. albicocca / ananas / melanzana / pompelmo

3. pepe / pesce / sale / zucchero

4. piselli / funghi / lattuga / ciliegia

5. uva / burro / formaggio / latte

Lettura

E. Read the paragraph, then indicate whether each of the following statements is true or false. (10 points)

I signori Romano sono di Milano, ma ora abitano ad Agrigento in una bella zona residenziale. Il signor Romano e la signora Romano sono architetti e lavorano molto. Sono una coppia moderna; di solito il signor Romano fa la spesa e la signora Romano cucina. Oggi il signor Romano ha comprato molte cose fresche al mercato. Si è fermato alla sua bancarella preferita dove c'è una migliore scelta di frutta, verdura e fiori. Il signore oggi ha speso poco, solamente dieci euro!

	Vero	Falso
1. Il signor Romano è milanese.	_____	_____
2. La signora Romano è sempre libera.	_____	_____
3. Il signor Romano è un marito tradizionale.	_____	_____
4. La signora esce per fare acquisti.	_____	_____
5. Il signore va al mercato.	_____	_____
6. Di solito la signora prepara qualcosa da mangiare.	_____	_____
7. La signora si ferma dal fruttivendolo.	_____	_____
8. Lui non ha speso molto.	_____	_____
9. I prodotti del mercato sono freschi.	_____	_____
10. I prodotti del mercato non costano molto.	_____	_____

F. Read the paragraphs that follow, then number them to create a logically ordered story. (5 points)

_____ Quando vado in città, guardo le persone che vanno a lavorare. Loro hanno molta fretta mentre si preparano per cominciare un giorno attivo. Io, invece, preferisco andare con calma.

_____ Verso le nove meno un quarto vado ad aprire la libreria perché molti clienti vengono presto, soprattutto quelli vecchi. Questi preferiscono essere nel negozio quando l'atmosfera è ancora tranquilla. È vero, la mattina nella libreria mi sembra perfetta.

_____ Il gatto, che non ha bisogno di lavorare, mangia e si addormenta subito. Io, invece, devo andare al centro. Siccome preferisco arrivare in orario, parto verso le otto.

_____ Lavoro in una libreria di libri usati a Treviso. Ogni mattina mi alzo presto, mi vesto e prendo un caffè. Mangio anche un po' di frutta fresca.

_____ Poi mi diverto a giocare con il gatto mentre ascolto la radio. Il gatto si annoia subito. Inoltre, anche lui ha fame e aspetta la colazione.

Struttura

G. Complete the following conversation between Anna and Pierina with the correct form of the reflexive verbs. Read each sentence carefully to determine whether the verb should be in the **presente** or the **passato prossimo**. (10 points)

1. —Pierina, a che ora _____ (alzarsi) la mattina?

2. —Di solito, _____ (alzarsi) alle otto, ma stamattina io _____ (svegliarsi) tardi. Io _____ (addormentarsi) tardi. _____ (Dimenticarsi) di chiedere a Luisa di svegliarmi.

3. —Ieri sera noi _____ (fermarsi) a casa di Rosa e lì _____ (divertirsi) molto.

4. —Stamattina noi _____ (prepararsi) per uscire ma poi Luisa non _____ (sentirsi) bene.

5. —Almeno, tu e Luisa non _____ (annoiarsi) ieri sera da Rosa!

H. As the oldest in your family, you like to order everyone around. Complete the commands that follow, using the **tu, noi,** and **voi** imperative forms of the verbs in parentheses. (10 points)

1. Carlo, _____ un po' di acqua minerale se hai sete! (bere)
2. Carlo e Gino, non _____ la lettera a Simona. (spedire)
3. _____ di discutere. Abbiamo ancora molto da fare! (Finire)
4. _____ qualcosa! Non avete mangiato oggi. (Prendere)
5. Ragazze, _____ il tavolo! (pulire)
6. Carlo, _____ pazienza! (avere)
7. Michele, _____ il libro a Carlo! (dare)
8. _____ la verità quando parli con le persone! (Dire)
9. _____ a casa quando non stai bene! (Stare)
10. Non _____ domande stupide! (fare)

I. Complete the dialogue with the correct form of the formal imperative for each verb in parentheses. (6 points)

(Signorina) Mi scusi, signore! Mi può dire dov'è il Museo di Arte Moderna?

(Signore) Non _____ (preoccuparsi), signorina. Non è lontano da qui. _____ (Andare) a destra, _____ (girare) all'angolo dov'è la libreria e _____ (seguire) Corso Emanuele. Poi _____ (prendere) la prima strada a sinistra, _____ (continuare) per un po'. Il Museo è prima del parco.

(Signorina) Grazie mille!

(Signore) Prego!

J. Complete the following suggestions made by a librarian with the correct form of the formal imperative, **lei** and/or **loro**. (7 points)

1. Signori, _____ (fare) con comodo. _____ (Prendere) i libri che vogliono.

2. La prego, signora, _____ (mettere) i libri sul tavolo quando finisce. Non _____ (dare) i libri al bibliotecario (*librarian*).

3. Signori, _____ (restituire) le riviste prima di andare via. Sono della biblioteca.

4. Signora, non _____ (scrivere) su quel libro, per favore. _____ (Venire) a prendere un altro libro.

K. Complete the sentences with the correct form of the **partitivo *di***. (8 points)

1. Per la festa di Gregorio, ho portato _____ pane e _____ frutta.

2. Carlo ha pensato di portare _____ videocassette e _____ CD di musica popolare.

3. Mentre parlo con gli amici, Alberto mangia _____ formaggio e _____ funghi.

4. C'è _____ agnello e ci sono anche _____ scampi, ma ho mangiato troppo!

Scrittura

L. Write a brief paragraph of about seven sentences describing your daily routine. (14 points)

_____

_____

_____

_____

_____

_____

_____

_____

Cultura (opzionale)

M. Determine whether each statement is true or false. (3 points)

	Vero	Falso
1. La Liguria è costeggiata dal Mare Adriatico.	_____	_____
2. Genova è chiamata "la Superba".	_____	_____
3. Il pesto è fatto di foglie di basilico.	_____	_____

Nome _____ Data _____

Lezione 7
Esame B

Comprensione

A. Listen to the following dialogue between a shopper and a fruit vendor. Listen again, and indicate whether each printed statement is true or false. (8 points)

	Vero	Falso
1. La signora compra un po' di verdura.	____	____
2. Compra due chili d'uva.	____	____
3. L'uva è arrivata un giorno fa.	____	____
4. Secondo il fruttivendolo, lui ha le ciliege più buone.	____	____
5. La signora non desidera comprare le ciliege.	____	____
6. Le ciliege sono bianche.	____	____
7. La signora compra mele rosse.	____	____
8. Il fruttivendolo suggerisce alla signora di andare a una bancarella lì vicino.	____	____

B. The next passage will be read twice. Then you will be asked a series of questions, each one accompanied by three possible answers. Choose the most appropriate answer, *a*, *b*, or *c*. (7 points)

1. _____   5. _____
2. _____   6. _____
3. _____   7. _____
4. _____

Vocabolario

C. List your favorite five items in each category. Use the definite article. (15 points)

Frutta

_____

_____

_____

_____

_____

Verdura

_____

_____

_____

_____

_____

Altri alimentari

_____

_____

_____

_____

_____

D. Write out each number in Italian. (5 points)

1. 1.450 anni _____

2. 4.500 euro _____

3. 52.300 dollari _____

4. 1.000.000 di persone _____

5. 150.000 fogli di carta _____

Lettura

E. Read the following paragraph, then answer the questions. Limit your answers to three words or fewer. (7 points)

I signori Romano sono di Milano, ma ora abitano ad Agrigento in una bella zona residenziale. Il signor Romano e la signora Romano sono architetti e lavorano molto. Sono una coppia moderna: di solito il signor Romano fa la spesa e la signora Romano cucina. Oggi il signor Romano ha comprato molte cose al mercato. Si è fermato alla sua bancarella preferita dove c'è una migliore scelta di frutta, verdura e fiori freschi, e tutto è a buon mercato. Il signore oggi ha speso solamente venti euro al mercato!

1. Di dove sono i signori Romano? _____
2. Che lavoro fanno? _____
3. Quanto tempo libero hanno durante il giorno? _____
4. Che responsabilità di casa ha la signora Romano? _____
5. Dove compra il signor Romano la frutta di solito? _____
6. Oltre alla (*besides*) frutta, che cosa vende il fruttivendolo? _____
7. Come sono i prodotti della bancarella? _____

Struttura

F. Your parents are going on a trip and have left a list of things for you to attend to while they are gone. Complete the imperatives using the verbs in parentheses. (6 points)

1. _____ da mangiare al cane. (Dare)
2. _____ pazienza con il gatto. È vecchio, ma è simpatico! (Avere)
3. _____ a restituire i libri in biblioteca. (Andare)
4. Non _____ una gita con la macchina! (fare)
5. _____ gentile con la zia. Lei telefona ogni giorno. (Essere)
6. _____ calma. Sono dieci giorni che sei sola nell'appartamento! (Stare)

G. Your Italian Club advisor asks the members to do certain things. Complete each sentence with the correct form of the imperative. (9 points)

1. Giuseppe, _____ al telefono! (rispondere)

2. Marco, _____ cinque minuti! (aspettare)

3. Maria e Giovanna, non _____ troppo! (scrivere)

4. Enrico, non _____ la porta! (aprire)

5. Marianna, (tu ed io) _____ i libri sul tavolo! (mettere)

6. Luca e Michele, _____ fra due minuti! (tornare)

7. Teresa, _____ che bel disegno! (guardare)

8. Abbiamo caldo. Marta, non _____ la finestra! (chiudere)

9. Ragazzi, _____ i compiti! (finire)

H. Complete this passage from Riccardo's diary with the correct form of the reflexive verb in parentheses. (10 points)

Ieri _____ (svegliarsi) alle sette e _____ (prepararsi) per andare a scuola. Di solito _____ (svegliarsi) alle sette e trenta, ma ieri ho avuto un esame importante e volevo studiare un poco prima di andare a scuola. Ho fatto colazione, _____ (lavarsi) e poi _____ (vestirsi). Sono uscito e _____ (fermarsi) al bar per incontrare il mio amico e lui ed io _____ (mettersi) a parlare per un paio di minuti. In classe _____ (sentirsi) nervoso prima dell'esame ma dopo non _____ (preoccuparsi) più e ho fatto il mio esame con calma. _____ (Sentirsi) molto rilassato dopo l'esame!

206 Oggi in Italia

I. Your tour guide runs a tight ship. Using **lei** or **loro,** as appropriate, complete each suggestion with the imperative of the verbs in parentheses. Use object or reflexive pronouns where indicated. (10 points)

1. Signori e signore, abbiamo molto da fare oggi. Per favore, _____! (ascoltare)

2. _____ di trovare il suo posto, signora! (Cercare)

3. Non _____, signori! Tutti già sanno che cosa devono fare. (preoccuparsi)

4. Loro sono i signori Parisi? _____ un po' di pazienza! (avere)

5. Loro sono molto bravi. Mi _____ un favore! (fare)

6. La prego, _____ il passaporto (*passport*)! (restituire)

7. Signor Parisi, _____ la chiave (*key*) alla signora! (dare)

8. Signori, _____ al museo appena possibile! (andare)

9. Signorina, non _____ in ritardo questa volta! (essere)

10. Signori, non _____ le valige (*suitcases*) sulle sedie! (mettere)

J. Complete the sentences with the correct form of the partitive. (8 points)

1. Sono andato al mercato per comprare _____ cibo.

2. Prima, mi sono fermata a prendere _____ caffè e _____ dolci.

3. Al mercato, poi, ho trovato _____ bella frutta.

4. Ho comprato anche _____ sogliole e _____ odori.

5. Poi, prima di tornare a casa, ho bevuto _____ acqua minerale e _____ tè freddo.

Scrittura

K. Write a brief dialogue of ten sentences between a shopper and a vendor at a market. (15 points)

Cultura (opzionale)

L. Determine whether each statement is true or false. (3 points)

	Vero	Falso
1. La Liguria è costeggiata dal Mare Adriatico.	____	____
2. Genova è chiamata "la Superba".	____	____
3. Il pesto è fatto di foglie di basilico.	____	____

Nome _____ Data _____

Lezione 8

Esame A

Comprensione

A. You will hear each of the following exchanges twice. Determine where each conversation takes place and write the corresponding letter in the space provided. (8 points)

1. _____   a. dal dottore
2. _____   b. dal meccanico
3. _____   c. in un negozio
4. _____   d. all'agenzia di viaggi
5. _____   e. al campo di tennis
6. _____   f. in banca
7. _____   g. in tassì
8. _____   h. all'università

B. Read the questions before listening to the dialogue. You will hear the dialogue twice. Choose the most appropriate response for each of the questions that follow. (7 points)

1. Dove deve andare Laura? _____
   a. Al centro
   b. Alla partita di tennis
   c. A fare le spese
2. Dove deve andare Massimo? _____
   a. Al centro
   b. A giocare a tennis
   c. Alla lezione di guida
3. Perché Laura non può guidare? _____
   a. Non ha la patente
   b. Non si sente bene
   c. Non ha soldi per l'autobus

4. Perché non può prendere l'autobus Laura? _____
   a. Non ha prenotato i biglietti
   b. Non ha tempo
   c. Non ha un passaggio
5. Che cosa dice la mamma? _____
   a. Che i ragazzi discutono sempre
   b. Chiede la macchina a Massimo
   c. Neanche lei ha tempo
6. Massimo accompagna Laura anche se _____.
   a. Lui ha qualcosa da fare
   b. Domani lui gioca a tennis
   c. Lui non ha la patente
7. Cosa succede a Laura domani? _____
   a. Prende l'autobus
   b. Finisce di guidare
   c. Finisce le lezioni di guida

Vocabolario

C. Match each of the following definitions with the appropriate word or phrase. (15 points)

1. dove vai per prenotare un albergo _____
2. un mezzo di trasporto pubblico _____
3. due persone sposate _____
4. dove vai per comprare la benzina _____
5. un documento necessario per guidare _____
6. i genitori dei tuoi genitori _____
7. quello che è il figlio di mio zio _____
8. il pasto della sera _____
9. tuo zio, tua zia, la nonna, ecc. _____
10. dove vai quando non stai bene _____
11. la madre di tuo marito o di tua moglie _____
12. prendi queste per imparare a guidare _____
13. la figlia di tua figlia _____
14. il padre e la madre _____
15. un documento per andare all'estero _____

a. la cena
b. una coppia
c. la suocera
d. all'agenzia di viaggi
e. dal dottore
f. l'autobus
g. i nonni
h. un passaporto
i. i genitori
j. le lezioni di guida
k. la nipote
l. i parenti
m. la patente di guida
n. alla stazione di servizio
o. mio cugino
p. il nipote
q. il genero

Lettura

D. Read the following paragraph and then determine whether the statements that follow are true or false. (10 points)

La famiglia Nicaso è una famiglia italiana. Nella famiglia ci sono cinque persone: tre figlie, il padre e la madre. Il padre, Franco, è ingegnere. Lavora a Salerno, una città vicino a Napoli. La madre, Graziella, lavora in una biblioteca. La famiglia abita in un grande appartamento molto bello e moderno. Hanno un piccolo giardino dove le figlie giocano lontano dalle macchine. La signora Nicaso finisce di lavorare alle due. Così, può essere a casa quando le bambine tornano dalla scuola. Alle sette tutta la famiglia si riunisce per la cena.

	Vero	Falso
1. Nella famiglia Nicaso ci sono tre persone.	___	___
2. Il padre lavora.	___	___
3. La madre non lavora.	___	___
4. La madre è ingegnere.	___	___
5. Il padre lavora in biblioteca.	___	___
6. Le cinque persone abitano in un grande appartamento.	___	___
7. La famiglia ha un appartamento vecchio.	___	___
8. Graziella lavora fino a tardi.	___	___
9. Le bambine frequentano la scuola solo di mattina.	___	___
10. La mamma è a casa il pomeriggio.	___	___

Struttura

E. You and some friends want to do certain things, but can do so only under certain conditions. Complete each sentence with the appropriate form of the present tense of the verbs in parentheses. (12 points)

1. Io _____ (volere) andare a casa alle due, ma

   _____ (dovere) aspettare fino alle tre.

2. Ada e Gianna _____ (volere) uscire venerdì, ma non

   _____ (potere); hanno molto da fare.

3. Giampiero _____ (volere) andare al cinema, ma

   _____ (dovere) studiare.

4. Tu _____ (potere) dire di no a Pierina, ma _____

   (dovere) essere gentile e dire di sì.

5. Se tu e Domenico _____ (volere) guidare, _____

   (dovere) prima prendere la patente.

6. Noi _____ (volere) giocare a tennis, ma prima

   _____ (dovere) prenotare il campo.

F. Sandra is shopping for dinner and is at the local market with her sister Anna. Complete her questions with the correct form of **questo** or **quello,** choosing either the demonstrative adjective form or the demonstrative pronoun as appropriate. (10 points)

1. Anna, quali banane preferisci, _____ o quelle?

2. Vuoi comprare _____ uva qui?

3. _____ zucchini lì sono freschi, non è vero?

4. Vede la frutta che ha quel signore? Lei vende _____ tipo di mele?

5. Mi può dare mezzo chilo di quel formaggio e un chilo di _____ qui?

6. Quanto costano _____ fagiolini lì, vicino alle melanzane?

7. Il prezzo mi sembra caro. Preferisco _____ olio d'oliva, non

   _____ lì.

8. Signora, ha venduto tutte le arance tranne (*except*) _____ qui?

9. Abbiamo bisogno di verdura. Perché non prendiamo _____ asparagi che vendono nel piccolo negozio vicino casa?

G. Complete the following sentences with the correct form of the direct-object pronoun. Make all necessary changes. (8 points)

1. —Ti visita spesso tuo cugino?

   —Sì, _____ visita ogni settimana.

2. —Vi visitano spesso i parenti dall'Italia?

   —Sì, _____ visitano spesso.

3. —Ti piace leggere le riviste italiane?

   —Sì, _____ leggo con piacere.

4. —Puoi capire le domande in italiano?

   —Sì, posso _____ .

5. —Inviti Enrico ed Anna alla festa?

   —Sì, _____ invito.

6. —A che ora ci incontri, Maria?

   — _____ incontro alle due.

7. —Mi puoi accompagnare?

   —Mi dispiace, Carla, non posso _____ .

8. —Parla bene il tedesco Giancarlo?

   —Sì, _____ parla molto bene.

H. Complete each exchange in the **passato prossimo** using direct-object pronouns when possible. (10 points)

1. —Hai capito la lezione?

   —Sì, _____ .

2. —Avete visto mio cugino?

   —Sì, _____ l'altro ieri.

3. —Ragazzi, vi hanno chiamato gli zii?

   —Sì, _____ ieri sera.

4. —Hanno discusso i problemi?

   —Sì, _____ per tre ore.

5. Chi ha invitato le sorelle di Carla?

   — _____ io. Perché?

6. —Signora, ha fatto la telefonata?

   —Sì, _____ ; però, ho sbagliato numero.

7. —Ti ha accompagnato tuo figlio?

   —Sì, _____. È molto cortese.

8. —Avete portato le calcolatrici?

   —Sì, _____.

9. —Domanda ad Amedeo quando lo hanno trovato finalmente.

   —Amedeo, quando _____ finalmente? Dove sei stato?

10. —Avete sentito quei rumori?

    —No, non _____.

Scrittura

I. Write a dialogue of at least ten sentences between a travel agent and a client. Include where the client wants to go, when, and with whom. The client talks of wanting to visit various family members in different cities, but he/she does not have a license and therefore cannot rent a car. (20 points)

Cultura (opzionale)

J. Determine whether each statement is true or false. (3 points)

	Vero	Falso
1. Il mezzo di trasporto più comune a Venezia è l'automobile.	_____	_____
2. Venezia è chiamata "la Serenissima".	_____	_____
3. Burano è nota per i vetri.	_____	_____

Nome _____ Data _____

Lezione 8
Esame B

Comprensione

A. You will hear a conversation between two friends. Listen twice and decide whether each of the printed statements is true or false. (8 points)

	Vero	Falso
1. La signorina Marisa va in fretta perché deve andare in centro.	_____	_____
2. Si è alzata presto perché non ha potuto dormire.	_____	_____
3. Marisa incomincia un nuovo lavoro.	_____	_____
4. Anche Carlo ha un nuovo lavoro.	_____	_____
5. Lo zio di Marisa lavora in un'agenzia di viaggi.	_____	_____
6. Marisa conosce il proprietario personalmente.	_____	_____
7. Il lavoro finisce prima delle due.	_____	_____
8. Carlo ha molto da fare oggi.	_____	_____

B. In the following dialogue between a tourist and an information officer, you will hear only the tourist's lines. Each line will be said twice. Choose the most appropriate printed response for each. Before listening, review the list of possible responses. (7 points)

1. _____
2. _____
3. _____
4. _____
5. _____
6. _____
7. _____

a. No, non deve essere italiana. Può essere di un altro paese.
b. Sì, purtroppo. Lì ci sono sempre macchine.
c. È vero. Comunque, nei paesi di provincia ci sono altri problemi.
d. Prego. Arrivederla.
e. No, non è fuori città. È proprio vicino all'agenzia di viaggi, dopo la banca.
f. Quello è un po' più difficile. Prima della piazza del centro c'è un parcheggio a pagamento.
g. Sì, c'è la benzina.
h. C'è un'agenzia vicino alla banca.

Oggi in Italia

Vocabolario

C. Complete the following paragraph with the appropriate vocabulary word or phrase. (7 points)

nonni	lezione di guida	giocare a tennis	da fare
programma	cancellare	cominciare a	noleggiare
suocero			

Oggi sono molto occupata perché ho molto _____ . Devo andare a _____ con la mia amica. È il nostro _____ per oggi e non lo possiamo _____ . Dopo la partita devo prendere una _____ perché voglio _____ guidare. Stasera vado a casa dei miei _____ per celebrare il loro anniversario di matrimonio.

D. Match the following definitions with the corresponding words or phrases. (8 points)

1. quello che fai prima di sposarti _____
2. intero _____
3. quello che devi fare per andare dal dottore _____
4. la persona che ha sposato tua figlia _____
5. quello che faccio quando compro il cibo _____
6. dove si va per fare il pieno _____
7. il padre di tuo marito _____
8. non è una buona ragione _____

a. il genero
b. un appuntamento
c. una scusa
d. tutto
e. la cugina
f. la stazione di servizio
g. fidanzarti
h. il suocero
i. devo scherzare
j. la spesa
k. la nuora

Lettura

E. Read the paragraph, then answer the questions that follow. Limit your answers to one or two words. (10 points)

La famiglia Nicaso è una famiglia italiana. Nella famiglia ci sono cinque persone: tre figlie, il padre e la madre. Il padre, Franco, è ingegnere a Salerno, una città vicino a Napoli. La madre, Graziella, lavora in una biblioteca. La famiglia abita in un grande appartamento molto bello e moderno. Hanno un piccolo giardino dove le figlie giocano lontano dalle macchine. La signora Nicaso finisce di lavorare alle due. Così, può essere a casa quando le bambine tornano dalla scuola. Alle sette tutta la famiglia si riunisce per la cena.

1. I signori Nicaso hanno _____ figlie.
2. Il signor Nicaso è _____ .
3. La signora Nicaso lavora in _____ .
4. Le figlie, il padre e la madre abitano in _____ .
5. Le bambine possono giocare nel _____ .
6. La signora torna a casa alle _____ del pomeriggio.
7. Le bambine giocano nel giardino per non essere _____ .
8. Il padre lavora a _____ .
9. La cena in casa dei Nicaso è alle _____ .
10. La signora lavora fino alle due per stare con _____ .

Struttura

F. Complete with the correct form of **volere, potere,** or **dovere,** as indicated in parentheses. (10 points)

1. —Alessandro, perché non andiamo al cinema?

   —_____ andare, ma non _____ ; _____ fare i compiti. (Volere, potere, dovere)

2. —A che ora partite per Roma?

   —_____ partire alle dieci se tutto va bene. (Volere)

3. —Quando ritornano i ragazzi?

   —_____ ritornare alle dodici, ma non _____ . (Dovere, volere)

4. —Perché quella signorina non mangia il dolce?

   _____ mangiarlo, ma non _____ . (Volere, potere)

5. —Mamma, stasera vado al cinema con gli amici.

   —Se _____ , _____ andare, ma solo dopo che hai fatto i compiti. (volere, potere)

G. Complete the following sentences with the correct form of **questo** or **quello**. (10 points)

1. —Ti piace _____ macchina? (quello)

   —Sì, _____ è la mia macchina preferita. (questo)

2. —Dove hai comprato _____ orologio? (quello)

   —_____ è un regalo che mi ha fatto mio padre. (Questo)

3. —Sono tuoi _____ giornali? (questo)

   —No, sono di _____ professore. (quello)

4. —Vuoi comprare _____ scarpe? (questo)

   —No, preferisco _____ . (quello)

5. —Sono tue _____ cassette? (questo)

   —No, le mie sono su _____ tavolo lì. (quello)

H. A student is being asked the following questions by a friend. Complete his answers with the correct form of the verb and the direct-object pronoun. (10 points)

1. —Guardi la televisione?

    —Sì, _____ due volte la settimana.

2. —Leggi i giornali italiani ogni giorno?

    —No, _____ quando posso.

3. —Ascolti audiocassette di musica?

    —Sì, _____ .

4. —Capisci le domande della professoressa?

    —Sì, _____ .

5. —Ci vuoi visitare?

    —Sì, voglio _____ .

6. —Puoi spedire questa lettera?

    —Sì, _____ spedire.

7. —Mi puoi accompagnare?

    —No, non posso _____ .

8. —Vuoi usare il computer?

    —No, non _____ usare.

9. —A che ora ti incontriamo?

    —_____ alle nove.

10. —Quando chiami tua madre?

    —_____ ogni domenica.

I. Before taking a trip, two friends check with each other to see that everything has been taken care of. Complete each sentence with the **passato prossimo** and the appropriate direct-object pronoun. (10 points)

1. — Hai comprato la frutta fresca per il viaggio in treno?

    — Sì, _____ .

2. —Saverio ha chiamato i genitori?

    — Sì, _____ .

3. —Finalmente ho comprato un libro sulla storia della Sicilia.

    —Tu _____ ?

    —Sì, perché sono stato in centro ieri.

4. —Avete fatto l'appuntamento con la tua famiglia in Sicilia?

    —Sì, _____ ieri sera al telefono.

5. —Giacomo, i tuoi genitori hanno chiamato i tuoi fratelli?

    —Sì, _____ proprio stamattina.

6. —Hanno invitato noi tutti o solo voi due a visitare la loro casa di campagna?

    —Naturalmente _____ . Voi siete i nostri amici da molto tempo.

7. —Lorenzo, hai portato le carte geografiche?

    —Sì, _____ .

8. —Giacomo, chi ti ha accompagnato alla stazione per comprare i biglietti?

    —Emilio _____ .

9. —Lorenzo, hai preso la radio?

    —Sì, _____ .

10. —Avete chiuso le finestre della casa?

    —No, non _____ . Siamo stati molto occupati.

Scrittura

J. Write a brief essay of at least ten sentences describing your own extended family or a family you know well. Mention people's names, how they are related to one another, what they are like, and what they do. (20 points)

_____
_____
_____
_____
_____
_____
_____
_____
_____
_____
_____
_____
_____

Cultura (opzionale)

K. Determine whether each statement is true or false. (3 points)

	Vero	Falso
1. Il mezzo di trasporto più comune a Venezia è l'automobile.	___	___
2. Venezia è chiamata "la Serenissima".	___	___
3. Burano è nota per i vetri.	___	___

Nome _____ Data _____

Lezione 9
Esame A

Comprensione

A. Listen as Stefano's letter to his parents is read twice. Then determine whether each of the printed statements is true or false. (7 points)

	Vero	Falso
1. Stefano scrive ai genitori.	_____	_____
2. Lui ha avuto poco tempo libero.	_____	_____
3. Stefano non ha niente da fare.	_____	_____
4. Stefano ha nuovi amici americani.	_____	_____
5. Fa abbastanza freddo.	_____	_____
6. Stefano non ha abbastanza soldi.	_____	_____
7. Tutto costa molto a New York.	_____	_____

B. Listen to the following exchanges and decide whether the response given in each is logical or illogical. You will hear each exchange twice. (8 points)

	Logica	Illogica
1.	_____	_____
2.	_____	_____
3.	_____	_____
4.	_____	_____
5.	_____	_____
6.	_____	_____
7.	_____	_____
8.	_____	_____

Vocabolario

C. You are explaining to a friend what the weather is like in different regions of the United States. Match each description with a logical weather expression. (7 points)

1. A Chicago, c'è molta neve e fa freddo. _____
2. A Los Angeles la temperatura è molto alta. _____
3. A New York è impossibile respirare e lavorare. _____
4. A Boston le persone non vedono il sole. _____
5. Non ci sono nuvole oggi in Alaska. _____
6. È impossibile vedere le macchine a San Francisco. _____
7. La temperatura è 45° F a Cleveland. _____

a. Fa caldo.
b. Fa fresco.
c. C'è la nebbia.
d. È sereno.
e. È afoso.
f. Piove.
g. È nuvoloso.
h. Fa cattivo tempo.

D. Match the following expressions. (10 points)

1. tutti i giorni _____
2. di tanto in tanto _____
3. ora _____
4. tutte le sere _____
5. qualche volta _____
6. una volta al mese _____
7. ogni primavera _____
8. di solito _____
9. raramente _____
10. spesso _____

a. now
b. sometimes
c. earlier
d. usually
e. every day
f. every spring
g. often
h. every now and then
i. once a month
j. every evening
k. never
l. rarely

Lettura

E. Read the paragraph and then determine whether the following statements are true or false. (10 points)

Molti studenti stranieri vengono ogni anno in Italia per imparare l'italiano. Possono studiare in accademie ed istituti che offrono corsi agli stranieri. Queste scuole sono presenti in molte grandi città italiane. Oltre ai programmi di lingua, qualche volta insegnano corsi di letteratura, arte e cultura. Infatti, a Perugia c'è una famosa università che offre corsi specialmente per stranieri. Uno dei vantaggi di abitare e studiare in Italia è che mentre imparano la lingua, gli studenti possono anche conoscere come vivono gli italiani.

	Vero	Falso
1. Gli studenti stranieri non vengono più in Italia.	_____	_____
2. Molti stranieri imparano l'italiano in Italia.	_____	_____
3. Gli studenti possono studiare solamente la lingua italiana.	_____	_____
4. Ci sono scuole per stranieri in molte città italiane.	_____	_____
5. Gli studenti stranieri possono trovare corsi di letteratura.	_____	_____
6. Ci sono corsi di cultura.	_____	_____
7. Perugia ha un'università con corsi per stranieri.	_____	_____
8. Se vieni dall'estero, puoi imparare l'italiano a Perugia.	_____	_____
9. Gli stranieri che studiano in Italia non abitano lì.	_____	_____
10. Gli studenti stranieri imparano un po' della vita italiana di ogni giorno.	_____	_____

Struttura

F. Complete the following paragraph by providing the correct form of the verbs in parentheses in the **imperfetto.** (15 points)

Quando _____ (essere) piccolo, _____ (andare) a fare gite con i miei nonni. Io e mio nonno _____ (andare) alla spiaggia e _____ (fare) lunghe passeggiate. Noi due sempre _____ (divertirsi) insieme. Lui mi _____ (dire) storie della mia famiglia ed io lo _____ (ascoltare) con piacere. Dopo le passeggiate noi _____ (mangiare) dei bei pranzi preparati dalla nonna. I miei nonni _____ (bere) il caffè dopo pranzo e poi noi tre _____ (parlare) all'aperto del più e del meno. Poi alle nove io _____ (addormentarsi) mentre _____ (pensare) ai miei nonni. Quando io _____ (svegliarsi) la mattina, io _____ (volere) rimanere con loro. _____ (Essere) bei tempi!

G. Use the negative expressions given to answer the following questions. (10 points)

1. —Chi incontri domani? (*no one*)

    —_____ domani.

2. —Scrivete lettere di mattina o di sera? (*never*)

    —Noi _____ lettere.

3. —I tuoi amici hanno parlato francese o italiano in Svizzera? (*neither . . . nor*)

    —Loro _____ in Svizzera.

4. —Ornella esce con Giacomo? (*no longer*)

    —No, lei _____ con Giacomo.

5. —Hanno capito il problema? (*not at all*)

    —No, loro _____ il problema.

6. —Cosa fate domenica pomeriggio? (*nothing*)

   —_____ domenica pomeriggio.

7. —Hai cominciato le lezioni di guida? (*not yet*)

   —No, _____ le lezioni di guida.

8. —Ha tempo di leggere il giornale? (*not even*)

   —No, lui _____ il tempo di leggere il giornale.

9. —I tuoi genitori telefonano spesso in Italia? (*never*)

   —I miei genitori _____ in Italia.

10. —Signora, ha un dizionario giapponese? (*not any*)

    —Mi dispiace, _____ dizionario.

H. Complete the following questions with the correct form of the disjunctive pronoun. (13 points)

1. Chi viene con _____ ? (*us*)
2. Teresa, Maria ha comprato una borsa per _____ ? (*you*)
3. Sei andato con _____ ? (*him*)
4. A Giorgio piace fare tutto da _____ ? (*himself*)
5. Ma perché parlate sempre di _____ ? (*her*)
6. Parli italiano con _____ ? (*them*)
7. Hanno portato un bel regalo per _____ ? (*me*)
8. È arrivato il pacco per _____ , signora? (*you*)
9. Eugenia, vuoi andare con _____ ? (*them*)
10. Ragazzi, chi vuole parlare con _____ ? (*you, pl.*)
11. Signori, queste lettere sono per _____ ? (*you*)
12. Ai bambini piace leggere da _____ ? (*themselves*)
13. Aldo, chi ha telefonato a _____ ? (*you*)

Scrittura

I. Write a journal entry of at least ten sentences in which you reminisce about what a day in school used to be like when you were little. (20 points)

_____

_____

_____

_____

_____

_____

_____

_____

_____

_____

Cultura (opzionale)

J. Check the three items most likely to be found in a **tabaccheria.** (3 points)

_____ caffè   _____ borse

_____ francobolli   _____ sigari

_____ pitture   _____ maglie

_____ biglietti   _____ aperitivo

Nome _____ Data _____

Lezione 9
Esame B

Comprensione

A. You will hear a dialogue between two friends. Listen again, and then answer the questions by writing the letter of the best response. (7 points)

1. Perché va in America Anna? _____
   a. per conoscere una vecchia zia
   b. per fare una visita alla zia
   c. per ricevere una visita dalla zia

2. Cosa vuole sapere Anna? _____
   a. com'è il tempo in Italia
   b. com'è il tempo a New York d'estate
   c. com'è l'inverno a New York

3. Com'è il tempo a New York d'inverno? _____
   a. Fa fresco.
   b. Fa freddo.
   c. È afoso.

4. Che cosa piace ad Anna? _____
   a. il vento
   b. la pioggia
   c. quando nevica

5. Di solito dove va Anna d'inverno? _____
   a. in viaggio
   b. in montagna
   c. in valigia

6. Per che cosa si deve preparare Anna a New York? _____
   a. la zia
   b. il tempo freddo
   c. le valige

7. Con chi va Anna in montagna? _____
   a. con i suoi amici
   b. con la vecchia zia
   c. con i suoi genitori

B. You will hear a statement or a question, followed by three possible responses. Write the letter of the one response that is *not* appropriate. Each set will be heard twice. (8 points)

Non appropriata

1. _____
2. _____
3. _____
4. _____
5. _____
6. _____
7. _____
8. _____

Vocabolario

C. Match the following weather expressions with their equivalent in Italian. (8 points)

1. È afoso. _____
2. C'è la nebbia. _____
3. Com'è il tempo oggi? _____
4. Tira molto vento. _____
5. Fa molto fresco. _____
6. Fa abbastanza freddo. _____
7. È nuvoloso. _____
8. C'è il sole. _____

a. It's sunny.
b. It's very cool.
c. It's very cold.
d. It's sultry.
e. What's the weather like today?
f. It's foggy.
g. It's snowing.
h. It's very windy.
i. It's cloudy.

D. Complete the following memoir extract with the appropriate time expressions. (8 points)

Ricordo che scrivevo al mio nonno _____ (*every month*). Lui usciva solo _____ (*from time to time*), ma con le mie lettere aveva l'impressione di viaggiare. _____ (*Usually*) descrivevo la scuola o i miei programmi per la settimana. _____ (*Sometimes*) chiedevo ai miei amici di scrivere due o tre frasi. D'estate scrivevo di più. Potevo scrivere _____ (*every week*) perché avevo molto da dire. _____ (*At times*) ero triste, e scrivere mi faceva dimenticare i problemi. _____ (*Once in a while*) anche il mio nonno era triste. Al ricevere le notizie della sua nipote preferita, diceva che dimenticava le sue preoccupazioni.

Mio fratello era molto diverso. Lui scriveva al nostro nonno spesso, ma non spediva mai le lettere. Il nonno veniva a casa _____ (*seldom*). Quando veniva, aveva sempre voglia di leggere le lettere non spedite di mio fratello.

Lettura

E. Read the paragraph, then indicate whether each statement that follows is **pertinente**—relevant to the reading—or **non pertinente.** (10 points)

Molti studenti stranieri vengono ogni anno in Italia per imparare l'italiano. Possono studiare in accademie ed istituti che offrono corsi agli stranieri. Queste scuole sono presenti in molte grandi città italiane. Oltre ai programmi di lingua, qualche volta insegnano corsi di letteratura, arte e cultura. Infatti, a Perugia c'è una famosa università che offre corsi specialmente per stranieri. Uno dei vantaggi di abitare e studiare in Italia è che mentre imparano la lingua, gli studenti possono anche conoscere come vivono gli italiani.

	Pertinente	Non pertinente
1. Molti studenti dell'università vengono in Italia per fare acquisti.	_____	_____
2. Molti studenti stranieri che vengono in Italia hanno voglia di imparare l'italiano.	_____	_____
3. Ci sono centri di lingua in Italia che insegnano la cultura e l'arte d'Italia.	_____	_____

	Pertinente	Non pertinente

4. In Italia ci sono anche programmi per professori di letteratura italiana. _____ _____

5. Lo studente straniero può anche seguire un programma di legge. _____ _____

6. Le università offrono corsi speciali per gli stranieri. _____ _____

7. Ogni tanto le università d'Italia offrono corsi speciali per i medici stranieri. _____ _____

8. È importante abitare in Italia per gli studenti che studiano l'italiano. _____ _____

9. I professori italiani imparano le lingue degli studenti stranieri. _____ _____

10. Il programma speciale per gli stranieri è a buon mercato. _____ _____

Struttura

F. Complete the dialogue with the correct form of the **imperfetto.** (13 points)

(Tiziana) Patrizia, apri la porta!

(Patrizia) Aspetta un minuto.

(Tiziana) Fai presto, fa freddo!

(Patrizia) Eccomi, eccomi!

(Tiziana) Perché non hai aperto la porta subito? Cosa _____ (fare)?

(Patrizia) _____ (Parlare) al telefono.

(Tiziana) Con chi _____ (parlare) al telefono?

(Patrizia) _____ (Essere) un mio amico che non _____ (vedere) da due anni. Lui _____ (abitare) vicino all'università. Noi _____ (studiare) insieme perché _____ (frequentare) le stesse lezioni, e _____ (uscire) spesso insieme. Ma tu perché non _____ (avere) la chiave (*key*)?

(Tiziana) L'ho dimenticata!

(Patrizia) Sei sempre la solita!

(Tiziana) L'ho dimenticata mentre _____ (uscire) con Carla e le _____ (spiegare) che io non _____ (sentirsi) bene.

(Patrizia) Sei sempre la solita!

G. Answer the following questions using the negative expressions provided. (12 points)

1. —Chi conosci in questa classe? (*no one*)

   —_____ in questa classe.

2. —Telefonate spesso a vostra zia? (*never*)

   —_____ a nostra zia.

3. —Vanno in aereo? (*no longer*)

   —Loro _____ in aereo.

4. —Signorina, ha cambiato idea? (*not at all*)

   —No, _____ .

5. —Che cosa prende il bambino dopo pranzo? (*nothing*)

   —Lui _____ dopo pranzo.

6. —Usi il computer? (*not yet*)

   —No, _____ il computer.

7. —Vogliono tè freddo o caffè? (*neither . . . nor*)

   —Loro _____ .

8. —Ragazzi, cosa avete trovato? (*nothing*)

   —_____ .

9. —Hanno tempo libero gli studenti? (*not even*)

   —_____

   tempo libero per fare la spesa.

10. —Signore, ha due pere fresche? (*not any*)

    —No, signorina, _____ pera.

11. —Studi ancora il francese? (*not anymore*)

    —No, _____.

12. —Chi è entrato? (*no one*)

    —_____ è entrato.

H. Complete the following exchanges with the correct form of the disjunctive pronoun. (12 points)

1. —Clara, ecco un regalo per _____ ! (*you, sing.*)

   —Per _____ ? Ma non dovevi disturbarti! Sei sempre così gentile! (*me*)

2. —Gianni, stasera esco con Anna e Mario. Vuoi venire con _____ ? (*us*)

   —Sì, vengo con _____ dopo la partita di tennis. (*you, pl.*)

3. —Cucini in casa o dai tuoi genitori?

   —Cucino da _____ . Ogni tanto cucino un bel pranzo anche per

   _____ . (*me, them*)

4. —Perché non sei andata con Claudio al cinema?

   —Non volevo andare con _____ ; è una persona sgarbata. (*him*)

5. —Parli ancora di Francesca? Perché parli sempre di _____ ? (*her*)

   —Perché lei è molto indipendente; fa tutto da _____ . (*herself*)

6. —Volete parlare italiano con Stefano e con me?

   —Volentieri! Mi piace parlare con _____ . (*you, pl.*)

7. —Signora, chi fa il lavoro per _____ ? (*you*)

   —Nessuno, lo faccio da _____ . (*myself*)

Scrittura

I. Write at least eleven sentences about what you used to do when you were little. (22 points)

_____

_____

_____

_____

_____

_____

_____

_____

_____

_____

_____

Cultura (opzionale)

J. Where are the following requests being made? Circle the letter of the correct answer. (3 points)

1. Desidero una cartolina illustrata, per favore.
    a. al mercato rionale
    b. in treno
    c. alla tabaccheria

2. Ho bisogno di spedire una lettera, per favore.
    a. in una cartoleria
    b. all'ufficio postale
    c. in una libreria

3. Un pacchetto di sigarette, per favore.
    a. in una tabaccheria
    b. sull'autobus
    c. in una cartoleria

Nome _____ Data _____

Lezione 10
Esame A

Comprensione

A. You will hear a series of exchanges at a clothing store. Identify the article of clothing mentioned in each exchange and write the corresponding letter in the space provided. You will hear each exchange twice. (10 points)

1. _____
2. _____
3. _____
4. _____
5. _____
6. _____
7. _____
8. _____
9. _____
10. _____

a. pants
b. coat
c. tie
d. jacket
e. hat
f. dress
g. blouse
h. sandals
i. gloves
j. bathing suit
k. skirt
l. sweater

B. Luciana and Tiziana are talking about going to a film festival. Listen to their dialogue twice, then decide whether each of the printed statements is true or false. (5 points)

	Vero	Falso
1. Luciana ha ricevuto l'invito da Tiziana.	_____	_____
2. Tiziana non ha bisogno di comprare niente.	_____	_____
3. Le amiche non vogliono mettersi i loro vecchi vestiti.	_____	_____
4. Le amiche vanno alla mostra domani mattina.	_____	_____
5. Luciana e Tiziana decidono di andare al centro insieme.	_____	_____

Vocabolario

C. In the blanks provided write two items of clothing you would wear for each of the following occasions. Include the indefinite article in your answers. Where possible, give the material that the item is made of. (6 points)

1. Andare in montagna d'inverno: a. _____

   b. _____

2. Uscire per una sera elegante a teatro: a. _____

   b. _____

3. Andare alla spiaggia ad agosto: a. _____

   b. _____

D. Match the following descriptions with the corresponding words or phrases. (9 points)

1. l'abito _____
2. è un materiale sintetico _____
3. nero _____
4. quello che si mette in testa _____
5. la misura _____
6. un tessuto _____
7. l'opposto di donna _____
8. scarpe in generale _____
9. portare _____

a. la lana
b. carino
c. uomo
d. una cosa che porto
e. il numero
f. poliestere
g. un colore
h. calzature
i. indossare
j. al cinema
k. il capello

Lettura

E. Read the sentences in the left-hand column and match each one with the most logical response in the right-hand column to form a continuous dialogue. Write the letter of the matching response in the space provided. (8 points)

1. Io non so cosa comprare per Stefania. _____
2. Buona idea. Quali sono i suoi colori preferiti? _____
3. Quando è la sua festa? _____
4. Non posso spendere molto. _____
5. Vuoi comprare anche tu una camicetta? _____
6. Volentieri. A che ora andiamo? _____
7. Ti incontro al negozio o a casa tua? _____
8. A domani allora? _____

a. C'è un negozio vicino casa mia dove offrono uno sconto speciale se compri due camicette.
b. Preferisce il giallo o il rosso.
c. Aprono le porte verso le dieci; cominciamo allora.
d. La settimana prossima.
e. Perché non compri una camicetta?
f. Sì. Domani possiamo andare insieme a vedere quello che c'è, va bene?
g. Sì. Ci vediamo domattina.
h. Ti aspetto a casa mia.

F. Read the following paragraph, then determine whether each statement that follows is true or false. (7 points)

Per gli italiani è molto importante vestire alla moda. Gli italiani seguono con attenzione gli ultimi modelli della moda. I negozi del centro offrono abiti nuovi messi elegantemente in vetrina. Le vetrine presentano le ultime novità perfettamente coordinate con gli accessori come scarpe, borse, cinture, cravatte e camicie. Le persone come Armani e Versace sono molto conosciuti in Italia ed anche all'estero. Gli stilisti italiani come, per esempio, Armani e Dolce Gabbana, sono conosciuti in Italia e all'estero. In tutto il mondo, molti seguono la moda italiana con curiosità.

	Vero	Falso
1. Gli italiani seguono la moda.	____	____
2. Per gli italiani è importante vestire bene.	____	____
3. La gente può vedere gli abiti nuovi al centro.	____	____
4. I negozi del centro mostrano solamente i modelli dell'anno scorso.	____	____
5. Gli accessori sono fuori moda.	____	____
6. Gli stilisti Armani e Dolce Gabbana sono all'estero.	____	____
7. La moda italiana è conosciuta in tutto il mondo.	____	____

Oggi in Italia

Struttura

G. Complete each sentence with the appropriate form of the past tense of the verb in parentheses using either the **imperfetto** or the **passato prossimo** as required. (10 points)

1. Ogni sera, mentre mia madre _____ (preparare) da mangiare, mio padre _____ (leggere) il giornale.

2. Spesso dopo cena, noi _____ (andare) a visitare i miei nonni o _____ (guardare) la televisione.

3. Ieri, invece, mentre la mamma _____ (ascoltare) la radio, mio padre _____ (entrare) con un bel regalo.

4. Lui _____ (essere) in città, _____ (andare) in un negozio e _____ (comprare) una bella camicetta azzurra per la mamma!

5. Lei _____ (rimanere) molto emozionata e contenta. Che bella sorpresa!

H. Rewrite the following items in the plural. (13 points)

1. giacca _____
2. simpatico _____
3. largo _____
4. ciliegia _____
5. biblioteca _____
6. disco _____
7. lago _____
8. lungo _____
9. ricco _____
10. albergo _____
11. parco _____
12. amico _____
13. banca _____

I. Complete each sentence in the present tense with the appropriate form of **sapere** or **conoscere**. (12 points)

1. Io non _____ Renata, la nuova studentessa.

2. Molti studenti non la _____ .

3. Ormai Roberto _____ il suo numero di telefono.

4. Noi _____ che lei parla spagnolo ed inglese.

5. Renata non _____ la nostra città perché è arrivata qui solo due settimane fa.

6. Una volta lei ci ha chiesto — Ma come? Voi non _____ nessuna canzone napoletana?

7. Lei _____ parlare anche napoletano.

8. I professori di Renata _____ che lei è molto intelligente.

9. Io non _____ di dov'è Renata.

10. I professori di Renata _____ di dov'è. Devo chiedere loro.

11. —Roberto, tu _____ se Renata è proprio della città di Napoli?

12. —No. _____ solo dove abita adesso.

Scrittura

J. Use your imagination to write a paragraph of ten or eleven sentences about an unexpected trip you took when you were young. Remember to pay attention to your use of the **imperfetto** versus the **passato prossimo.** (20 points)

_____
_____
_____
_____
_____
_____
_____
_____
_____
_____
_____

Cultura (opzionale)

K. Circle the letter of the correct answer to each of the following questions. (3 points)

1. L'attrazione artistica più bella di Milano è . . .

    a. il negozio di Versace

    b. il Duomo

    c. la Pinacoteca

2. Milano è anche la capitale . . .

    a. della cucina italiana

    b. della moda italiana

    c. dell'arte italiana

3. Il Teatro alla Scala è noto per . . .

    a. i suoi film

    b. i suoi drammi

    c. le sue opere liriche

Nome _____ Data _____

Lezione 10
Esame B

Comprensione

A. You will hear several people talking about a reception at a film festival. Indicate whether the speakers in each exchange are commenting on the food, the clothes, or the music and atmosphere. You will hear each exchange twice. (10 points)

	Alimentari	**Abbigliamento**	**Musica e atmosfera**
1.	_____	_____	_____
2.	_____	_____	_____
3.	_____	_____	_____
4.	_____	_____	_____
5.	_____	_____	_____
6.	_____	_____	_____
7.	_____	_____	_____
8.	_____	_____	_____
9.	_____	_____	_____
10.	_____	_____	_____

B. You will hear an announcement for a fashion show. Listen twice, then decide whether each of the printed statements is true or false. (5 points)

		Vero	**Falso**
1.	Una casa di moda annuncia una partita.	_____	_____
2.	La mostra è al Palazzo Pitti.	_____	_____
3.	La data della mostra è il 16 aprile.	_____	_____
4.	La mostra comincia alle sedici.	_____	_____
5.	Dopo la mostra tutti vanno a Villa Davide.	_____	_____

Vocabolario

C. Complete the paragraph with the most appropriate word from the list provided. (5 points)

vestiti   ha avuto luogo   belle   più
mostra   mattino   successo   giacca

La mostra _____ a Torino. Tutte le signore erano _____ e la mostra ha avuto molto _____ . I _____ erano anche molto belli. C'erano _____ di cento persone.

D. Choose from the words and phrases given to complete each of the following sentences. (9 points)

1. Vado in montagna d'inverno. Ho bisogno di due _____ . (maglie di lana, camicie di lino)

2. Domani sera indosso un _____ per andare a vedere uno spettacolo a teatro. (costume da bagno, abito di seta)

3. Quando fa molto caldo, la gente si mette _____ . (gli stivali, i sandali)

4. Si sono messi _____ perché pioveva. (l'impermeabile, i calzoncini)

5. Fa molto freddo. Devo indossare una camicia di _____ . (seta, lana)

6. Sono stanca. Voglio _____ e andare subito a letto. (alzarmi, spogliarmi)

7. Le maniche _____ di quella camicetta sono perfette per l'autunno. (a quadri, lunghe)

8. Che bei pantaloni di _____ ! (taglia, cuoio)

9. Quella gonna nera non è della sua _____ . (misura, calza)

Lettura

E. Read the following paragraph, then determine whether each statement is true or false. (5 points)

La festa dopo la mostra era molto bella. C'erano molti invitati e le mie amiche Sandra e Paola erano molto felici. Dopo la festa loro sono partite per un viaggio negli Stati Uniti. Sono andate a visitare gli zii per un paio di giorni a New York. Poi se c'era tempo volevano visitare anche Washington e Boston. Erano molto curiose di vedere questo fantastico paese che conoscevano solamente attraverso i film, i giornali e le riviste.

	Vero	Falso
1. Le mie amiche si sono divertite alla festa.	____	____
2. Sono rimaste per tutta la festa.	____	____
3. Volevano visitare Boston prima di visitare gli zii a New York.	____	____
4. Loro non sono mai state a Washington.	____	____
5. Sandra e Paola conoscevano bene l'America.	____	____

F. Read each of the following paragraphs, then check off all the phrases that could possibly apply to either of the people mentioned or to the situation described. Base your answers on the information given in each paragraph. (6 points)

1. Erano tutti e due vestiti elegantemente. Lui indossava un vestito di lino nero con una camicia azzurra a tinta unita, mentre lei portava un abito lungo di seta. Erano una bella coppia.

   a. _____ L'uomo e la donna sono due invitati.
   b. _____ L'uomo e la donna sono in ufficio.
   c. _____ La scena può avere luogo ad una festa.

2. Prima di entrare, Maurizio vuole praticare una danza con la sua ragazza. Maurizio non sa ballare bene. Ha deciso di accompagnare Angela stasera ad una nuova discoteca. Si diverte sempre quando prova qualcosa di nuovo.

   a. _____ La coppia entra in una discoteca.
   b. _____ La coppia balla spesso in questa discoteca.
   c. _____ A questa coppia piace ballare.

3. Le sorelle tornano a casa dopo una bella serata e dicono ai genitori cosa hanno visto. La mostra è finita a mezzanotte, quando finalmente le donne che indossavano i vestiti sembravano di essere stanche. Raccontano che erano molto belle fino alla fine.

   a. _____ La mostra è finita tardi.
   b. _____ Secondo le sorelle le donne erano meravigliose.
   c. _____ L'atmosfera della mostra era noiosa.

Struttura

G. Complete the following paragraph with the verbs given in parentheses. Use the **passato prossimo** or the **imperfetto** as appropriate. (11 points)

Ogni sera i signori Bianchi _____ (fare) una passeggiata. Durante la passeggiata _____ (guardare) la gente e le loro attività. Una sera i signori _____ (vedere) una scena divertente. Una bambina _____ (mangiare) un gelato quando ad un tratto (*suddenly*) il cono _____ (cadere) a terra. Un cane che _____ (essere) lì vicino _____ (mettersi) a mangiarlo. La bambina _____ (sentirsi) triste, ed il signor Bianchi _____ (volere) comprare un altro gelato per lei. Quando _____ (arrivare) un altro cane, il signore Bianchi _____ (cambiare) idea.

H. Complete the following paragraph with the correct forms of the verbs in parentheses. Use the **passato prossimo** or the **imperfetto,** as appropriate. (15 points)

_____ (essere) mezzanotte. Io _____ (dormire) quando _____ (sentire) un rumore. _____ (Avere) paura ma non _____ (volere) svegliare mia sorella. Lei _____ (dormire) ancora. _____ (Essere) così tranquilla; _____ (sorridere) mentre _____ (dormire). Io _____ (alzarsi) lentamente dal letto e _____ (andare) alla finestra per vedere cos'era. Niente; una notte nera. All'improvviso _____ (sentire) il rumore ancora una volta. Questa volta io _____ (capire) subito la causa del rumore. Mia sorella, così calma, così tranquilla cinque minuti fa, adesso _____ (parlare) mentre _____ (dormire)!

Le sorelle . . . !

I. Form original sentences in the plural from the following combinations of words, using the present tense. Make all necessary changes. (10 points)

1. lei / preferire / ciliegia / rossa

2. io / conoscere / biologo / esperto

3. farmacia / essere / chiusa

4. valigia / essere / vecchia

5. io / conoscere / meccanico / simpatico

6. medico / essere / bravo

7. biblioteca / essere / antica

8. camicia / non / essere / italiana

9. autostrada / non essere / lunga

10. lago / italiano / essere / meraviglioso

J. Complete the following paragraph with the appropriate form of **sapere** or **conoscere**. (10 points)

Io voglio _____ tutta l'Europa dell'ovest. Quest'anno vado in Italia. Non _____ ancora questo paese meraviglioso e sono molto curiosa. Adesso che _____ parlare italiano e _____ alcuni italo-americani qui negli Stati Uniti, ho un'idea delle regioni che voglio vedere. Vado con un amico che _____ già molte persone in Italia. Lui non _____ parlare italiano, ma _____ molto bene le grandi città italiane. Noi non _____ quanto tempo vogliamo restare in ogni città, ma _____ che andiamo prima a Firenze. Lì ci aspetta la famiglia di un mio amico italo-americano. I cugini del mio amico _____ molte cose interessanti sulla storia di Firenze.

Scrittura

K. Write a brief paragraph of about seven sentences about something you used to do when you were younger. (14 points)

Cultura (opzionale)

L. Circle the letter of the correct answer for each of the following questions. (3 points)

1. Negli anni '80 e '90 il cinema italiano era...

    a. alla moda

    b. in televisione

    c. in crisi

2. Fra i film che hanno ricevuto l'Oscar c'è...

    a. *Roma, Città Aperta*

    b. *Nuovo Cinema Paradiso*

    c. *Il Ladro di Biciclette*

3. Agli italiani piacciono i film...

    a. americani

    b. svedesi

    c. francesi

Nome _____ Data _____

Lezione 11
Esame A

Comprensione

A. Listen twice to the following dialogue between two friends and decide whether each of the printed statements is true or false. (7 points)

	Vero	Falso
1. I due amici fanno programmi per la fine settimana.	_____	_____
2. Sergio e Umberto vogliono andare a stare in un appartamento.	_____	_____
3. Loro decidono di andare in montagna.	_____	_____
4. Vanno in un nuovo albergo al mare.	_____	_____
5. Sergio ha un nuovo paio di sci che non ha provato ancora.	_____	_____
6. Umberto non si preoccupa perché Sergio gli può insegnare a sciare.	_____	_____
7. I due amici sono ottimi sciatori.	_____	_____

B. You will hear each of the following exchanges twice. Determine where each takes place, and write the corresponding letter in the space provided. (8 points)

1. _____
2. _____
3. _____
4. _____
5. _____
6. _____
7. _____
8. _____

a. sulla neve
b. al bar
c. nell'appartamento
d. sulla strada
e. al ristorante
f. alla stazione
g. al negozio
h. al lago
i. davanti allo specchio
j. al telefono

Vocabolario

C. List the words that belong in the following categories. Several extra words are listed. (10 points)

pettinarsi   radersi   asciugacapelli   il naso
il sapone   la spazzola   i denti   la spalla
asciugarsi   le forbici   la spugna   tagliarsi le unghie
il dito

Farsi la doccia / il bagno

1. _____
2. _____
3. _____

I capelli

4. _____
5. _____
6. _____
7. _____

Il viso / la bocca

8. _____
9. _____
10. _____

Lettura

D. Read the paragraph, then choose the response that best completes each item. (7 points)

Un soggiorno nel nostro albergo vi offre una vacanza o una fine settimana eccezionale. L'albergo è situato in montagna, vicino ad un lago dove l'aria è fresca e l'acqua è pura. Per chi ama lo sci abbiamo ottime piste e per il dopo sci vi offriamo piacevoli serate per ballare e ascoltare la musica. Per le famiglie è un'ottima opportunità per passare piacevolmente un po' di tempo insieme. Per i più giovani offriamo "settimane bianche", sotto l'esperta guida di ottimi maestri di sci.

1. L'albergo è vicino _____ .
   a. al soggiorno
   b. ad un lago
   c. al mare

2. Quest'annuncio è per un soggiorno _____ .
   a. autunnale
   b. invernale
   c. estivo

3. Vi offrono una vacanza _____ .
   a. al mare
   b. in una scuola di sci
   c. in montagna

4. Se volete fare qualcosa la sera, l'albergo vi offre _____ .
   a. la possibilità di ballare
   b. ottime piste
   c. lo sci a prezzo ridotto

5. Offrono "le settimane bianche" per _____ .
   a. i ragazzi
   b. le famiglie
   c. maestri di sci

6. Per la famiglia il soggiorno offre _____ .
   a. una buona opportunità per stare insieme
   b. una pista eccezionale per ballare
   c. una serata musicale per sciare

7. I maestri di sci fanno da _____ ai giovani.
   a. febbre
   b. spesa
   c. guida

E. Number the sentences in the following dialogue in the correct sequence. (8 points)

_____ Va bene, vado da sola. Ci vediamo domani.

_____ Voglio comprare un paio di guanti. Mi puoi raccomandare un buon negozio?

_____ No, non posso venire; devo studiare per un esame di fisica.

_____ Non puoi uscire neppure per un'ora?

_____ Bene, allora ci vado subito. Vuoi venire con me?

_____ Ho sentito che il nuovo negozio di sci al centro ha prezzi ridotti.

_____ No, veramente devo restare qui se non ti dispiace.

_____ Sì, a domani allora.

Struttura

F. Complete the paragraph with the appropriate indirect-object pronouns. (13 points)

Sabrina e Carlo sono venuti a passare l'estate a Los Angeles. Sono stati da me, ed io ho fatto vedere _____ la città. A Carlo piace la spiaggia, e _____ ho mostrato le spiagge dove vanno tutti i giovani. A Sabrina piace essere in piena città, e _____ ho fatto vedere il centro dove ci sono molti bei negozi. Tutti e due _____ hanno chiesto molte informazioni sulla città. Io ho risposto _____ come ho potuto.

L'ultima sera i miei amici ed io abbiamo mangiato ad un ristorante tipico e anche molto famoso. Durante la cena il nostro cameriere _____ ha offerto di fare una fotografia di noi tre. Quando i miei amici sono tornati in Italia ho spedito _____ la foto. Tre settimane dopo Sabrina _____ ha mandato una lettura. Ha detto che la foto _____ è piaciuta e che era un bel ricordo del tempo passato insieme. E _____ ha domandato: "A te e ad Adriano, _____ piace venire in Italia? _____ mando, tutte le informazioni che volete. Carlo _____ manda i suoi saluti. Ciao."

G. Complete the following sentences with the correct form of the verb **piacere** in the present tense. (10 points)

1. Ai miei amici _____ ballare.

2. A loro non _____ i balli moderni.

3. Vi _____ questa discoteca?

4. A Gianni _____ la musica romantica.

5. Invece a noi _____ i gruppi rock.

6. Ai bambini _____ le canzoni popolari.

7. Non mi _____ ascoltare la musica mentre guido.

8. A Maria _____ la musica lirica.

9. La musica tedesca _____ a lui ma non _____ a lei.

H. You and your friends talk about various people's musical tastes. Use the verb **piacere** in either the **imperfetto** or the **passato prossimo** as appropriate. (9 points)

1. Ti _____ andare ai concerti quando eri giovane?

2. Durante gli anni cinquanta, ai miei genitori _____ il rock and roll.

3. Ma ad Elena non _____ il concerto della settimana scorsa.

4. Però a me _____ il concerto di ieri sera.

5. A Claudio _____ l'opera di sabato sera?

6. Vi _____ le cassette che avete comprato la settimana scorsa?

7. Sì, e quando eravamo giovani ci _____ ascoltare le cassette di cantanti italiani.

8. Quando eri giovane, ti _____ suonare la chitarra?

9. Sì, ma mi _____ anche suonare il pianoforte.

I. Complete Susanna's e-mail message, using the appropriate forms of the verb in parentheses to express reciprocity. Use the **presente** or the **passato prossimo** as appropriate. (10 points)

Caro Jim,

Ieri sera, dopo molti mesi, Gloria ed io _____ (vedersi), _____ (abbracciarsi) e _____ (baciarsi). Mi ha detto che il mese scorso, lei e Tom _____ (fidanzarsi) e che in agosto _____ (sposarsi). _____ (Amarsi) molto. E tu e Maria, _____ (vedersi) ancora? _____ (Telefonarsi) spesso? _____ (Incontrarsi) spesso? _____ (Scriversi) ogni giorno? Fammi sapere tutto! Ciao!

Scrittura

J. Choose one of the following topics and write a dialogue of at least nine sentences. (18 points)

a. Two roommates are discussing their grooming secrets. The two may or may not agree on procedures and end results.

b. Two friends are talking. One of them is describing his/her weekend stay at a mountain ski resort the previous week.

Cultura (opzionale)

K. Complete each statement by circling the letter of the correct choice. (3 points)

1. Torino è il secondo centro industriale dopo...

    a. Firenze

    b. Roma

    c. Milano

2. I torinesi preferiscono incontrarsi in piazza...

    a. della Repubblica

    b. Roma

    c. San Carlo

3. Uno dei fiumi che nasce nelle Alpi è...

    a. il Po

    b. l'Arno

    c. il Tevere

Nome _____ Data _____

Lezione 11
Esame B

Comprensione

A. You will hear a series of brief exchanges. Listen to each exchange twice, and then decide whether the response is logical or illogical. (8 points)

	Logica	**Illogica**
1.	_____	_____
2.	_____	_____
3.	_____	_____
4.	_____	_____
5.	_____	_____
6.	_____	_____
7.	_____	_____
8.	_____	_____

B. Listen to the following questions and statements. After each, choose the appropriate printed response and indicate the corresponding letter in the space provided. If necessary, stop the recording after each item. (7 points)

1. _____
2. _____
3. _____
4. _____
5. _____
6. _____
7. _____

a. Per che cosa ti servono?
b. Sì. Passa a prendermi appena possibile.
c. Ottimo! Così non devo prendere né un maglione né una sciarpa.
d. Non ti preoccupare. Lei torna subito dal dottore.
e. Vuoi venire con me in macchina? Così anche risparmi tempo.
f. Martedì. Non è niente di grave, però.
g. Non lo sapevo. Quando finiranno i lavori?
h. Cosa gli è successo?

Oggi in Italia

Vocabolario

C. Match each situation in the left-hand column with the most probable explanation in the right-hand column. (10 points)

1. _____ Mi fanno male le gambe.
2. _____ Mi fa male la gola.
3. _____ Non costano molti soldi.
4. _____ Il mio professore non ha la barba.
5. _____ Preferisce portare i capelli corti.
6. _____ Ha potuto risparmiare quest'anno.
7. _____ Ho comprato quella camicia con le maniche corte.
8. _____ Dobbiamo stabilire l'ora di partenza prima di andare.
9. _____ Ti sei messa due scarpe diverse.
10. _____ Non mi preoccupo.

a. Si rade ogni mattina.
b. Non ti sei guardata allo specchio.
c. Non vogliamo confusione all'ultimo momento.
d. Sono a prezzo ridotto.
e. Si taglia i capelli spesso.
f. Non è niente di grave.
g. Ho preso freddo.
h. Si taglia i capelli di rado.
i. Non ho le braccia lunghe.
j. Ho ballato tutta la sera.
k. Non spende mai troppi soldi.
l. Ti sei asciugata la faccia con il mio asciugamano!

D. Complete the following statements with the appropriate words. (5 points)

1. Per lavarmi i denti uso il _____ e lo _____ .

2. Per lavarmi le mani uso l'acqua ed il _____ .

3. Per tagliarmi i capelli uso le _____ .

4. Per farmi la barba uso il _____ .

Lettura

E. Read the paragraph, then complete the sentences that follow. (5 points)

Un soggiorno nel nostro albergo vi offre una vacanza o una fine settimana eccezionale. L'albergo è situato in montagna, vicino ad un lago dove l'aria è fresca e l'acqua è pura. Per chi ama lo sci abbiamo ottime piste e per il dopo sci vi offriamo piacevoli serate per ballare e ascoltare la musica. Per le famiglie è una ottima opportunità per passare piacevolmente un po' di tempo insieme. Per i più giovani offriamo "settimane bianche", sotto l'esperta guida di ottimi maestri di sci.

1. Questo annuncio offre . . .

    a. _____ una fine settimana al mare

    b. _____ una settimana eccezionale sulla neve

    c. _____ un mese di vacanza all'estero

2. L'albergo si trova . . .

    a. _____ in montagna

    b. _____ in città

    c. _____ vicino al mare

3. Quest'annuncio è ideale per le persone che preferiscono . . .

    a. _____ i giovani

    b. _____ le famiglie

    c. _____ gli sport sulla neve

4. Questo luogo è ideale per . . .

    a. _____ le persone che sciano

    b. _____ i musicisti

    c. _____ le persone che studiano

5. Per il dopo sci offrono . . .

    a. _____ uno spettacolo

    b. _____ una mostra

    c. _____ musica

F. Read the paragraph, then determine whether the statements that follow are true or false. (8 points)

In Italia molte persone praticano lo sci. È possibile sciare sulle Alpi o sugli Appennini. Uno dei centri di sci più famosi è Cortina d'Ampezzo che si trova nel nord d'Italia. A molti italiani e turisti stranieri piace sciare durante la fine settimana per passare una breve vacanza sulla neve.

	Vero	Falso
1. A poche persone piace lo sci in Italia.	_____	_____
2. Ci sono centri di sci sulle Alpi.	_____	_____
3. Cortina d'Ampezzo è poco conosciuta in Italia.	_____	_____
4. Ci sono montagne al nord d'Italia.	_____	_____
5. Solo i turisti vanno a Cortina d'Ampezzo.	_____	_____
6. Gli stranieri non vengono mai a sciare in Italia.	_____	_____
7. Gli italiani preferiscono sciare durante la settimana.	_____	_____
8. Per molta gente una fine settimana sulla neve è come una piccola vacanza.	_____	_____

Struttura

G. Answer as indicated using the correct indirect-object pronoun. (10 points)

1. Tuo nonno ha telefonato a noi? (sì) _____

2. Hai parlato alla professoressa? (no) _____

3. Gianna ha regalato un telefonino a voi? (sì) _____
   _____

4. Hanno offerto un caffè agli ospiti? (sì) _____
   _____

5. Danno molti soldi ai nipoti? (sì) _____

6. Avete tempo per rispondere a Bettina? (sì) _____
   _____

7. Hanno spedito la lettera a me? (sì) _____

8. Il regalo è piaciuto a Marcello? (sì) _____

9. Hai qualche cosa da chiedere a Paolo? (no) _____
_____

10. Ti posso spedire un pacco? (sì) _____

H. Complete with the correct present tense form of the verb **piacere** to express likes and dislikes. (6 points)

1. Ti _____ i gelati?

2. Non mi _____ quel ristorante.

3. Non gli _____ guidare.

4. Ci _____ i computer.

5. Vi _____ le canzoni italiane?

6. A Riccardo _____ le automobili italiane.

I. Complete each item with the appropriate form of the verb **piacere**. Use the imperfect or the present perfect tense, as necessary. (8 points)

L'anno scorso ai miei amici _____ andare a ballare ogni fine settimana.

Ad altri _____ la musica rock; ad altri _____ ballare con musica tradizionale.

All'improvviso l'opinione generale è cambiata. Un giovedì sera abbiamo deciso di andare al cinema. Abbiamo visto un film che _____ a tutti; soprattutto ci _____ l'attrice protagonista.

Dopo quella sera ci è sembrato una buon'idea andare più spesso al cinema. Ogni settimana avevamo bisogno di decidere fra tanti film che c'erano in città. Io ho sempre detto che preferivo i film stranieri. Mi _____ perché volevo ascoltare le lingue straniere. Ai miei amici invece _____ in particolare le facce degli attori nei vecchi film italiani. Devo dire che alla fine anch'io ho imparato ad amare quei vecchi film. Fra tutti, il mio film preferito era *Roma, città aperta*. Mi _____ tanto la prima volta che l'ho visto. Sono tornata a vederlo quella stessa sera!

J. Use the correct form of the verbs in parentheses in the **presente** or the **passato prossimo** to express reciprocity. (13 points)

1. L'ultima volta che Marta e Giorgio _____,

   _____. (vedersi, baciarsi)

2. Invece, io e il mio amico quando _____ ieri sera al caffè,

   _____. (incontrarsi, abbracciarsi)

3. Noi di solito _____ e _____ spesso.

   (aiutarsi, parlarsi)

4. Ma tu e Patrizia, _____ o _____

   spesso? (telefonarsi, scriversi)

5. Voi _____ regali spesso e _____

   messaggi per posta elettronica? (darsi, mandarsi)

6. Sabato scorso, quando Laura e Lidia _____,

   _____ molte cose interessanti! (vedersi, dirsi)

7. Laura Lidia ed io non _____ troppo bene. (conoscersi)

Scrittura

K. Write a brief paragraph of at least ten sentences describing the action, setting, sensations, and emotions in a real or invented dream you had recently. (20 points)

_____

_____

_____

_____

_____

_____

_____

_____

Cultura (opzionale)

L. Complete each statement by circling the letter of the correct choice. (3 points)

1. Torino è il secondo centro industriale dopo...

    a. Firenze

    b. Roma

    c. Milano

2. I torinesi preferiscono incontrarsi in piazza...

    a. della Repubblica

    b. Roma

    c. San Carlo

3. Uno dei fiumi che nasce nelle Alpi è...

    a. il Po

    b. l'Arno

    c. il Tevere

Nome _____ Data _____

Lezione 12

Esame A

Comprensione

A. Listen twice to the following dialogue between two friends and decide whether each of the printed statements is true or false. (7 points)

	Vero	**Falso**
1. Antonio vuole andare a teatro.	_____	_____
2. Il fratello di Carla arriverà in treno.	_____	_____
3. Il fratello di Carla frequenta l'università.	_____	_____
4. La partita comincerà prima dell'una.	_____	_____
5. Sarà un incontro importante.	_____	_____
6. I biglietti saranno a buon mercato.	_____	_____
7. Carla non dovrà affrettarsi.	_____	_____

B. Listen to the following exchanges and determine where each takes place. You will hear each exchange twice. Review the list of places before you begin. (8 points)

1. _____
2. _____
3. _____
4. _____
5. _____
6. _____
7. _____
8. _____

a. al parco
b. allo stadio
c. al negozio
d. al concerto
e. in piscina
f. al cinema
g. al mare
h. in montagna
i. in ufficio
j. dal rivenditore di biglietti

Vocabolario

C. Choose the appropriate words from the list below to complete the minidialogue. (7 points)

domenica   rivenditore   tifoso
incontro   stadio   posto
denaro   partita   squadra

—Mi puoi prestare un po' di _____ ? Ti ripagherò _____ .

—Mi dispiace, ma non posso. In tasca ho solamente il denaro per andare dal

_____ di biglietti. C'è una _____ di calcio oggi. Sarà un

_____ spettacolare e non voglio perderlo.

—Hai ragione. La nostra _____ è molto buona. Sono _____

anch'io.

D. Identify the sport in the right-hand column that corresponds to the description in the left-hand column. (8 points)

1. andare a cavallo _____
2. scalare una montagna _____
3. andare in barca _____
4. nuotare al mare _____
5. giocare a pallone _____
6. andare in bicicletta _____
7. correre _____
8. usare una racchetta _____

a. il calcio
b. la vela
c. l'equitazione
d. il tennis
e. l'alpinismo
f. il nuoto
g. il ciclismo
h. la corsa
i. pattinare

Lettura

E. Read the paragraph, then identify the response that best completes each item. (6 points)

Lo sport nazionale italiano è il calcio. Molti italiani vanno allo stadio per vedere la loro squadra preferita. Quelli che non possono andare guardano la partita alla televisione. In Italia ci sono anche squadre di calcio femminili che sono molto popolari. Ai giovani piace formare squadre di calcio e giocare dove c'è spazio nelle strade e nei parchi.

1. Il calcio è _____ .
    a. uno sport nazionale
    b. un tipo di vela
    c. una squadra

2. Gli italiani possono anche seguire la loro squadra preferita _____ .
    a. alla televisione
    b. nelle strade
    c. nei parchi

3. Per vedere giocare la loro squadra preferita molti vanno _____ .
    a. in palestra
    b. allo stadio
    c. al parco

4. Molti giovani giocano _____ .
    a. negli stadi
    b. nei parchi
    c. senza scarpette da ginnastica

5. Secondo la lettura, ci sono squadre di calcio con solamente _____ .
    a. giovani
    b. anziani
    c. donne

6. Le partite di calcio _____ .
    a. hanno luogo in palestra
    b. non sono importanti per gli italiani
    c. sono viste da molta gente alla televisione

F. Form a dialogue by numbering the following sentences in the correct sequence. (5 points)

_____ Anch'io ho bisogno di cominciare un programma di esercizi. Ti accompagnerò ai giardini e farò una corsa.

_____ Ma che buona idea! Da quanto tempo hai una bicicletta?

_____ Faccio il ciclismo. Fa bel tempo e vado ai giardini pubblici.

_____ Sono quasi sei mesi ormai. L'ho acquistata l'inverno scorso.

_____ Dove vai così in fretta?

Struttura

G. Complete each sentence with the correct forms in the future tense of the verbs in parentheses. (13 points)

1. Domani io _____ a una festa che _____ la mia ragazza. (andare, dare)

2. Ci _____ tutti i miei amici. (essere)

3. Io e la mia ragazza _____ i nostri balli preferiti. (ballare)

4. Noi _____ la musica moderna che l'orchestra _____ . (ascoltare, suonare)

5. Mia sorella _____ prima dei nostri amici. (venire)

6. Laura e Nicola non _____ domani. Non si sentono bene. (uscire)

7. Gianluca _____ delle belle canzoni. (cantare)

8. Forse _____ la mia maglia preferita. (indossare)

9. Tina, domani _____ loro dov'è la festa? (spiegare)

10. Gli amici _____ portare molto da mangiare. (dovere)

11. Finalmente, Marcello _____ incontrare il mio ragazzo! (potere)

H. Complete the following exchanges with either the future or the present tense of the verbs in parentheses. (11 points)

1. —Quando scrivi a Marisa?

   —Le _____ domani se _____ tempo. (scrivere, avere)

2. —Sai che ore sono?

   —Non porto un orologio, ma _____ le nove perché comincia il film. (essere)

266   Oggi in Italia

3. —Avete visto i nipoti?

   —Non ancora. Li _____ la settimana prossima. (vedere)

4. —A che ora partono i turisti?

   —_____ appena _____ l'autobus. (Partire, venire)

5. —Che cosa vuole comprare Giuseppe al mercato?

   —Se _____ un paio di sci a buon mercato, li _____ . (trovare, comprare)

6. —Quante persone ci sono allo stadio?

   —Ci _____ quasi settantamila tifosi oggi. (essere)

7. —Non devi dare i biglietti a Marco?

   —Sì, gli _____ dare i biglietti appena lui _____ a casa mia. (dovere, venire)

I. Complete the following sentences with the appropriate form of the **trapassato.** (10 points)

1. Alla festa di Franco sabato scorso, Gina portava un vestito che _____ al matrimonio (*wedding*) della nostra amica Manuela. (indossare)

2. Gina ci ha detto che i suoi genitori glielo _____ quando sono stati in Francia. (comprare)

3. Io non sono andata alla festa perché _____ dalle vacanze proprio quella sera. (tornare)

4. Mi hanno raccontato che loro _____ alla musica del mio complesso preferito. (ballare)

5. Mi è dispiaciuto di non poter andare alla festa, però ho spiegato loro che _____ molto in vacanza. (divertirsi)

6. A causa di tanti balli, il famoso vestito di Gina _____ troppo grande per lei. (diventare)

7. Siccome io e la mia famiglia _____ molto durante le vacanze, la mia taglia è diventata più grande. Avevo la taglia proprio giusta per il vestito! (mangiare)

8. Gina ha informato i suoi genitori — Ho dovuto dare a una mia amica il vestito che voi mi _____ dalla Francia perché ho perso peso. (portare)

9. I genitori hanno ricordato che loro _____ molto per il vestito. (pagare)

10. Gina ha detto — Ieri sera due persone mi _____ che portavo un vestito molto bello! (dire)

J. A new friend at school is curious about you and your friends. Complete your responses with the pronoun **ne** or the adverb **ci**. Remember to add the verb where necessary. (9 points)

1. —Hai paura degli esami?

   —Sì, _____ un po'.

2. —Andrete alla conferenza stasera?

   —No, non _____ andremo.

3. —Quante conferenze hanno ascoltato?

   —_____ hanno ascoltato tre finora.

4. —Vuoi andare alla partita?

   —Sì, _____ .

5. —Quando discutete di politica?

   —_____ discutiamo dopo cena.

6. —Siete già andati dal professore?

   —No, non _____ siamo ancora andati.

7. —Quando pensi a Carlo e a Giovanni?

   —_____ penso ogni giorno.

8. —Con chi è andata Susanna alla festa?

   —_____ è andata con Mauro.

9. —Ha delle lettere Tonio?

   —Sì, _____ ha quattro.

Oggi in Italia

Scrittura

K. Write a brief paragraph of at least eight sentences about what you will do on your next vacation. (16 points)

_____
_____
_____
_____
_____
_____
_____
_____
_____
_____

Cultura (opzionale)

L. Circle the letter of the correct answer to each of the following questions. (3 points)

1. Qual è lo sport più popolare in Italia?
   a. la pallacanestro
   b. il tennis
   c. il calcio

2. Ci sono squadre di calcio femminili in Italia?
   a. Ogni anno dicono che ci saranno, ma non ci sono ancora.
   b. Sì, ma il pubblico ha poca voglia di seguire le partite.
   c. Sì, ma solo al livello semiprofessionale.

3. Qual è un altro sport importante in Italia?
   a. il ciclismo
   b. il baseball
   c. l'equitazione

Lezione 12
Esame B

Comprensione

A. You will hear the following dialogue twice. Listen carefully, and determine whether each of the printed statements is true or false. (7 points)

	Vero	Falso
1. Gli amici fanno programmi per giocare a calcio.	_____	_____
2. Gianni saprà quando comincerà la partita.	_____	_____
3. Secondo Gianni, sarà un incontro spettacolare.	_____	_____
4. Gianni è l'unico dei tre amici che ha voglia di andare alla partita.	_____	_____
5. La partita comincia nel pomeriggio.	_____	_____
6. Gli amici partiranno per l'incontro dalla casa di Gianni.	_____	_____
7. Gli amici si incontreranno prima della partita.	_____	_____

B. Listen twice to the following exchanges and decide whether the response in each is logical or illogical. (8 points)

	Logica	Illogica
1.	_____	_____
2.	_____	_____
3.	_____	_____
4.	_____	_____
5.	_____	_____
6.	_____	_____
7.	_____	_____
8.	_____	_____

Oggi in Italia

Vocabolario

C. Write the letter that best completes each sentence. (9 points)

1. Mi puoi _____ dieci euro?
    a. prevedere
    b. prestare
    c. scalare
2. È troppo presto; lui è in anticipo, _____.
    a. come al solito
    b. come ti pare
    c. come va
3. Mi piacciono gli sport; sono un vero _____.
    a. impegno
    b. rivenditore
    c. tifoso
4. Questo _____ è occupato.
    a. pasto
    b. posto
    c. pesto
5. Non fare _____ per domani; c'è un incontro importante.
    a. incontri
    b. biglietti
    c. programmi
6. Marco è in ritardo; deve _____.
    a. affrettarsi
    b. promettere
    c. dipendere
7. Hai bisogno di biglietti? Andiamo _____.
    a. dall'avvocato
    b. dal dottore
    c. dal rivenditore
8. Abbiamo ricevuto una _____ dai genitori.
    a. partita
    b. lettera
    c. squadra
9. Faccio _____ perché mi piace andare a cavallo.
    a. il pattinaggio
    b. l'equitazione
    c. la corsa

D. Write the letter of the item in the right-hand column that is associated with each activity in the left-hand column. Do not use any item twice. (10 points)

1. il nuoto _____
2. lo sci _____
3. il ciclismo _____
4. pattinare all'aperto _____
5. il pallone _____
6. il tennis _____
7. andare in barca _____
8. la corsa _____
9. l'equitazione _____
10. fare alpinismo _____

a. un cavallo
b. neve e piste
c. gambe veloci
d. una racchetta
e. uno stadio
f. un costume da bagno
g. una montagna
h. una bicicletta
i. una tasca
j. una vela
k. un clima freddo e il ghiaccio

Lettura

E. Read the paragraph, then circle the letter of the response that best answers each question. (6 points)

Oggi è importante stare in forma. È bene fare esercizi almeno una volta alla settimana e mangiare cibi (*food*) naturali con poche calorie e pochi grassi. È necessario controllare il peso e non essere troppo grassi. Una dieta ideale deve includere molte verdure e sei bicchieri d'acqua ogni giorno. È anche importante fare una visita di controllo dal dottore almeno una volta all'anno.

1. Secondo la lettura, che cosa devono fare le persone che vogliono stare in forma?

    a. Devono mangiare alimenti naturali.

    b. Devono essere in forma.

    c. Devono guardare gli sport di tanto in tanto.

2. Perché è bene fare ginnastica?

    a. Ci sono poche calorie.

    b. È importante per stare in forma.

    c. Le persone che fanno ginnastica non hanno voglia di mangiare troppo.

3. Quante volte al mese consiglia di fare esercizi?

    a. quattro

    b. due

    c. almeno quattro

4. Come consiglia di mangiare per seguire una buona dieta?

    a. Mangiare poche volte al giorno.

    b. Non mangiare cose che hanno molti grassi.

    c. Non mangiare molti cibi.

5. Secondo il brano (*paragraph*), cosa include una dieta ideale?

    a. Carote, lattuga e spinaci.

    b. Include pasta e molti prodotti dolci.

    c. Includerà zucchero, formaggio e molt'acqua.

6. Quale altro consiglio dà lo scrittore/la scrittrice?

    a. Dice che controllare la dieta ogni tanto è importante.

    b. Dice che è importante avere una forma ideale.

    c. Dice che è importante andare dal dottore ogni anno.

F. Read the paragraph, then decide whether the statements that follow are true or false. (5 points)

Lo sport nazionale italiano è il calcio. Molti italiani vanno allo stadio la domenica per vedere la loro squadra preferita. Quelli che non possono andare guardano la partita alla televisione. In Italia ci sono anche squadre di calcio femminili che sono molto popolari. Ai giovani piace formare squadre di calcio e giocare dove c'è spazio nelle strade e nei parchi.

	Vero	Falso
1. Agli italiani piace il gioco del calcio.	____	____
2. Le partite di calcio hanno luogo il sabato.	____	____
3. Gli italiani che hanno un televisore non possono seguire la loro squadra preferita.	____	____
4. Secondo la lettura, ci sono squadre di calcio con donne solamente.	____	____
5. Molti giovani italiani giocano al pallone dove c'è un'area aperta.	____	____

Struttura

G. Complete the paragraph with the correct future-tense form of the verb in parentheses. (10 points)

Per le vacanze Giulia _____ (andare) in Europa. _____ (Volere) visitare la Francia, l'Italia e la Grecia. _____ (Vedere) i suoi parenti e _____ (incontrare) i suoi cugini europei per la prima volta. Due delle sue cugine _____ (potere) viaggiare con lei attraverso l'Italia e dopo _____ (partire) insieme per la Grecia. _____ (Essere) due settimane interessanti. Le ragazze _____ (vedere) molti posti nuovi e belli, _____ (divertirsi) molto e _____ (dovere) fare certamente molte fotografie.

H. Use the future tense to complete each response. (9 points)

1. —Lui deve decidere cosa fare.

   —_____ forse uno di questi giorni.

2. —Non voglio venire. Sono stanca.

   —Senti, se _____ tu, ti accompagnerò. Va bene?

3. —Che tempo fa in montagna?

   —_____ fresco come al solito in questa stagione.

4. —Tuo padre ed io vogliamo sapere come e quando arrivi.

   —Mamma, appena _____ vi telefonerò.

5. —Che giornata! Oggi non mi sono affatto divertito.

   —Non ti preoccupare. Sabato _____ . Ci sarà una festa a casa mia e tu sei invitato.

6. —Dov'è tua sorella?

   —Non lo so. _____ con le amiche.

7. —Gina e Luigi, partirete l'ultima settimana di luglio o la prima settimana di agosto?

   —_____ ad agosto.

8. —Non vai in Inghilterra quest'anno?

   —No. _____ in Inghilterra quando saprò parlare inglese.

9. —Quali squadre giocano domenica?

   —Il Milan _____ contro la Juventus. Ho già i biglietti.

I. Complete the following paragraph with the correct form of the verbs in the **trapassato**. (10 points)

Quando sono arrivati da me a Firenze, Piero e i suoi amici _____ (andare) già a Napoli e _____ (visitare) molti luoghi interessanti. Io gli _____ (preparare) l'itinerario e _____ (suggerire) loro di viaggiare in macchina. Gli amici mi hanno detto che _____ (partire) presto e dopo un po' _____ (fermarsi) lungo la strada per prendere un caffè. Dopo quattro ore _____ (arrivare) a Roma per fare colazione. _____ (Viaggiare) molto tempo ed erano stanchi. Così loro _____ (decidere) di rimanere in città quella sera. Loro _____ (divertirsi) quel giorno, ma adesso volevano riposarsi da me.

J. You are going by train to Siena and your traveling companion has a lot of questions. Complete your responses using the pronoun **ne** or the adverb **ci**. (10 points)

1. —Hai portato delle mele?

   —Sì, _____ ho portate cinque.

2. —Sei mai stata a Siena?

   — _____ sono stata a settembre.

3. —Hai del vino?

   —No, non _____ ho.

4. —Con chi siete andati a Firenze?

   — _____ siamo andati con Alfredo.

5. —Quante bottiglie d'acqua minerale hai comprato?

   — _____ ho comprate tre.

6. —Vai spesso in città?

   —No, non _____ vado quasi mai.

7. —Hai bisogno di queste riviste?

   —Sì, _____ ho bisogno.

8. —Sei mai andato in Francia?

   —Sì, _____ sono stato una volta.

9. —Vuoi discutere di politica?

   —No, non _____ voglio discutere.

10. —Vuoi andare in California un giorno?

    —Sì, _____ voglio andare.

Scrittura

K. Write a dialogue of at least eight sentences between two friends who are planning to travel together after graduation. Include when and where they will go and possible activities. (16 points)

Cultura (opzionale)

L. Circle the letter of the correct answer for each of the following questions. (3 points)

1. Qual è lo sport più popolare in Italia?

    a. la pallacanestro

    b. il tennis

    c. il calcio

2. Ci sono squadre di calcio femminili in Italia?

    a. Ogni anno dicono che ci saranno, ma non ci sono ancora.

    b. Sì, ma il pubblico ha poca voglia di seguire le partite.

    c. Sì, ma solo al livello semiprofessionale.

3. Qual è un altro sport importante in Italia?

    a. il ciclismo

    b. il baseball

    c. l'equitazione

Nome _____ Data _____

Lezione 13
Esame A

Comprensione

A. Indicate the topic of each of the following conversations by placing a check mark in the appropriate column. You will hear each exchange twice. (7 points)

	Cibo	**Bevande**	**Festa**
1.	_____	_____	_____
2.	_____	_____	_____
3.	_____	_____	_____
4.	_____	_____	_____
5.	_____	_____	_____
6.	_____	_____	_____
7.	_____	_____	_____

B. Gilda and Pino meet on the street. Listen to their conversation twice and decide whether each of the printed statements is true or false. (8 points)

	Vero	**Falso**
1. Prima di incontrare Gilda, Pino ha fatto la prima colazione.	_____	_____
2. Pino è andato a pranzo da Gilda.	_____	_____
3. C'erano molti piatti squisiti.	_____	_____
4. Come primo piatto hanno ordinato la pastasciutta.	_____	_____
5. Come secondo piatto hanno ordinato gli spaghetti.	_____	_____
6. Pino è andato al ristorante Il Piatto d'Oro.	_____	_____
7. Gilda ha fame perché parlavano di cibo delizioso.	_____	_____
8. I prezzi del ristorante sono a buon mercato.	_____	_____

Vocabolario

C. Name the items that are used to eat or drink the following foods. (7 points)

1. la minestra _____

2. la carne _____ , _____

3. il caffè _____

4. il latte _____

5. la pizza _____ , _____

D. Complete the following sentences with the required noun from the list provided. Some words may be used more than once. (10 points)

pasticciere	macelleria	pescivendolo	latteria
macellaio	salumiere	salumeria	lattaio
pasticceria	panettiere		

1. Per comprare il pane, vado dal _____ vicino casa mia.

2. Al centro hanno aperto una nuova _____ dove comprerò dei dolci per domenica.

3. Ho bisogno di un antipasto per il pranzo. Mi fermerò dal _____ .

4. Ho intenzione di comprare un chilo di vongole dal _____ .

5. Compro sempre la carne dal mio _____ preferito.

6. Il latte è sempre fresco dal _____ in quella strada.

7. Ho trovato del buon prosciutto alla _____ qui vicino.

8. In quella _____ c'è un buon tiramisù.

9. La _____ in questa strada ha la mozzarella fresca.

10. Mia madre ha comprato il vitello nella _____ in via Colombo.

Lettura

E. Read the paragraph, then read the statements that follow. Check the statements that accurately reflect information given in the reading. (6 points)

Gli italiani amano mangiare bene. La cucina italiana offre una serie di piatti deliziosi. Ogni regione italiana offre le sue specialità tipiche per ogni gusto: pasta, carne, pesce, dolci—tutto preparato con prodotti genuini e con molta attenzione. I piccoli negozi alimentari sono ricchi di cibi freschi che gli italiani amano comprare ogni giorno. I diversi rivenditori offrono una grande varietà di alimenti come pane, carne, pesce, verdura e frutta.

Informazione data

1. Agli italiani piace cucinare con cibi freschi. _____
2. Ogni regione ha una sola specialità. _____
3. In Italia c'è una varietà di piatti regionali. _____
4. Gli italiani amano preparare grandi feste regionali. _____
5. La cucina italiana usa ingredienti freschi. _____
6. Gli italiani preferiscono fare la spesa ogni giorno. _____

F. Read the paragraph, then answer the following questions. Limit your responses to two or three words. (7 points)

Cara Antonia,
    ti scrivo questa lettera da Roma per farti sapere che verrò a visitarti per una settimana. Partirò il venti luglio a mezzogiorno ed arriverò alla stazione alle diciannove. Mi potrai venire a prendere? Com'è il tempo dalle tue parti? Fa molto caldo qui da noi. Ti porterò un bel regalo e sono sicura che ti piacerà. Ho tante cose da raccontarti, ma te le dirò in persona. Ci vediamo a presto. Ti saluto affettuosamente.
                                                    tua cugina, Clara

1. Dov'è Clara adesso? _____
2. Quanto tempo resterà Clara da Antonia? _____
3. Quando arriva il treno? _____
4. Prenderà un tassì Clara quando arriverà alla stazione? _____
5. Com'è il tempo a Roma? _____
6. Che porta Clara? _____
7. Che avrà da dire Clara ad Antonia quando le ragazze si vedranno? _____

Struttura

G. Complete the following paragraph using the conditional of the verbs in parentheses. (13 points)

Oggi Carlo ed Enzo mi hanno chiesto — _____ (Avere) il tempo quest'anno per andare con noi in Italia? — Ed io ho risposto loro che _____ (partire) volentieri per l'Italia con loro. Noi _____ (andare) a Roma e _____ (rimanere) lì per tre giorni. Enzo _____ (volere) visitare i suoi cugini mentre Carlo ed io _____ (fare) un viaggio ad Orvieto. Noi _____ (essere) felici di visitare molti musei di giorno e poi di sera _____ (sedersi) ad un bar e _____ (bere) vino ed acqua minerale. Carlo, Enzo ed io _____ (divertirsi) a guardare la gente che passeggia. Al nostro ritorno, noi _____ (mostrare) a tutti le foto che _____ (fare). _____ (Essere) un bel viaggio!

H. Complete each sentence by replacing the direct and indirect objects with the correct combination of double-object pronouns. (10 points)

1. —Come ti hanno preparato le uova?

    —_____ hanno preparate con cipolle e pepe.

2. —Chi mi dà la ricetta?

    —_____ dà Pierina, Luciano.

3. —Quando ci mandate il libro?

    —_____ mandiamo fra poco.

4. —Perché date i funghi a Paolo?

    —Perché _____ abbiamo promessi.

5. —Farai il favore a Mariella?

    —Sì, _____ farò.

6. —Chi scrive le lettere a Gianna e a Roberto?

    —Mario _____ scrive _____ ogni settimana.

7. —Quando vi spedisco i pacchi?

   —_____ spedisci domani.

8. —Presti la macchina a Giulio e a Pietro?

   —Sì, _____ presto _____ stasera.

9. —Chi mi dà il passaggio al centro?

   —Non si preoccupi, signora. Nuccio _____ darà.

10. —Chi ci mostra la nuova bicicletta?

    —Marco _____ mostra.

I. Complete the dialogue with the relative pronoun **che** or **cui,** plus the appropriate preposition if necessary. (10 points)

(Luca) È quello il negozio _____ hai lavorato l'anno scorso?

(Bettina) Sì, infatti, lì ci sono due giovani _____ hanno lavorato con me e _____ facevo colazione.

(Luca) Sono ragazzi _____ hai regalato dei dischi a Natale?

(Bettina) No, sono quelli _____ vedi vicino al bar. Invece questi sono i giovani _____ ti parlavo spesso.

(Luca) Adesso ricordo. Ma chi è quel signore _____ parla con Alba?

(Bettina) È lo zio _____ Alba scrive ogni mese e _____ è arrivato recentemente dall'Italia. È la persona _____ mi aiuta con l'italiano attraverso i messaggi elettronici.

Scrittura

J. Write a letter of at least eleven sentences to a friend who has asked how you would go about throwing a party for your mother's fiftieth birthday. Describe what you would shop for and where, and what you would prepare. (22 points)

_____

_____

_____

_____

_____

_____

_____

_____

_____

_____

_____

_____

_____

_____

Cultura (opzionale)

K. Determine whether each statement is true or false. (3 points)

	Vero	Falso
1. L'economia della Sardegna è basata sull'industria tessile.	_____	_____
2. La sede del governo della Sardegna è Sassari.	_____	_____
3. Uno dei mezzi per arrivare in Sardegna è il traghetto.	_____	_____

Lezione 13
Esame B

Comprensione

A. You will hear the following series of exchanges twice. Check whether the response in each is logical or illogical. (8 points)

	Logica	Illogica
1.	_____	_____
2.	_____	_____
3.	_____	_____
4.	_____	_____
5.	_____	_____
6.	_____	_____
7.	_____	_____
8.	_____	_____

B. You will hear a telephone conversation. Listen twice and decide whether the printed information is true or false. (7 points)

	Vero	Falso
1. Lucia ha telefonato ad Anna Maria.	_____	_____
2. Anna Maria ha cucinato gli spaghetti alla carbonara.	_____	_____
3. Lucia ha appetito.	_____	_____
4. La festa è per un compleanno.	_____	_____
5. La festa è questa domenica.	_____	_____
6. Anna Maria cucinerà per la festa.	_____	_____
7. Lucia non vuole troppe persone alla sua festa.	_____	_____

Oggi in Italia

Vocabolario

C. Complete the following sentences with an appropriate word from the list below. Do not use any item more than once. (8 points)

macelleria	cucchiaio	lattaio	bicchiere	piatto
auguri	pasticciere	pescheria	coltello	dolce
tovagliolo				

1. Dove lavoro tutti mi hanno detto — _____ — perché oggi è il mio compleanno.

2. Stasera la mia amica italiana mi preparerà l'aragosta, il mio _____ preferito!

3. Mangeremmo le vongole ma non le abbiamo potute trovare alla _____.

4. Come primo piatto, ci saranno gli spaghetti. Di solito uso una forchetta ed un _____ per mangiarli.

5. Comprerò una torta speciale dal _____.

6. Berremo un _____ di spumante per festeggiare l'occasione.

7. Non voglio dimenticare di mettere un _____ ed un _____ ad ogni posto.

D. Write the letter of the item in the right-hand column that corresponds to the item in the left-hand column. Do not use any item twice. (12 points)

1. tanti auguri! _____
2. il piatto _____
3. cento di questi giorni _____
4. la cena _____
5. la scodella _____
6. la colazione _____
7. il tovagliolo _____
8. basta _____
9. il bicchiere _____
10. il salumiere _____
11. la macelleria _____
12. la latteria _____

a. many happy returns
b. napkin
c. bowl
d. butcher shop
e. lots of good wishes
f. milkman
g. enough
h. dairy shop
i. delicatessen owner
j. glass
k. plate
l. lunch
m. supper

Lettura

E. Read the paragraph, then determine whether each statement that follows is true or false. (5 points)

Gli italiani amano mangiare bene. La cucina italiana offre una serie di piatti deliziosi. Ogni regione italiana ha le sue specialità tipiche per ogni gusto: pasta, carne, pesce, dolci—tutto preparato con molta attenzione e con prodotti genuini. I piccoli negozi alimentari sono ricchi di cibi freschi che gli italiani amano comprare ogni giorno. I diversi rivenditori vendono una grande varietà di alimenti come pane, carne, pesce, verdura e frutta.

	Vero	Falso
1. La cucina italiana è la stessa in tutta l'Italia.	_____	_____
2. In Italia c'è una varietà di piatti regionali.	_____	_____
3. Quando cucinano, gli italiani usano alimenti freschi.	_____	_____
4. Gli italiani possono comprare il pane dai piccoli rivenditori.	_____	_____
5. Gli italiani preferiscono fare la spesa una volta alla settimana.	_____	_____

F. Read the letter, then read the statements that follow. Check off only those statements that accurately reflect the content of the letter. (6 points)

Cara Antonia,
    ti scrivo questa lettera da Roma per farti sapere che verrò a visitarti per una settimana. Partirò il venti luglio a mezzogiorno ed arriverò alla stazione alle diciannove. Mi potrai venire a prendere? Com'è il tempo dalle tue parti? Fa molto caldo qui da noi. Ti porterò un bel regalo e sono sicura che ti piacerà! Ho tante cose da raccontarti, ma te le dirò in persona. Ci vediamo a presto. Ti saluto affettuosamente,

                                                                                         tua cugina,
                                                                                            Clara

                                                          Informazione data

1. Clara fa programmi per stare dalla cugina.   _____

2. Clara rimarrà sette giorni alla casa d'Antonia.   _____

3. Clara arriverà in macchina.   _____

4. Antonia riceverà una bella sorpresa da Clara.   _____

5. Le ragazze avranno molto da dirsi quando si vedranno.   _____

6. Antonia verrà a prendere sua cugina alla stazione.   _____

Struttura

G. Two friends are considering eating out at a restaurant. Complete their exchanges with the correct form of the conditional. (10 points)

1. —Cosa vuoi mangiare se usciamo?

   —_____ mangiare il merluzzo.

2. —Andiamo alla Trattoria Vittoria qui vicino?

   —No, noi _____ al Piccolo Forno. È meno caro.

3. —Quanto pago per un pranzo a quel ristorante?

   —_____ circa 21 euro.

4. Mario ci incontra al ristorante?

   —No, ci _____ alle nove. Dice che non vuole mangiare così tardi.

5. —Cosa fa Mario invece di cenare con noi?

   —_____ la ginnastica.

6. —Allora, usciamo o restiamo a casa?

   —Gina e Luca dicono che _____ (preferire) cucinare a casa.

7. —Va bene. Cosa posso fare per aiutarti a cucinare?

   —Mi _____ aiutare a preparare un primo piatto.

8. —È cosa bevete con il pasto?

   —_____ una limonata.

9. —Cosa prepari, una bistecca o la pasta?

   —_____ una bistecca.

10. —Intanto vuoi qualcosa da mangiare?

    —Sì, grazie. _____ volentieri un po' di pane.

H. The following exchanges take place around the busy dinner table of a large family. Complete each response with the correct combination of double-object pronouns. (12 points)

1. —Hai dato le patate a Paolo?

   —_____ do adesso.

2. —Franco ti ha restituito i dischi?

   —No, non _____ ha restituiti ancora.

3. —La mamma ha cucinato la pasta per te e per Michele?

   —Sì, _____ ha cucinata, ma tu potresti assaggiarla.

4. —Hai preparato il pollo senza burro per Amelia?

   —Sì, _____ ho preparato.

5. —Tu e Gianni direte a Michele che non potete partire?

   —Sì, _____ diremo stasera.

6. —Mi manderai il numero di telefono dall'Italia quando arriverai?

   —Sì, mamma, _____ manderò appena potrò.

7. —Ti ho fatto vedere le foto della festa?

   —No, non _____ hai fatte vedere ancora.

8. —Ci darai un passaggio al mercato domani?

   —Sì, _____ darò prima di andare all'università.

9. —Puoi prestare dieci dollari a Gianni ed Amelia?

   —Sì, _____ presto _____ più tardi.

10. —Laura vi venderà la macchina o no?

    —Sì, _____ venderà à maggio.

11. —Il professore vi spiega bene le lezioni?

    —Sì, _____ spiega bene.

12. —Do queste forchette a Michele?

    —No, non _____ dare!

I. Complete the sentences with the correct relative pronoun **che** or **cui**, according to the cues in parentheses. Add a preposition where necessary. (12 points)

1. Mi piacciono le persone _____ ballano bene. (*who*)

2. Voglio mangiare nei ristoranti _____ cucinano bene. (*in which*)

3. Ecco il romanzo _____ ti ho parlato. (*about which*)

4. Parliamo con lo studente _____ è arrivato poco fa. (*who*)

5. Quella è la signora _____ ho viaggiato l'anno scorso. (*with whom*)

6. È la lettera _____ mi ha mandato Paolo. (*that*)

7. È il cugino _____ Gino ha dato un regalo? (*to whom*)

8. Non mi piace il pesce _____ mia madre prepara. (*that*)

9. Questo è il professore _____ ho ricevuto una "C". (*from whom*)

10. Sono i registi _____ hanno vinto un premio. (*who*)

11. Ecco il cucchiaino _____ mangio il dolce. (*with which*)

12. Ecco il film _____ ti ho scritto. (*about which*)

Scrittura

J. Write a brief paragraph of at least ten sentences about a party you would like to give. Describe the food you would prepare and serve. (20 points)

_____
_____
_____
_____
_____
_____
_____
_____
_____
_____
_____
_____
_____
_____
_____

Cultura (opzionale)

K. Determine whether each statement is true or false. (3 points)

	Vero	Falso
1. L'economia della Sardegna è basata sull'industria tessile.	_____	_____
2. La sede del governo della Sardegna è Sassari.	_____	_____
3. Uno dei mezzi per arrivare in Sardegna è il traghetto.	_____	_____

Nome _____ Data _____

Lezione 14
Esame A

Comprensione

A. Listen to the following newscast. After each news item, choose the headline in the right-hand column that best describes what you heard. Write the letter of your choice in the space provided. Before beginning, review the headlines. (8 points)

1. Ginevra _____
2. Roma _____
3. Parigi _____
4. Roma _____
5. Firenze _____
6. Napoli _____
7. Milano _____
8. Torino _____

a. Il Papa a San Pietro
b. L'incontro con la Germania è un successo
c. Nebbia nel nord d'Italia
d. Le ultime creazioni della moda
e. Una conferenza internazionale
f. Problemi nella città a causa del tempo
g. La visita del Presidente
h. Il Primo Ministro riceve i ministri inglesi
i. Il Papa viaggia all'estero

B. Two friends are discussing television. Listen to their conversation twice, and decide whether each of the printed statements is true or false. (7 points)

	Vero	Falso
1. Ieri sera gli amici hanno guardato la televisione insieme.	_____	_____
2. C'era un bel film irlandese.	_____	_____
3. Il film era sulla Rete 2.	_____	_____
4. I film della Rete 2 sono dei classici.	_____	_____
5. I film sono sempre i migliori.	_____	_____
6. Secondo Stefano, è necessario mostrare film che piacciano ad altre persone.	_____	_____
7. Gli amici guarderanno una videocassetta.	_____	_____

Vocabolario

C. Match a capital in the right-hand column with each country in the left-hand column. Write the corresponding letter in the space provided. (10 points)

1. la Polonia _____
2. la Grecia _____
3. la Spagna _____
4. la Danimarca _____
5. l'Ungheria _____
6. la Svizzera _____
7. il Portogallo _____
8. la Germania _____
9. la Russia _____
10. l'Inghilterra _____

a. Atene
b. Copenhagen
c. Berna
d. Berlino
e. Varsavia
f. Lisbona
g. Madrid
h. Budapest
i. Londra
j. Mosca
k. Dublino

D. Indicate where each of the officeholders in the left-hand column carries out his/her responsibilities. Write the letter of your choice in the space provided. (7 points)

1. il deputato _____
2. l'ambasciatore _____
3. la regina _____
4. il presidente _____
5. la senatrice _____
6. il sindaco _____
7. il ministro _____

a. in una monarchia
b. nel senato
c. nel consiglio dei ministri
d. nella camera dei deputati
e. nel comune
f. in una sala
g. in una repubblica
h. in un paese straniero

E. Match the words in the second column with their description. Write the letter of your choice in the space provided. There are two extra words or phrases. (8 points)

1. la persona che guarda le notizie _____
2. la persona che dà le notizie _____
3. Rete 2, 3, 4 _____
4. si usa per copiare un programma _____
5. si mette nel videoregistratore _____
6. quello che ascoltiamo per sentire la musica _____
7. la guardiamo per sapere le notizie _____
8. televisione non a colori _____

a. l'annunciatrice
b. televisione in bianco e nero
c. la TV
d. la videocassetta
e. il canale televisivo
f. il telespettatore
g. la radio
h. il videoregistratore
i. il disco
j. il computer

Lettura

F. Read the paragraph. Then circle the letter of the statement in each pair that is true according to the reading. (9 points)

Dentro la città di Roma c'è la Città del Vaticano, lo stato più piccolo e più famoso del mondo. La Città del Vaticano ha solamente mille abitanti; i turisti che la visitano spesso sono più numerosi degli abitanti. Il Vaticano stampa i propri francobolli e usa l'euro come moneta. Nella Città del Vaticano c'è la chiesa di San Pietro, la più grande chiesa del mondo. Molta gente viene anche per vedere la bellezza dei giardini vaticani che offrono un luogo verde e tranquillo ai residenti ed ai turisti.

1. a. La Città del Vaticano è proprio nella città di Roma.
   b. La Città del Vaticano è molto vicino a Roma.
2. a. Ci sono più abitanti che turisti nella Città del Vaticano.
   b. Ci sono più turisti che abitanti nella Città del Vaticano.
3. a. Mille persone abitano nella Città del Vaticano.
   b. Mille persone visitano la Città del Vaticano.
4. a. Non è uno stato grande, ma è molto famoso.
   b. Non è uno stato famoso perché è troppo piccolo.
5. a. Non c'è una chiesa nel mondo più grande di San Pietro.
   b. Non c'è una città nel mondo più grande di San Pietro.

6. a. La chiesa di San Pietro è nel Vaticano.

   b. Il Vaticano è nella città di San Pietro.

7. a. Ai residenti piace vedere la bellezza dei turisti.

   b. Ai turisti piace vedere la bellezza dei giardini.

8. a. I giardini del Vaticano sono chiusi al pubblico.

   b. I giardini del Vaticano sono aperti al pubblico.

9. a. I giardini non sono aperti ai residenti.

   b. I giardini sono aperti ai residenti.

Struttura

G. Complete the following demands and wishes expressed by a father to his children. Use the subjunctive form of the verb in parentheses. (15 points)

1. Insisto che voi non _____ per Milano. (partire)
2. Non voglio che tu _____ la partita. (guardare)
3. Preferisco che Alberto non _____ il pieno adesso. (fare)
4. Insisto che Maria _____ il salotto adesso. (pulire)
5. Spero che Susanna e Pierina non _____ i nuovi vestiti. (vedere)
6. Non voglio che Alberto _____ gli studi quest'anno. (finire)
7. Insisto che tu non _____ un appartamento. (cercare)
8. Spero che tu non _____ un regalo a Gloria. (dare)
9. Preferisco che Carlo non _____ la macchina. (vendere)
10. Desidero che noi _____ sabato mattina. (aiutarsi)
11. Spero che tu _____ venire con noi stasera. (potere)
12. Non voglio che voi _____ con Franco domani. (uscire)
13. Preferisco che Susanna _____ qui stasera. (rimanere)
14. Insisto che loro _____ con noi alla mostra. (venire)
15. Voglio che voi _____ qui prima di mezzanotte. (essere)

H. Complete the paragraph with the correct form of the verb in parentheses. (10 points)

Mia madre ed io non andiamo mai d'accordo. Lei vuole che io _____ (bere) più latte, ma a me il latte non piace. Io dico che è giusto che io _____ (portare) i pantaloni grigi, ma lei insiste che io non _____ (uscire) di casa vestito così. Lei preferisce che io _____ (tagliarsi) i capelli, ma io desidero che i miei capelli _____ (rimanere) lunghi. Quando io voglio guardare la televisione, lei dice che io _____ (dovere) fare i compiti. Lei non vuole che i miei amici mi _____ (telefonare) tardi, ma per me è importante che loro mi _____ (parlare). Lei insiste che io la _____ (ascoltare), ed io insisto che lei mi _____ (capire). Insomma, è una situazione difficile!

I. You and your spouse are planning a trip. Supply the correct form of the verbs in parentheses. (10 points)

1. È meglio che i ragazzi _____ con noi. (venire)
2. È importante che tu _____ una macchina nuova. (noleggiare)
3. Bisogna che la musica non _____ noiosa durante il viaggio. (essere)
4. È probabile che Mariella _____ troppo. (spendere)
5. È necessario che noi _____ tutto con attenzione. (fare)
6. È improbabile che io _____ bisogno di un'agenzia di viaggi. (avere)
7. Bisogna che la nonna _____ molti panini. (preparare)
8. È impossibile che il prezzo della benzina _____ prima di partire. (diminuire)
9. È opportuno che Lucio ti _____ la sua macchina. (prestare)
10. È preferibile che tu e Giulio _____ il mio consiglio. (seguire)

Scrittura

J. Write a brief description (eight sentences) of a conversation between two students. The elder, a senior, makes various suggestions to the freshman who is seeking advice. (16 points)

_____

_____

_____

_____

_____

_____

_____

_____

Cultura (opzionale)

K. Circle the number of each true statement. (3 points)

1. Napoli è dominata dal vulcano Etna.

2. "Vedi Napoli e poi muori" è un detto popolare.

3. Un aggettivo che descrive il napoletano è *vivace*.

Nome _____ Data _____

Lezione 14
Esame B

Comprensione

A. Listen to the following dialogue twice, and decide whether each of the printed statements is true or false. (8 points)

	Vero	Falso
1. Il signor Azzini ha ascoltato il telegiornale.	___	___
2. Ci saranno cambiamenti economici, ma il prezzo della benzina rimarrà lo stesso.	___	___
3. Il prezzo della benzina diminuirà.	___	___
4. A causa del programma economico i signori Azzini non faranno gite in macchina come prima.	___	___
5. Alla signora piace cambiare le sue attività.	___	___
6. I signori potranno fare gite al parco.	___	___
7. Il signor Azzini suggerisce di andare al parco senza la macchina.	___	___
8. Prima dei prezzi alti, alla famiglia Azzini piaceva viaggiare in macchina.	___	___

B. You will hear a series of exchanges. Listen to each twice and decide whether the response is logical or illogical. (7 points)

	Logica	Illogica
1.	___	___
2.	___	___
3.	___	___
4.	___	___
5.	___	___
6.	___	___
7.	___	___

Vocabolario

C. Write the letter of the word or words that correctly complete each sentence. (10 points)

1. Preferisco guardare _____ a colori.

    a. il telespettatore

    b. la televisione

2. _____ italiana ha letto le notizie.

    a. La giornalista

    b. L'annunciatrice

3. A che ora comincia il _____ ?

    a. telegiornale

    b. televisore

4. Oggi gli italiani hanno una grande scelta di reti _____ .

    a. televisive

    b. televisioni

5. Non mi piacciono i programmi di questo _____ .

    a. canale

    b. sbarco

6. Questo televisore non è buono. Bisogna _____ uno nuovo.

    a. comprarne

    b. ricordarne

7. Quando sono in macchina, preferisco ascoltare _____ .

    a. il telegiornale

    b. la radio

8. Il mio programma preferito va _____ alle venti.

    a. in onda

    b. a sinistra

9. La RAI ha _____ .

   a. televisioni a colori

   b. canali televisivi

10. Ci sono molti _____ alla TV ogni sera.

    a. film

    b. stati

D. In the space provided, write the letter of the word that best matches each description. (10 points)

1. È il capo della città. _____
2. È il capo della monarchia. _____
3. Si presenta per essere eletto. _____
4. È il capo della repubblica. _____
5. È un membro (*member*) del senato. _____
6. È la moglie del re. _____
7. È il periodo quando tutti votano. _____
8. Un altro nome per una nazione. _____
9. È il rappresentante della gente. _____
10. È il luogo di lavoro del sindaco. _____

a. il presidente
b. la monarchia
c. il comune
d. un senatore
e. la regina
f. le elezioni
g. il candidato
h. il sindaco
i. uno stato
j. il ministro
k. il deputato
l. il re

Lettura

E. Read the following paragraph, then decide whether each statement below is true, false, or based on information not given in the reading. (10 points)

Dentro della città di Roma c'è la Città del Vaticano, lo stato più piccolo e più famoso del mondo. La Città del Vaticano ha solamente mille abitanti; i turisti che la visitano spesso sono più numerosi degli abitanti. Il Vaticano stampa i propri francobolli e usa l'euro come moneta. Nella Città del Vaticano c'è la chiesa di San Pietro, la più grande chiesa del mondo. San Pietro attrae sempre un gran numero di turisti e di fedeli. Di grande interesse sono anche i giardini vaticani che offrono un luogo verde e tranquillo ai residenti ed ai turisti.

	Vero	Falso	Informazione non data
1. Ci sono più turisti che abitanti al Vaticano.	_____	_____	_____
2. Il Vaticano riceve molti turisti.	_____	_____	_____
3. I francobolli vaticani sono belli.	_____	_____	_____
4. San Pietro è dentro Roma.	_____	_____	_____
5. Il Vaticano ha la chiesa più grande d'Italia.	_____	_____	_____
6. La Città del Vaticano non è molto famosa perché è piccola.	_____	_____	_____
7. La piazza di San Pietro è la più grande del mondo.	_____	_____	_____
8. La chiesa non interessa ai fedeli.	_____	_____	_____
9. I giardini vaticani sono aperti al pubblico.	_____	_____	_____
10. Anche gli abitanti possono entrare nei giardini della Città del Vaticano.	_____	_____	_____

Struttura

F. Your mother has strong preferences about what you and the rest of the family do. Use the appropriate form of the verb in parentheses to complete her statements. (12 points)

1. Insisto che Gianmarco non _____ a guidare. (imparare)

2. Non voglio che tu _____ a Porta Portese con Ada. (andare)

3. Insisto che tu e Pierino _____ un appartamento qui vicino. (cercare)

4. Non voglio che la nonna mi _____ . (aiutare)

5. Non desidero che Pierino _____ lo spumante. (bere)

6. Spero che lo zio e il papà non _____ di politica. (discutere)

7. Voglio che tu _____ la nonna domani. (vedere)

8. Preferisco che voi non _____ da Margherita stanotte. (rimanere)

9. Spero che Annamaria _____ da noi per Natale. (venire)

10. Preferisco che gli zii non _____ una passeggiata adesso. (fare)

11. Insisto che i tuoi fratelli _____ a casa con te. (stare)

12. Voglio che noi _____ tutti insieme una volta. (uscire)

G. You are voicing your opinions about various people's activities. Complete each sentence with the appropriate form of the verb in parentheses. (13 points)

1. È necessario che l'annunciatrice _____ un annuncio. (fare)

2. È bene che il professore _____ alla lavagna. (scrivere)

3. È giusto che il Presidente _____ spesso. (viaggiare)

4. È probabile che mia sorella _____ in orario. (arrivare)

5. È improbabile che noi _____ a casa oggi. (rimanere)

6. È meglio che io _____ con gli amici. (uscire)

7. È necessario che i nostri amici _____ domenica sera. (partire)

8. È preferibile che Marco ed io _____ la verità. (dire)

9. È impossibile che i genitori _____ per tutti. (cucinare)

10. È meglio che tu e Gina _____ un appartamento. (trovare)

11. È preferibile che tu _____ un altro televisore. (cercare)

12. È possibile che i nostri amici non _____ nuotare bene. (sapere)

13. È certo che Piero _____ più videocassette di tutti. (avere)

H. Two brothers are discussing their grandfather's birthday. Complete their sentences using the present subjunctive of the verbs in parentheses. (10 points)

1. La mamma vuole che noi _____ a casa stasera. (stare)
2. È possibile che Annabella _____ la cena. (preparare)
3. Il nonno preferisce che tu non _____ fino a tardi domani mattina. (dormire)
4. Spero che i bambini _____ subito quando si alzano. (vestirsi)
5. È preferibile che io _____ un tassì. (prendere)
6. Preferisco che tu non _____ quel vino. (bere)
7. È possibile che la nonna _____ troppo. (preoccuparsi)
8. È importante che tu ed io _____ molta pazienza con i bambini. (avere)
9. Spero che tu ed Annabella _____ quanti anni ha lui. (sapere)
10. Tutti vogliono che il nonno _____ contento. (essere)

Scrittura

I. Write a letter expressing your hopes about who will come to your birthday party and what people will bring, wear, do, and so on. Write at least ten sentences. (20 points)

Cultura (opzionale)

J. Circle the number of each true statement. (3 points)

1. Napoli è dominata dal vulcano Etna.

2. "Vedi Napoli e poi muori" è un detto popolare.

3. Un aggettivo che descrive il napoletano è *vivace*.

Nome _____ Data _____

Lezione 15
Esame A

Comprensione

A. You will hear the following dialogue twice. Decide whether each printed statement is true or false. (8 points)

	Vero	Falso
1. Gli amici vogliono uscire insieme sabato.	_____	_____
2. Decidono di andare ad ascoltare un concerto.	_____	_____
3. Antonella preferisce andare a teatro.	_____	_____
4. Gli amici sono già andati a teatro il mese passato.	_____	_____
5. I film del cinema di via Roma sono spesso noiosi.	_____	_____
6. Antonella non vuole che i due amici discutano.	_____	_____
7. Gli amici credono che l'idea di andare a vedere un film sia buona.	_____	_____
8. Sabato sera andranno anche a ballare.	_____	_____

B. You will hear the following exchanges twice. Circle the letter that best describes the topic of each conversation. (7 points)

1. a. l'opera
   b. il comune
   c. l'atto
2. a. una tromba
   b. un concerto
   c. un cantante
3. a. un cavaliere
   b. un interprete
   c. un cantante
4. a. un'orchestra
   b. un direttore conosciuto
   c. un complesso
5. a. una fisarmonica
   b. un concerto
   c. un'opera
6. a. la presentazione
   b. il personaggio
   c. il pubblico
7. a. la regia
   b. la prenotazione
   c. l'informazione

Vocabolario

C. Match the words in the second column with the definitions in the first column. (8 points)

1. _____ conosciuto
2. _____ lo spettacolo
3. _____ un gruppo musicale
4. _____ quello che bisogna avere per ritirare i biglietti
5. _____ uno strumento per la musica rock
6. _____ una persona si sente così quando non è contenta
7. _____ una persona senza lavoro
8. _____ uno strumento per la musica classica

a. una prenotazione
b. una batteria
c. infelice
d. disoccupata
e. un complesso
f. un violoncello
g. la presentazione
h. famoso
i. eccezionale
j. una fisarmonica

D. Cross out the one word that does not correctly complete each sentence. (7 points)

1. Il professore s'intende di (musica classica, opera, cartellone).
2. Conosco un famoso (tamburo, cantante, soprano).
3. Chi ha cantato (quest'opera, questo scenario, quest'aria)?
4. Non conosce (l'orario, il personaggio, la cantante).
5. Non so suonare (il telefono, l'organo, il sassofono).
6. Al teatro stasera ci sarà una grande (presentazione, prenotazione, manifestazione).
7. Le terme di Caracalla sono rovine (antiche, romane, leggere).

E. Indicate whether the usage of the word in boldface is logical or illogical in context. (5 points)

	Logica	Illogica
1. I miei genitori mi hanno **sconsigliato** di cercare lavoro.	_____	_____
2. A tutta l'Italia piace la musica squisita di quel tenore **sconosciuto**.	_____	_____
3. Non ho mai letto quel libro, voglio **rileggerlo**.	_____	_____
4. Se fai qualcosa correttamente la prima volta, non devi **rifarla**.	_____	_____
5. Che **sfortuna**! C'è un programma magnifico stasera ma non potrò guardarlo.	_____	_____

Lettura

F. Read the passage, then determine whether the following statements are true or false. (7 points)

I Nuovi Idoli è il mio gruppo preferito. È un gruppo di giovani che hanno avuto molto successo quest'anno. Hanno scritto una bella canzone che è numero uno alla radio. Ho intenzione di comprare il loro nuovo disco. Voglio andare a vedere il loro prossimo concerto che avrà luogo al Palazzo dello Sport a Roma. Sono sicura che sarà una serata indimenticabile. È importante che io ricordi di prenotare i biglietti abbastanza presto perché è prevista la vendita totale dei biglietti.

	Vero	Falso
1. Alla ragazza piace un nuovo gruppo moderno.	_____	_____
2. I Nuovi Idoli sono molto popolari.	_____	_____
3. La loro canzone è spesso alla radio.	_____	_____
4. Questa ragazza ha già comprato il loro ultimo disco.	_____	_____
5. Il gruppo darà un concerto a Roma.	_____	_____
6. Sarà una presentazione eccezionale.	_____	_____
7. Lei vuole aspettare un po' prima di comprare i biglietti.	_____	_____

Struttura

G. You and your friends are exchanging opinions about various people and situations. Complete each thought with the present subjunctive of the verb in parentheses. (9 points)

1. Sono sorpreso che Gino e Giulio _____ l'inglese bene. (parlare)
2. Siamo contenti che tu _____ qui per un mese. (rimanere)
3. Mia madre ha paura che io non _____ molto denaro. (avere)
4. Dubito che Pierina _____ soltanto musica rock. (ascoltare)
5. Mi dispiace che Marcella non _____ molto bene. (dormire)
6. Dubitiamo che Roberto _____ poesie. (leggere)
7. Non credo che le mie cugine _____ l'*Aida*. (conoscere)
8. Non sono sicuro che tu e Marco _____ andare alle terme di Caracalla. (volere)
9. Ho paura che il comune non _____ alla decisione. (partecipare)

H. Change the following paragraph to the **congiuntivo passato.** (10 points)

Temo che Mario ed Elena _____ (partire) in ritardo. Dubito che

_____ (telefonare) prima di partire, e adesso non so se

_____ (perdere) il treno delle sette. È probabile che Mario non

_____ (svegliarsi) in orario, e così è possibile che lui ed Elena non

_____ (arrivare) alla stazione in tempo. Spero che

_____ (prendere) il treno delle nove e che

_____ (decidere) di telefonare alla mamma. Mi dispiace che lei

_____ (preparare) un pranzo così bello nonostante che non

_____ (avere) molto tempo. Spero che Mario ed Elena

_____ (pensare) di comprarle un bel regalo!

I. In each of the following situations, people act with certain conditions in mind. Complete each sentence using the correct form of the verb in parentheses. (5 points)

1. Lucia studia ancora benché _____ stanca. (essere)
2. Suono in un complesso sebbene io non _____ di musica. (intendersi)
3. Michelina lavora molto affinché _____ comprare una macchina. (potere)
4. Mangerà la torta benché _____ male. (sentirsi)
5. Vi compro i biglietti nel caso che _____ con noi. (venire)

J. You are a cultural critic for a travel magazine. Replace the conjugated verbs in parentheses with the **costruzione passiva con *si*.** (6 points)

1. In quel negozio piccolo vicino al duomo _____ francese. (parlano)
2. _____ molto a vedere quella commedia. (Ridi)
3. Negli alberghi _____ programmi interessanti alla televisione. (vedo)
4. Non sanno cucinare all'americana; qui _____ all'italiana. (cucinano)
5. _____ troppe elezioni in Italia. (Fanno)
6. _____ vino buono in quel ristorante. (Beviamo)

K. Complete each sentence with the correct forms of the verbs in parentheses. Use the present subjunctive or the present indicative, as necessary. (10 points)

1. È meglio che tu _____ la televisione adesso. Non voglio che noi _____ il nostro programma favorito. (accendere, perdere)

2. Mi dispiace che loro non _____ con noi. Ma sono contento che _____ accompagnarci sabato sera. (venire, potere)

3. Non sono sicura che loro _____ rimanere a casa a guardare la partita. Mi pare che loro _____ allo stadio. (volere, divertirsi)

4. I miei genitori sono contenti che io _____ con i miei studi nonostante che loro non _____ molto denaro. (continuare, avere)

5. Dubito che Alberto e Giancarlo _____ parte dell'orchestra, perché è certo che non _____ molto bene. (fare, suonare)

Scrittura

L. Write an entry of at least nine sentences from the travel journal of an Italian tourist visiting America for the first time. Describe how the people, the food, and the sights seem to the tourist. (18 points)

Cultura (opzionale)

M. Circle the word or words in parentheses that complete the following sentences correctly. (3 points)

1. Oltre alla musica americana, la musica _____ ha una grande influenza sulla gioventù italiana. (del sassofono, anglosassone)

2. La videomusica è trasmessa _____ . (dai canali televisivi, dalle stazioni radiofoniche)

3. Molto spesso ci sono opere all'arena di Verona e _____ di Caracalla a Roma. (alle Terme, al Palazzo)

Nome _____ Data _____

Lezione 15
Esame B

Comprensione

A. You will hear a series of questions, each followed by two possible responses. Write the letter of the most appropriate response in the space provided. You will hear each item twice. (7 points)

1. _____   5. _____
2. _____   6. _____
3. _____   7. _____
4. _____

B. Check the topic of each exchange you hear. You will hear each exchange twice. (8 points)

1. a. _____ un'orchestra
   b. _____ l'arte
   c. _____ un atto

2. a. _____ un'interprete di musica
   b. _____ un'interprete di film
   c. _____ un'interprete di musica leggera

3. a. _____ lo scenario
   b. _____ il telegiornale
   c. _____ il cinema

4. a. _____ un cantante conosciuto in Germania
   b. _____ un cantante conosciuto fuori la Germania
   c. _____ un cantante famoso in tutta la Germania

5. a. _____ le caratteristiche di un'amica
   b. _____ un'amica sgarbata
   c. _____ un amico sgarbato

6. a. _____ l'orario

　　b. _____ la regia

　　c. _____ la costruzione

7. a. _____ una videocassetta eccezionale

　　b. _____ una videocassetta indimenticabile

　　c. _____ una videocassetta con molti problemi

8. a. _____ una creazione precisa

　　b. _____ un cartellone famoso

　　c. _____ un cartellone originale

Vocabolario

C. Choose the word in the right-hand column that matches each definition in the left-hand column. (8 points)

1. _____ un uomo che canta l'opera
2. _____ una presentazione di musica classica
3. _____ queste sono rovine famose
4. _____ dove suonano molti complessi
5. _____ un gruppo musicale
6. _____ certo
7. _____ sapere molto su qualcosa
8. _____ una parte della batteria

a. sicuro
b. il comune
c. intendersi
d. convincere
e. il tamburo
f. il concerto
g. il Palazzo dello Sport
h. le Terme di Caracalla
i. il tenore
j. il complesso

D. Complete the following paragraph with the appropriate words from the list. Words should be used only once. (7 points)

la chitarra　　　　eccezionale　　　　classica
indimenticabile　　interprete　　　　　serata
concerto　　　　　sconosciuto　　　　sfortuna

Non mi intendo molto di musica _____, però questo giovane _____ che suona _____ è famoso. Sono stato ad un suo _____ un anno fa ed è stata una bella _____ che considero _____. I critici hanno definito la sua abilità _____.

Lettura

E. Read the letter and then answer the questions that follow. Limit your responses to two or three words. (5 points)

Cara Sandra,
 ti scrivo adesso con buone e brutte notizie. Ti spiego . . . La buona notizia è che finalmente io posso venire a visitarti. Dopo la settimana prossima non sarò occupata. Ed ora la brutta notizia: sfortunatamente, da pochi giorni, sono disoccupata.
 Come sai, io lavoro per il comune. Qualche giorno fa ho ricevuto una lettera che diceva — Con grande dispiacere dobbiamo informarla che a causa dei cambiamenti nell'economia non possiamo offrirle più un posto al comune. . . . — Ho dovuto rileggere la lettera tre volte prima di crederci! Che disgrazia! Mi sembra che il direttore sia una persona molto organizzata; è possibile che abbia sbagliato?
 Come puoi immaginarti, io voglio riaprire la discussione con lui se tu non me lo sconsigli. Ti telefonerò presto.

Affettuosamente,
Rosa

1. Per chi lavora Rosa? _____
2. Cosa è successo a Rosa? _____
3. Cosa è diventata recentemente Rosa? _____
4. Che cosa ha dovuto fare per credere alla lettera del direttore? _____
_____
5. Secondo Rosa, com'è il suo direttore? _____

F. Read the paragraph, then circle the letter of the statement in each pair that is correct according to the passage. (7 points)

I Nuovi Idoli è il mio gruppo preferito. È un gruppo di giovani che hanno avuto molto successo quest'anno. Hanno scritto una bella canzone che è numero uno alla radio. Ho intenzione di comprare il loro nuovo disco. Voglio andare a vedere il loro prossimo concerto che avrà luogo al Palazzo dello Sport a Roma. Sono sicura che sarà una serata indimenticabile. È importante che io ricordi di prenotare i biglietti con molto anticipo perché è prevista la vendita totale dei biglietti.

1. a. I Nuovi Idoli è un complesso.
 b. I Nuovi Idoli è un'opera.

2. a. Il gruppo è molto popolare.
 b. Il gruppo è sconosciuto.

3. a. Cantano una canzone sgradevole.

   b. Cantano una bella canzone.

4. a. La ragazza non ha ancora comprato il loro ultimo disco.

   b. La ragazza non ha ancora comprato la loro ultima cassetta.

5. a. Il gruppo darà un concerto a Roma.

   b. Il gruppo ha dato un concerto a Roma la settimana scorsa.

6. a. Secondo la ragazza, il Palazzo dello Sport è indimenticabile.

   b. Secondo la ragazza, daranno uno spettacolo indimenticabile.

7. a. La ragazza teme che non venderanno tutti i biglietti.

   b. Lei teme che non ci saranno abbastanza biglietti.

Struttura

G. Two friends are going to a concert. Complete each sentence with the correct form of the verb in parentheses. Some may be in the subjunctive, others in the present indicative or the infinitive. (10 points)

1. Sono contento che gli amici _____ con noi. (venire)

2. Temo che il traffico non _____ leggero. (essere)

3. Sono felice che noi _____ buoni posti. (avere)

4. Mi dispiace che tu non _____ Anna. (portare)

5. È certo che Giulio e Carmela _____ alcuni cantanti. (conoscere)

6. Ho paura che noi non _____ andare al caffè dopo il concerto. (potere)

7. Sono sorpreso che Michele _____ in orario. (arrivare)

8. Spero di _____ stasera. (divertirsi)

9. Sono contento che Lidia _____ venire benché non _____ molto bene. (volere, sentirsi)

H. Complete the following sentences with the verbs in parentheses using the **congiuntivo passato.** (10 points)

1. È bene che i musicisti _____ alle sei. (arrivare)

2. Mi dispiace che poche persone _____ all'opera. (andare)

3. Credo che Mario _____ i biglietti lunedì mattina. (prendere)

4. Siamo contenti che Caterina e Paolo _____ suonare il pianoforte. (sapere)

5. È giusto che io non _____ molti soldi quella sera. (spendere)

6. Sono felice che voi _____ alla presentazione domenica. (divertirsi)

7. Mi dispiace che tu non _____ al concerto di Laura. (assistere)

8. Non sono sicuro che Tiziana ed io _____ la stessa scuola di musica. (frequentare)

9. Dubito che _____ un violino nell'orchestra. (esserci)

10. Il tenore sembra triste nonostante che _____ con successo. (cantare)

I. In each of the following scenarios, the first action depends on the second. Use the subjunctive to complete each combined sentence. (5 points)

1. Ti presto la macchina. Tu compri la benzina.

    Ti presto la macchina a condizione che tu _____ la benzina.

2. Ecco l'indirizzo di Marcella. Vuoi visitarla oggi.

    Ecco l'indirizzo di Marcella nel caso che tu _____ visitarla oggi.

3. Usciamo lo stesso. Fa cattivo tempo.

    Usciamo lo stesso sebbene _____ cattivo tempo.

4. Ti comprerò due biglietti. Tu puoi andare al concerto.

    Ti comprerò due biglietti affinché tu _____ andare al concerto.

5. Guido va in Italia. Non ha molto tempo.

    Guido va in Italia benché non _____ molto tempo.

J. You have strong opinions on several topics. Complete each sentence with the correct forms of the verbs in parentheses. Use the present subjunctive. (10 points)

1. Spero che tu _____ questa maglia verde, a meno che tu non _____ quella azzurra. (comprare, preferire)

2. Mi sorprende che Andrea _____ la macchina a Mario senza che lui gliela _____ . (prestare, chiedere)

3. Sono contenta che Gianni ci _____ spesso. Gli dispiace che io non _____ il tempo di rispondere. (scrivere, avere)

4. Mi sembra che il professore ci _____ lavorare troppo. Dubito che non ci _____ compiti stasera. (fare, dare)

5. È bene che voi _____ alla partita domani. Spero che non _____ . (andare, piovere)

K. Describe your school by completing the following sentences using the **costruzione passiva con *si*.** (5 points)

1. _____ parecchi compiti. (dare)

2. _____ spesso ai problemi di scuola. (pensare)

3. Qualche volta _____ tedesco nelle classi. (parlare)

4. _____ poco per i libri. (pagare)

5. _____ troppo per un buon pranzo. (non spendere)

Scrittura

L. Write a dialogue of at least nine sentences in which you and a friend express worries and doubts about an upcoming concert. (18 points)

_____

_____

_____

_____

_____

_____

_____

_____

_____

_____

_____

Cultura (opzionale)

M. Circle the correct word or words in parentheses to complete the following sentences. (3 points)

1. Oltre alla musica americana, la musica _____ ha una grande influenza sulla gioventù italiana. (del sassofono, anglosassone)

2. La videomusica è trasmessa _____ . (dai canali televisivi, dalle stazioni radiofoniche)

3. Molto spesso ci sono opere all'arena di Verona e _____ di Caracalla a Roma. (alle Terme, al Palazzo)

Lezione 16

Esame A

Comprensione

A. Listen twice to the following dialogue between a teacher and a student and decide whether each of the printed statements is true or false. (7 points)

	Vero	Falso
1. La studentessa sta per laurearsi.	_____	_____
2. La studentessa deve fare una decisione.	_____	_____
3. La studentessa non vuole rimanere dove ha studiato.	_____	_____
4. Lei decide di abitare a Milano.	_____	_____
5. Il professore si lamenta che gli studenti attuali non sono stimolanti.	_____	_____
6. Il professore le consiglia di intraprendere un'altra laurea.	_____	_____
7. La studentessa pensa di diventare professoressa.	_____	_____

B. You will hear some questions asked during an interview at the university. Decide whether the student's response is appropriate in each case. You will hear each question-and-answer set twice. (8 points)

Appropriata

1. _____
2. _____
3. _____
4. _____
5. _____
6. _____
7. _____
8. _____

Vocabolario

C. Indicate the letter of the definition that best matches the word or phrase provided. (7 points)

1. _____ laurearsi
2. _____ attore
3. _____ licenziarsi
4. _____ colloquio
5. _____ licenziare
6. _____ domanda d'impiego
7. _____ stipendio

a. un foglio di carta dove scrivi informazioni personali e professionali
b. compiere gli studi universitari e ricevere una laurea
c. un posto stimolante
d. lasciare il lavoro
e. un'intervista per un posto
f. orientarsi
g. una persona che recita in un dramma
h. far perdere il lavoro a qualcuno
i. salario

D. Complete the following dialogue with appropriate words from the list below. Use each word only once. (8 points)

capo	salario	gestione	tempo
richiedono	colloquio	laurea	impiego
qualifiche	attuale		

(Giorgio) Domani devo sostenere un _____ per un posto a _____ pieno.

(Tina) Che tipo di _____ vorresti trovare?

(Giorgio) Cercano una persona per la _____ di una fabbrica.

(Tina) Che cosa _____?

(Giorgio) Una _____ in ingegneria.

(Tina) Sono sicura che riuscirai. Senz'altro. Hai tutte le _____ e sai parlare bene.

(Giorgio) Tu sei sempre la solita ottimista. Speriamo che il _____ sia d'accordo con te!

Lettura

E. Read the following advertisement, then check the statements that are true. (10 points)

OFFERTA DI LAVORO

Un'impresa nell'Italia settentrionale, nelle vicinanze di Torino cerca:
Laureato in ingegneria elettrica in possesso dei seguenti requisiti:

—da 3 a 5 anni di esperienza nel campo di circuiti elettrici
—conoscenza della tecnica più recente
—età tra 25 e 40 anni

Inviare Curriculum vitae prima di venerdì, 12 marzo, a:
Agenzia Magellano, Casella Postale 39, Milano

	Vero
1. C'è un posto per un ingegnere vicino a Torino.	_____
2. Il posto sarebbe nell'Italia settentrionale.	_____
3. Bisogna avere la laurea in ingegneria per rispondere a quest'annuncio.	_____
4. È necessario avere un minimo di 5 anni di esperienza.	_____
5. Loro richiedono la conoscenza di circuiti elettrici.	_____
6. Se vuoi questo impiego, devi avere almeno 40 anni.	_____
7. L'annuncio richiede che mandi una domanda d'impiego a Milano.	_____
8. Se hai 31 anni, puoi rispondere a quest'annuncio.	_____
9. L'agenzia è nella città di Torino.	_____
10. Non ci sono requisiti per questo lavoro.	_____

Struttura

F. Complete each sentence with the **imperfetto del congiuntivo** of one of the following verbs according to the context. Each verb is only used once. (7 points)

licenziarsi   sistemarsi   fare   licenziare
assumere   orientarsi   laurearsi

1. Era bene che i miei genitori _____ in Italia.
2. Sarebbe bene se Marco non _____ proprio ora.
3. Preferirei che il mio capo _____ alcuni miei amici.
4. Volevo che Giulio _____ presto.
5. Era impossibile che il signor Alberti _____ Michele.
6. Speravo che io _____ bene all'università.
7. Era necessario che voi _____ il lavoro bene.

G. Complete each conversation with the appropriate form of the **trapassato del congiuntivo**. (8 points)

1. —Non credevo che Luigi e Mario _____ così pigri! (essere)

   —Neanch'io. Mi dispiaceva che _____ alla festa! (venire)

2. —Non ero sicuro che mia sorella _____ il vestito perfetto. (trovare)

   —È vero. Anch'io avevo paura che lei _____ molto tempo a cercarlo. (perdere)

3. —Al professore sembrava che noi _____ la lezione. (capire)

   —Sì, ma nessuno credeva che noi _____ imparare molto. (potere)

4. —Era giusto che voi _____ aiuto a Marcella. (offrire)

   —Perché no? Avevamo paura che lei non _____ a trovare un buon lavoro. (riuscire)

Oggi in Italia

H. Complete the sentences using the correct sequence of tenses. (9 points)

1. Se Marta verrà, io _____ con lei. (andare)
2. Se avessimo tempo, _____ per la Francia immediatamente. (partire)
3. Se vai al negozio, _____ comprare una rivista. (potere)
4. Mariella inviterebbe Carlo se lo _____ . (conoscere)
5. Se facesse bel tempo, Pina _____ una gita in montagna. (fare)
6. Non lascerò la macchina dal meccanico se _____ spendere molto. (dovere)
7. Scriveremmo più lettere se _____ un computer. (avere)
8. Accettereste il lavoro se loro ve lo _____ ? (offrire)
9. Pierino, se _____ alla festa stasera, balla con me! (venire)

I. Provide the correct form of the **congiuntivo** of the verbs in parentheses according to the **correlazione dei tempi.** (9 points).

1. Credevo che voi _____ tutto in un'ora. (fare)
2. È possibile che io _____ prima di voi. (finire)
3. Sarebbe meglio che noi _____ presto. (ritornare)
4. Vorremmo che tu _____ presto la mattina. (alzarsi)
5. Era importante che noi _____ in orario. (arrivare)
6. Hanno insistito che io _____ tutto per la festa. (preparare)
7. Parlava come se voi lo _____ ieri sera. (conoscere)
8. Vorrà che tu _____ un lavoro. (trovare)
9. Ci è dispiaciuto che quel programma _____ un'ora solo. (durare)

J. Mr. and Mrs. Rosati recently took a very expensive trip to New York. Say that you and some friends would not have done what they did, using the **condizionale passato.** (7 points)

1. I signori Rosati hanno viaggiato in prima classe. (io) _____

2. Hanno dormito al Ritz. (io e Pina) _____

3. Hanno mangiato l'aragosta ogni sera. (tu, Ada) _____

4. Sono andati spesso a teatro. (tu e Adriana) _____

5. La signora ha comprato cinque paia di scarpe. (Marcella) _____

6. Si è fatta tagliare i capelli da Monsieur Henri. (io) _____

7. Hanno speso più di cinquemila dollari. (io) _____

Scrittura

K. Write a dialogue of at least ten sentences between a television reporter and a student with strong views about changes that would improve conditions at school. Use **se** clauses where possible and pay attention to the sequence of tenses. (20 points)

_____
_____
_____
_____
_____
_____
_____
_____
_____
_____
_____
_____
_____
_____

Cultura (opzionale)

L. Complete the following sentences. (3 points)

1. La cupola del Duomo di Firenze è opera del _____ .

2. La lingua italiana risale al dialetto _____ .

3. L'autore del *Decamerone* è _____ .

Nome _____ Data _____

Lezione 16
Esame B

Comprensione

A. Listen to the dialogue twice, and decide whether each of the printed statements is true, false, or based on information not given in the dialogue. (8 points)

	Vero	Falso	Informazione non data
1. Paola legge la pagina delle offerte di lavoro.	____	____	____
2. Paola cerca un impiego.	____	____	____
3. Paola risponderà ad un annuncio per un posto in informatica.	____	____	____
4. L'annuncio richiede una laurea in ingegneria.	____	____	____
5. Per andare a questo lavoro è necessario avere una macchina.	____	____	____
6. Il posto richiede che la persona sia indipendente.	____	____	____
7. Il lavoro offre un buon salario.	____	____	____
8. Adesso Paola è disoccupata.	____	____	____

B. As you listen to the dialogue, complete the printed notes in one or two words. You will hear the dialogue twice. Stop the recording and read the questions before beginning. (7 points)

1. Per chi c'erano possibilità nel mondo del lavoro quando la signora Sansone era più giovane? _____

2. Cosa fa la signora Sansone per guadagnarsi la vita? _____

3. Preferisce il mondo dei libri perché nessuno la può _____ né la può _____.

4. Ha cominciato a scrivere con un libro per _____.

5. Sua _____ le ha dato l'idea per scriverlo.

6. La storia che la signora ha raccontato a Graziella è diventata un _____.

7. Il libro è stato scritto molti _____ fa.

Vocabolario

C. Complete each sentence by underlining the correct choice in parentheses. (7 points)

1. Per trovare un lavoro ho bisogno di presentare (una domanda d'impiego, un'impresa).

2. Devo essere ben preparata per (sostenere un colloquio, licenziarmi).

3. Richiedo (una concorrenza, uno stipendio) di almeno trentamila dollari.

4. Ho tre bambini a casa, perciò preferirei un lavoro (di poche ore, di molte ore).

5. Spero di potermi (sistemare, assumere) prima o poi.

6. Cerco un lavoro che offra molti giorni (di ferie, lunghi).

7. Voglio un lavoro dove posso sentirmi (sottoccupata, soddisfatta).

D. Complete the following paragraph with the appropriate word or words from the list below. (8 points)

interdisciplinare	laureati	professioni	poche
possibilità	lavoro	contatto	
impiegato	riuscire	sta per	

I giovani _____ italiani incontrano molti problemi nel mondo del _____. Ci sono _____ possibilità di trovare un impiego subito dopo la laurea. Per _____, bisogna avere una preparazione _____. Per fortuna l'Unione Europea darà ai giovani la _____ di lavorare in molte nazioni. Nel futuro si apriranno anche molte nuove _____ come per esempio nel campo dell'informatica. È certo che la situazione _____ cambiare.

Lettura

E. Read the paragraph, then determine whether the statements that follow are true or false. (10 points)

L'Italia ha la più antica università del mondo, l'università di Bologna, che risale all'anno 1158. Famosi professori hanno insegnato nelle sue prestigiose aule (*classrooms*). Nomi come Dante Alighieri, Petrarca, Boccaccio e Galileo Galilei sono solo alcuni dei nomi prestigiosi che sono parte del suo passato illustre. Ancora oggi l'università di Bologna è molto conosciuta specialmente nel campo della medicina, della legge e delle lettere. Un'altra famosa antica università in Italia è l'università di Padova, fondata nel 1221. In Italia ci sono cinquantacinque università, situate in tutte le regioni italiane. Alcune regioni hanno più di un'università. Ci sono anche famose università private come l'università Cattolica del Sacro Cuore, a Milano.

	Vero	Falso
1. L'Italia ha due delle università più antiche del mondo.	_____	_____
2. L'università di Bologna ha un passato prestigioso.	_____	_____
3. Una delle persone più famose che ha insegnato all'università di Bologna è stata Dante.	_____	_____
4. Boccaccio ha insegnato all'università di Padova.	_____	_____
5. L'università di Bologna è famosa per lo studio della medicina.	_____	_____
6. Uno studente non può laurearsi in legge all'università di Bologna.	_____	_____
7. Tutte le regioni italiane hanno un'università.	_____	_____
8. Alcune regioni hanno parecchie università.	_____	_____
9. Le università italiane sono solamente private.	_____	_____
10. A Padova c'è l'università Cattolica del Sacro Cuore.	_____	_____

Struttura

F. Several students discuss their classes and classmates. Complete the sentences with the **imperfetto del congiuntivo** of the verbs provided. (18 points)

1. Mi sorprendeva che tu non _____ tanti sbagli sebbene tu non _____ bene. (fare, sentirsi)

2. Il professore voleva che io _____ alla discussione benché io non _____. (partecipare, volere)

3. Era importante che voi _____ gli altri studenti con il lavoro e che _____ tutto in ordine alla fine della lezione. (aiutare, mettere)

4. Non era vero che Gabriella _____ e che io _____ aspettare un altro anno. (laurearsi, dovere)

5. Eravamo contenti che voi _____ le vostre idee così bene sebbene _____ così nervosi. (esprimere, essere)

6. Era necessario che noi _____ nei nostri studi e che _____ al più presto possibile. (riuscire, sistemarsi)

7. Eravamo contenti che Enrico _____ questa facoltà e che _____ tutti i corsi con noi. (preferire, combinare)

8. Era meglio che gli studenti _____ sempre e che tu _____ con pazienza. (lamentarsi, ascoltare)

9. I miei genitori volevano che io _____ una professione prima che _____ gli studi. (scegliere, finire)

G. Describe how the following people felt about certain things that you and others had or had not done. Complete each sentence with the **trapassoto del congiuntivo**. (7 points)

1. Arturo era sorpreso che noi _____ i nostri compiti. (fare)
2. Secondo lui, era impossibile che io _____ prima delle sei. (finire)
3. Era impossibile che tu _____ tutte le risposte. (sapere)
4. Ero contento che il professore _____ in ritardo per l'esame. (arrivare)
5. Italo dubitava che gli altri _____ a finire l'esame. (riuscire)
6. Non sapevamo che Marilena _____ in classe. (rimanere)
7. Mia madre non era contenta che io _____ i libri in classe. (lasciare)

H. Indicate what the following persons do under various circumstances using the correct tense of the verbs in parentheses. (7 points)

1. Se troverai un lavoro, _____ con gli studi? (continuare)
2. Se io trovassi un lavoro, _____ di sera. (studiare)
3. Se avrò tempo, _____ gli studi fra tre anni. (finire)
4. Se potreste fare un viaggio, dove _____ ? (andare)
5. Andremmo in Italia se _____ l'opportunità. (avere)
6. Sarei venuto con voi in Florida se tu mi _____ . (invitare)
7. Avresti pagato il conto se tu non _____ la borsa? (perdere)

I. Change the verbs in parentheses to the correct form of the indicative, subjunctive, or infinitive according to the **correlazione dei tempi**. (9 points)

La mamma di Renato vuole che lui _____ (aiutare) con il pranzo.

Prima vuole che lui _____ (preparare) la tavola. Poi è necessario che

Renato _____ (affrettarsi) ad andare al negozio per comprare altre

cose. Renato vuole _____ (andare) in macchina, ma la mamma vuole

che lui _____ (prendere) la bicicletta. È certo che Renato

_____ (dovere) andare immediatamente perché gli invitati

_____ (arrivare) fra poco. Se potesse, _____

(fare) come vuole lui, ma la mamma _____ (decidere) e basta così.

Scrittura

J. Write a paragraph of at least nine sentences describing your ideal job if you were to graduate next week. Use **se** clauses where possible. Keep in mind the sequence of tenses. (19 points)

_____
_____
_____
_____
_____
_____
_____
_____
_____
_____
_____
_____

Cultura (opzionale)

K. Complete the following sentences. (3 points)

1. La cupola del Duomo di Firenze è opera del _____.

2. La lingua italiana risale al dialetto _____.

3. L'autore del *Decamerone* è _____.

Lezione 17
Esame A

Comprensione

A. For each question you hear, write the letter of the appropriate response in the space provided. You will hear each question and set of possible answers twice. (7 points)

1. _____   5. _____
2. _____   6. _____
3. _____   7. _____
4. _____

B. Listen to the conversation twice and decide whether each of the printed statements is true or false. (7 points)

	Vero	Falso
1. Francesco è uno studente liceale.	_____	_____
2. Carmela gli chiede se alloggerà in una pensione.	_____	_____
3. Francesco ha un cugino che è già andato a Bologna.	_____	_____
4. Francesco ha un cugino che cerca casa.	_____	_____
5. Francesco abiterà con suo cugino.	_____	_____
6. L'appartamento non è lontano dall'università.	_____	_____
7. L'appartamento ha una grande cucina.	_____	_____

Vocabolario

C. Complete the following description of an apartment for rent using words from the list provided. Use each word only once. (7 points)

| garage | vicino | trasferirvi | ricerca | ferro da stiro |
| camino | lavatrice | comodo | centrale | |

Se state pensando di _____ quest'inverno forse la vostra _____ è finita. Affitto un appartamento molto _____, _____ alla chiesa di San Donato. Il palazzo ha il riscaldamento _____ che è molto buono. L'appartamento è ammobiliato ed ha anche una _____. Nel salotto c'è un grande _____ che crea una bella atmosfera. Chiedo un buon prezzo. Telefonate di mattina al 37.61.28.

D. Check the choice whose meaning is closest to that of the word or phrase in bold. (8 points)

1. Dato che abiti in **periferia**, passeremo a prenderti.

    a. _____ in città   b. _____ fuori della città

2. È difficile trovare la casa **adatta** a Bologna.

    a. _____ giusta   b. _____ attuale

3. Per fortuna, abito in una strada **silenziosa**.

    a. _____ modesta   b. _____ tranquilla

4. Dovrò **alloggiare** in una pensione domani sera.

    a. _____ orientarmi   b. _____ restare

5. Vorrei **affittare** una camera con bagno per una settimana.

    a. _____ prendere   b. _____ trasferire

6. Lui è un uomo **autonomo**; non ha bisogno di nessuno.

    a. _____ indipendente   b. _____ comprensivo

7. **Mi fa piacere** abitare da sola.

    a. _____ Mi accontento di   b. _____ Mi dà fastidio

8. È **scoraggiato!** Ma c'è ancora speranza.

    a. _____ modesto   b. _____ depresso

E. Write the letter specifying where each item in the left-hand column is usually found. There are two extra places listed. (5 points)

1. _____ tappeto
2. _____ frigorifero
3. _____ vestito
4. _____ libri
5. _____ quadro

a. camino
b. guardaroba
c. pavimento
d. cucina
e. parete
f. scaffale
g. soffitto

Lettura

F. Read the paragraph, then decide whether each statement is true or false. (8 points)

Gli avvenimenti politici interessano molto agli italiani. È molto comune che la gente compri giornali o riviste secondo le proprie opinioni politiche. Infatti, tutte le grandi città hanno il loro *quotidiano*, un giornale che è stampato (*is printed*) ogni giorno. I giornali offrono osservazioni stimolanti sulle notizie locali ed internazionali. I più famosi quotidiani e le riviste più popolari d'Italia arrivano nelle città importanti degli Stati Uniti, ma spesso con un po' di ritardo. Così gli italiani fuori dell'Italia possono informarsi sugli sviluppi politici e culturali in Italia. Anche se sono lontani dall'Italia analizzano la situazione politica ed i cambiamenti sociali del loro paese.

	Vero	Falso
1. Agli italiani piace leggere le notizie del giorno.	_____	_____
2. Ci sono pochi giornali in Italia che arrivano al pubblico ogni giorno.	_____	_____
3. Gli italiani non perdono tempo con le riviste.	_____	_____
4. Le notizie d'Italia interessano anche agli italiani fuori dell'Italia.	_____	_____
5. Alcuni giornali italiani sono stampati ogni giorno.	_____	_____
6. Ogni grande città ha un quotidiano.	_____	_____
7. I giornali italiani analizzano tanto gli avvenimenti dell'Italia quanto gli avvenimenti fuori dell'Italia.	_____	_____
8. Un italiano comprerebbe un giornale secondo la sua opinione politica.	_____	_____

G. Read the following rental advertisement and answer the questions briefly, using one to three words. (5 points)

Da affittare: una bella villa al mare per il periodo di luglio ed agosto. La villa è vicino alla spiaggia ed offre una vista panoramica. Ha un giardino e un cortile. Ci sono tre camere da letto, cucina, sala da pranzo e bagno con doccia. Telefonare ore pasti al numero 48.51.9.

1. In che zona è questa villa? _____
2. Per quanto tempo è offerta? _____
3. È vicino o lontano dal mare la villa? _____
4. Quante stanze ci sono nella villa? _____
5. Quale numero di telefono devi fare? _____

Struttura

H. Two friends are comparing their apartments and their living habits. Complete the sentences with the correct form of the **comparativo d'uguaglianza.** (10 points)

1. La mia scrivania è grande. Anche la tua è grande.

    La mia scrivania è _____ la tua.

2. Tutte e due le nostre asciugatrici sono moderne.

    La mia asciugatrice è _____ la tua.

3. Io ho molta frutta fresca sul tavolo. Anche tu hai molta frutta fresca in casa.

    Tu hai _____ frutta fresca in casa _____ me.

4. Tu e Mario mangiate velocemente. Anch'io mangio velocemente.

    Mangio _____ velocemente _____ voi.

5. Il tuo salotto ha tre lampade e tre sedie.

    Il tuo salotto ha _____ sedie _____ lampade.

6. Mia madre viene spesso da me. Tua sorella viene spesso da te.

    Mia madre mi visita _____ tua sorella visita te.

7. Io uso un nuovo ferro da stiro. Anche tu usi uno nuovo.

    Tu usi un ferro da stiro _____ il mio.

I. Marco is describing some students in his class. Complete his statements using the **comparativo di maggioranza** (+) or **di minoranza** (−). Make all necessary changes to the cues in parentheses. (10 points)

1. Enrico è _____ Maria. (− intelligente)
2. Tina e Paolo sono _____ Laura e Pino. (+ alto)
3. Mario, sei _____ Isabella! (+ pigro)
4. Nino è _____ dinamico. (+ nervoso)
5. Susanna è _____ bella. (+ antipatico)
6. Giorgio ed io siamo _____ ricchi. (+ studioso)
7. Ada è _____ gentile. (− ambizioso)
8. Maurizio _____ noi. (− studiare)
9. Tommaso e Gino _____ corsi di me. (+ frequentare)
10. Lucia _____ gli studenti stranieri. (+ prepararsi)

J. Use the present or past progressive form—depending on the tense of the verb in parentheses—to complete the following sentences. (10 points)

1. _____ una trasmissione interessante. (Guardo)
2. _____ a Mario quando hai telefonato. (Pensava)
3. Perché _____ quelle signorine? (salutavano)
4. _____ un appartamento qui vicino. (Cerchiamo)
5. _____ quando è arrivata Anna? (Dormivate)
6. I miei genitori _____ un cappuccino. (prendono)
7. Mi _____ che ha trovato un lavoro a Pisa. (spiegava)
8. _____ in ordine la tua camera? (Metti)
9. _____ i capelli mentre _____ l'opera. (Si lavava, ascoltava)

334 Oggi in Italia

K. Complete the sentences with the adverbs below. Each adverb may be used only once. (10 points)

già	abbastanza	ancora	piano
sempre	mai	qui	forse
particolarmente	raramente	troppo	

Sono _____ le otto e la mamma non ha _____ finito di cucinare. Sta cucinando pasta _____ per dieci persone. Infatti, _____ ha preparato _____ da mangiare. Non perde _____ la pazienza e si arrabbia _____ . Lei prepara _____ tutto in anticipo ed è _____ gentile con gli invitati. Ecco perché tutti vengono _____ da noi.

Scrittura

L. Write a letter at least seven sentences long to a friend. Tell him/her about your ideal house and its furnishings. (13 points)

_____
_____
_____
_____
_____
_____
_____
_____

Cultura (opzionale)

M. Circle the number of each true statement. (3 points)

1. UE significa Unione Europea.

2. Il Parlamento della UE è situato a Roma.

3. Il Trattato di Maastricht tende ad un passaporto unico.

Nome _____ Data _____

Lezione 17

Esame B

Comprensione

A. For each question you hear, write the letter of the appropriate response in the space provided. You will hear each question and set of possible answers twice. (7 points)

1. _____   5. _____
2. _____   6. _____
3. _____   7. _____
4. _____

B. Signora Minelli is placing an ad in the newspaper. Listen to the following dialogue twice and decide whether each of the printed statements is true or false. (8 points)

	Vero	Falso
1. L'annuncio è per un affitto.	_____	_____
2. L'appartamento è in via San Matteo.	_____	_____
3. L'appartamento è vicino all'università.	_____	_____
4. L'appartamento è al secondo piano.	_____	_____
5. Il bagno non ha una doccia.	_____	_____
6. Ci sono due salotti.	_____	_____
7. Stanno scrivendo l'annuncio insieme.	_____	_____
8. È probabile che la signora stia a casa di pomeriggio.	_____	_____

Vocabolario

C. Write the letter of the category to which each location in the left-hand column belongs. Use the categories in the right-hand column more than once. (7 points)

1. la cucina _____
2. il cortile _____
3. il camino _____
4. il salotto _____
5. la soffitta _____
6. il giardino _____
7. il bagno _____

a. una stanza
b. un'altra parte della casa
c. fuori della casa

D. Complete the paragraph using words and phrases from the following list. Use each item only once. (8 points)

cucina	bagno	tenda	in cerca di
annunci	appartamenti	piano	ringrazio
alloggio	adatto	camere	

Sono _____ un appartamento. Adesso _____ in una pensione troppo lontana dal mio lavoro. Per fortuna, ho trovato tanti _____ interessanti. Vorrei un appartamento con due _____ e un _____ con doccia. Non importa a che _____ sia. Dato che mi piace cucinare, non voglio una _____ troppo piccola. Mi sembra che ci siano molti _____ ovunque!

E. Complete each sentence with the name of the appropriate appliance or piece of furniture. (6 points)

1. Per pulire il tappeto, uso _____.
2. Metto i libri nello _____ oppure nella _____.
3. Per essere sicuro che il cibo rimanga fresco, lo metto nel _____.
4. Per fortuna ho una _____ e non devo lavare i piatti a mano.
5. Mi siedo davanti al televisore in una _____ molto comoda.

Lettura

F. Read the following rental advertisement and answer the questions briefly, using one to three words. (5 points)

Da affittare: una bella villa al mare per il periodo di luglio ed agosto. La villa è vicino alla spiaggia ed offre una vista panoramica. Ha un giardino e un cortile. Ci sono tre camere da letto, cucina, sala da pranzo e bagno con doccia. Ha un garage dove c'è posto per una macchina. Telefonare ore pasti al numero 48.51.9.

1. Che cosa vuole affittare la persona che ha scritto quest'annuncio? _____
2. Per quanto tempo è offerta? _____
3. Che si vedrà dalla villa? _____
4. Se avessi un'automobile, dove la metteresti? _____
5. Quanti amici potresti invitare ad alloggiare con te e poter dar loro una stanza ciascuno?
_____

G. Read the paragraph, then indicate whether each statement that follows is true. (5 points)

Siena è un'antica città italiana della Toscana. Passeggiare per le sue tipiche strade medioevali dà l'impressione di viaggiare nel passato. Il centro storico ha una delle più belle piazze del mondo, Piazza del Campo. Un avvenimento tipico della città di Siena è il famoso Palio di Siena. Il Palio è una corsa di cavalli che porta in città molti turisti stranieri e italiani. I colori vivaci dei costumi antichi danno alla manifestazione una caratteristica particolare.

	Vero
1. Siena è una vecchia città siciliana.	_____
2. Le vie di Siena sono moderne.	_____
3. La famosa piazza è nel centro storico.	_____
4. Il Palio è un grande spettacolo.	_____
5. Le persone che partecipano allo spettacolo si vestono in costumi storici.	_____

Struttura

H. Complete the following comparisons of people and things with the Italian equivalent of the comparative phrases in parentheses. Replace the definite article with **preposizioni articolate.** (15 points)

1. Gianna parla _____ ascolta. (*more than*)
2. Laura si lamenta _____ Nino. (*more often than*)
3. Chiara è _____ Marta. (*as intelligent as*)
4. Pino e Aldo hanno sempre _____ altri. (*more pens than*)
5. Rita e Giacomo sono _____ interessanti _____ intelligenti. (*less . . . than*)
6. Gli studenti sono _____ cortesi _____ le studentesse. (*as . . . as*)
7. Giorgio è _____ Michele. (*more serious than*)
8. Rosalba e Canio hanno studiato _____ Luigi e Stefano. (*as much as*)
9. Tonio ha sempre _____ matite. (*more books than*)
10. Invece, Marianna ha _____ penne. (*as many pencils as*)
11. In quest'aula ci sono _____ quaderni. (*more magazines than*)
12. Quest'aula è _____ quella del signor Baldini. (*as large as*)
13. Ragazzi, avete studiato _____ le ragazze? (*as much as*)
14. Giovanna è _____ Albertina. (*less nervous than*)
15. Lisa è _____ studiosa. (*more honest than*)

I. Rosalba phones a friend to ask about several things. Complete the following exchanges with the **tempi progressivi.** The verbs in parentheses indicate which tense to use. (10 points)

1. Cosa _____ adesso? (fai)

   _____ una audiocassetta di musica. (Ascolto)

2. Con chi _____ stamattina? (parlavi)

   _____ un favore a Giampiero. (Chiedevo)

3. Cosa _____ per cena? (ordinate)

   _____ pasta e pollo. (Prendiamo)

4. A chi _____ ieri? (scrivevi)

   _____ una lettera a Gregorio. (Spedivo)

5. Cosa _____? (pulisci)

   Non pulisco niente. _____ le mie scarpe nell'armadio. (Cerco)

J. Complete the paragraph with the imperfect progressive. (10 points)

Stamattina, mentre io _____ (suonare) il pianoforte, mia

madre _____ (finire) di pulire la casa e

_____ (pensare) al pranzo di oggi. I miei fratelli, invece,

_____ (lamentarsi) di non potere uscire perché

_____ (piovere). Mio padre

_____ (farsi) la barba mentre

_____ (cantare) un'aria dall'*Aida*. Noi tutti

_____ (fare) qualcosa mentre Arturo

_____ (dormire) ancora. Il gatto intanto

_____ (guardare) la gente dalla finestra.

K. Complete each sentence with an appropriate adverb from the list. Use each adverb only once. (5 points)

piano   regolarmente   particolarmente   bene
mai   ancora   abbastanza

1. —Perché sei _____ scoraggiato oggi?

2. —Perché non ho _____ trovato un appartamento.

3. —C'è _____ empo. Hai due mesi per trovarlo!

4. —Guardo _____ gli annunci sul giornale, ma non trovo niente.

5. —Coraggio, non perdere _____ la speranza!

Scrittura

L. Write a dialogue at least seven sentences long between two roommates who are shopping for furniture and appliances for their new apartment. (14 points)

_____
_____
_____
_____
_____
_____
_____
_____

Cultura (opzionale)

M. Circle the number of each true statement. (3 points)

1. UE significa Unione Europea.

2. Il Parlamento della UE è situato a Roma.

3. Il Trattato di Maastricht tende ad un passaporto unico.

Nome _____ Data _____

Lezione 18
Esame A

Comprensione

A. Listen to the following telephone conversation twice and decide whether each of the printed statements is true or false. (8 points)

	Vero	Falso
1. Sabrina sta ascoltando la musica.	_____	_____
2. Le due amiche stanno facendo programmi per andare al centro.	_____	_____
3. Sabrina vuole comprare un biglietto per l'opera.	_____	_____
4. Mangeranno Alla Cantina dopo che fanno le spese.	_____	_____
5. Elena sperava di andare al centro con la macchina.	_____	_____
6. Sabrina dice che le strade al centro saranno piene di macchine.	_____	_____
7. Le due amiche decidono di andare insieme con la macchina.	_____	_____
8. Si vedranno in via Como.	_____	_____

B. Listen twice to the following exchanges. As you listen, identify the means of transportation that is being used or discussed. Write the letter of the correct choice in the space provided. (7 points)

1. _____   a. la metropolitana
2. _____   b. l'autobus
3. _____   c. la macchina
4. _____
5. _____
6. _____
7. _____

Vocabolario

C. Complete the paragraph using words from the list provided. Use each word only once. (7 points)

pessimista   poi   peggio che mai
ormai   impossibile   traffico
incidenti   ottimista   pieno

Il traffico è _____ anche oggi. Se lo avessi saputo prima, avrei preso la metropolitana. C'è una stazione qui vicino e, _____, è un mezzo di trasporto più veloce. _____, nella città ci sono macchine ferme. Mi sembra che il problema sia _____. Di solito non sono _____ ma mi preoccupo che ci siano _____ gravi con tanto _____.

D. Match the appropriate type of transportation from the right-hand column to each situation in the left-hand column. (8 points)

1. _____ per andare al negozio sotto casa tua
2. _____ per attraversare l'oceano
3. _____ per trasportare molti prodotti sull'autostrada
4. _____ per molte persone in Italia è anche uno sport popolare
5. _____ per volare da un continente all'altro
6. _____ per andare attraverso la città senza usare le strade
7. _____ per attraversare un lago piccolo
8. _____ per poter andare in macchina se non hai la patente

a. la metropolitana
b. il tassì
c. a piedi
d. la macchina
e. l'aereo
f. l'autocarro
g. la nave
h. la bicicletta
i. la moto
j. la barca

Lettura

E. Read the following paragraph, then determine whether each of the following statements is true or false. (8 points)

L'Italia è un paese pieno di bellezze naturali e di oggetti d'arte, però, allo stesso tempo, è anche pieno di problemi, così come gli altri paesi del mondo. Uno dei problemi comuni in tutte le grandi città italiane è che le strade nella zona del centro rimangono bloccate (*jammed*) per lunghi periodi di tempo. Una delle cause di questo problema è che le strade sono molto strette perché sono state costruite molti anni fa. Le autorità cercano di risolvere il problema del traffico chiedendo che il pubblico usi i mezzi pubblici di trasporto come la metropolitana e gli autobus.

	Vero	Falso
1. L'Italia è un paese ricco d'arte.	_____	_____
2. L'Italia non ha problemi moderni come il resto del mondo.	_____	_____
3. Il traffico blocca le strade anche in Italia.	_____	_____
4. Le strade dei centri storici non sono adatti ai tempi moderni.	_____	_____
5. I comuni non vogliono trovare una soluzione al problema.	_____	_____
6. Molte strade sono strette.	_____	_____
7. Le autorità desiderano aprire le zone del centro.	_____	_____
8. Sarebbe preferibile che il pubblico cercasse di non usare le macchine.	_____	_____

F. Read the following advertisement for a travel agency, then indicate whether each statement that follows is true. (7 points)

Prima del vostro prossimo viaggio venite da noi. Siamo Andate Via, l'agenzia di viaggi che si prende cura di voi. Vi aiuteremo in tutti i modi per fare del vostro viaggio un'esperienza comoda e conveniente. Vi offriamo informazioni su tutti i mezzi di trasporto. Se volete andare in treno, in autobus, in aereo, con la nave o se desiderate noleggiare un'auto . . . abbiamo biglietti ed orari per tutto questo e più. Ricordate: Andate Via!

Vero

1. L'annuncio è per le persone che stanno facendo programmi da prendere per andare via. _____

2. L'agenzia non può programmare i mezzi di trasporto da prendere. _____

3. Loro vogliono accontentarvi nel vostro prossimo viaggio. _____

4. Loro sono preparati per dare consigli ai turisti. _____

5. Potete comprare i biglietti all'agenzia. _____

6. Se avete bisogno di una macchina, loro vi possono aiutare. _____

7. Se volete viaggiare per mare, non possono aiutarvi. _____

Struttura

G. Laura has a habit of exaggerating when she speaks. Complete her statements using the **superlativo relativo** of the adjectives mentioned. (7 points)

1. Le macchine italiane sono larghe, ma le macchine americane sono _____ di tutte.

2. Il traffico a New York è impossibile. Ma a Roma è _____ di tutti!

3. Siete più nervosi di noi. Voi siete _____ di tutti qua.

4. I treni tedeschi sono veloci, ma i treni francesi sono _____ d'Europa.

5. Questa poltrona è molto comoda; mi pare che sia _____ del salotto.

6. È vero; Claudio è pessimista. Infatti, è _____ della classe.

7. Siamo sempre stanchi, ma Gabriella è _____ di noi tutti.

H. You are exclaiming about your elegant night out on the town with friends. Complete the statements using the correct form of the **superlativo assoluto** of the words in parentheses. (7 points)

1. Il palazzo è _____ . (vecchio)

2. Questa statua è _____ . (antico)

3. Questi ristoranti sono _____ . (grande)

4. Le opere di Puccini sono _____ . (bello)

5. Le amiche di Dora sono _____ . (simpatico)

6. Tutti i nostri amici sono _____ . (buono)

7. Il mio ragazzo è _____ . (gentile)

I. Vincenzo has to comment about everything, whether right or wrong! Complete the sentences with the correct form of the **comparativo irregolare**, the **superlativo irregolare**, or the **superlativo assoluto irregolare** as needed. Follow the cues in parentheses. (10 points)

1. Gabriele è cattivo, ma Gregorio è _____ . (*worse*)

2. Renato è _____ studente di questa classe! (*best*)

3. Che freddo in quest'aula! Questa è la _____ temperatura che ricordo mai! (*the lowest*)

4. La mia professoressa è _____ di tutti! (*the oldest*)

5. Laura è sempre _____ della classe! (*the worst*)

6. I film italiani sono buoni, ma i film americani sono _____ . (*excellent*)

7. Sono sicuro che Alberto è _____ degli studenti. (*the youngest*)

8. Gli studenti della mia classe sono cattivi. Ma so che gli studenti della tua classe sono _____ di tutti! (*the worst*)

9. Con tutti questi compiti da fare, questo problema è _____ che posso finire. (*the most*)

10. No, hai torto. Mio fratello è _____ di tua sorella! (*older*)

J. Complete the passage with the **comparativo irregolare** of the adverbs in parentheses. (5 points)

Canto _____ (bene) di molte persone, ma so suonare la chitarra _____ (poco) di tutti. Oggi ha cantato con me Florinda. Lei canta ancora _____ (male) di quanto credessi. Non ho capito: lei studia voce _____ (molto) di me, ma ha _____ (poco) successo.

K. Complete the paragraph with the appropriate prepositions where needed. (10 points)

Mio fratello vuole sempre _____ discutere di ecologia. Io, invece, cerco _____ evitare queste discussioni. Lui comincia _____ dire che l'ecologia è importante e che dovrei _____ preoccuparmi di queste cose. Io, però, riesco _____ trovare altre cose da discutere. Cerco _____ consigliargli _____ finire con queste discussioni. Gli suggerisco _____ ascoltare la musica popolare, per esempio, ma lui cambia sempre argomento quando mi metto _____ parlare di musica. In verità, ci divertiamo _____ litigare come fanno un fratello ed una sorella.

Scrittura

L. Write a diary entry of at least eight sentences describing a recent trip to Italy. Compare the various means of transportation you used to get there, to go from one city to another, and to move around the city. (16 points)

_____
_____
_____
_____
_____
_____
_____
_____
_____

Cultura (opzionale)

M. Check the statements that are true according to the cultural information in the text. (3 points)

                                                                                 Vero

1. Gli italiani usavano la bicicletta pochissimi anni fa. _____

2. In Italia molto è cambiato a causa dello sviluppo di molte industrie. _____

3. Il mezzo di trasporto principale nelle città italiane rimane attualmente la motocicletta. _____

Nome _____ Data _____

Lezione 18
Esame B

Comprensione

A. You will hear a series of exchanges twice. Write the letter of the logical response. (7 points)

1. _____
2. _____
3. _____
4. _____

5. _____
6. _____
7. _____

B. You will hear a dialogue twice. As you listen, choose the most appropriate completion for each statement. (8 points)

1. L'uomo chiede informazione _____ .
   - a. sulle autostrade
   - b. sui mezzi di trasporto

2. La città ha problemi _____ .
   - a. di traffico
   - b. finanziari

3. La donna suggerisce all'uomo _____ .
   - a. di prendere l'autobus
   - b. di comprare una macchina

4. L'uomo si preoccupa _____ .
   - a. degli incidenti
   - b. del traffico enorme

5. La donna suggerisce che i passeggeri dell'autobus _____ .
   - a. leggano
   - b. si parlino

6. Sarebbe ideale prendere la metropolitana durante _____ .
   - a. l'estate
   - b. l'autunno

7. L'uomo decide che può imparare a conoscere la città _____ .
   - a. nel tempo libero
   - b. dall'autobus

8. L'uomo preferisce andare a lavoro e tornare _____ .
   - a. in macchina
   - b. in autobus

Vocabolario

C. Link the words in the right-hand column to their definitions. Use each item only once. (8 points)

1. _____ Quello che si fa con la plastica.
2. _____ Spesso si trova in un parco.
3. _____ Lo studio dell'ambiente.
4. _____ Quello che succede ai mari e all'aria di oggi.
5. _____ Quello che si prende per andare da New York a Milano.
6. _____ Mezzo di trasporto che si usa per andare attraverso la città sotto terra.
7. _____ Mezzo di trasporto usato a Venezia.
8. _____ Quello che molte macchine causano.

a. l'ecologia
b. una statua
c. riciclare
d. l'aereo
e. la nave
f. l'inquinamento
g. il traffico
h. la metropolitana
i. andare a piedi
j. il traghetto

Lettura

D. Read the following advertisement for a travel agency and answer the questions that follow in one to three words. (5 points)

Prima del vostro prossimo viaggio venite da noi. Siamo Andate Via, l'agenzia di viaggi che si prende cura di voi. Vi aiuteremo in tutti i modi per fare del vostro viaggio un'esperienza comoda e conveniente. Vi offriamo informazioni su tutti i mezzi di trasporto. Se volete andare in treno, in autobus, in aereo, con la nave o se desiderate noleggiare un'auto . . . abbiamo biglietti ed orari per tutto questo e più. Ricordate: Andate Via!

1. Con che cosa può aiutarvi quest'agenzia? _____
2. Secondo loro, come sarà la vostra vacanza se la organizzerete con loro?
   _____
3. Possono fare le prenotazioni se volete andare in aereo? _____
4. Se non avete una macchina ma volete guidare, che vi consiglierebbe l'agenzia?
   _____
5. Per quali mezzi di trasporto possono darvi gli orari? _____

E. Read the following paragraph, then answer as briefly as possible. (5 points)

L'Italia è un paese pieno di bellezze naturali e di oggetti d'arte, però, allo stesso tempo, è anche pieno di problemi, così come gli altri paesi del mondo. Uno dei problemi comuni in tutte le grandi città italiane è che le strade nella zona del centro rimangono bloccate (*jammed*) per lunghi periodi di tempo. Una delle cause di questo problema è che le strade sono molto strette perché sono state costruite molti anni fa. Le autorità cercano di risolvere il problema del traffico chiedendo che il pubblico usi i mezzi pubblici di trasporto come la metropolitana e gli autobus.

1. Secondo la lettura, di che cosa è ricca l'Italia? _____
2. Quali sono gli altri paesi che hanno gli stessi problemi come l'Italia? _____
3. Come rimangono le strade nel centro della città? _____
4. Quando sono state costruite le strade italiane? _____
5. Quali sono due mezzi di trasporto che la gente dovrebbe usare? _____

Struttura

F. Complete these opinionated statements using the **superlativo relativo** of the words in parentheses. (8 points)

1. La basilica di San Pietro è la chiesa _____ del mondo. (*the largest*)
2. Patrizia e Giuliana sono _____ del nostro gruppo. (*the smallest*)
3. La mia città è _____ . (*the least unlivable*)
4. L'aereo è _____ dei mezzi di trasporto. (*the fastest*)
5. Il lavoro _____ è quello del dottore. (*the hardest*)
6. Mia madre è _____ della famiglia. (*the most dynamic*)
7. Gianni ed Antonio sono _____ dei tuoi amici. (*the least nice*)
8. Le strade di questo paese sono _____ della regione. (*the narrowest*)

G. Your friend Anna often doesn't agree with you. Give the *opposite* of the adjectives or adverbs mentioned. Use the **superlativo assoluto.** (7 points)

1. Gianmarco è brutto?

    No, è _____.

2. Le zie di Amelia sono ricche?

    No, sono _____.

3. Tua madre sta male?

    No, sta _____.

4. Lo zio è vecchio?

    No, è _____.

5. Le amiche di Alba sono simpatiche?

    No, infatti, sono _____.

6. I tuoi fratelli sono buoni?

    No, sono _____.

7. Annabella è stupida?

    No, è _____.

H. Two students discuss their classmates. Complete their statements using the **comparativo irregolare** or the **superlativo irregolare** to express the Italian equivalent of the words in parentheses. (9 points)

1. Se Marta ha venti anni, lei è _____ di Raffaella. (*younger*)

2. Tu e Franco siete _____ della classe? (*the oldest*)

3. Secondo me, Alba è _____ studentessa in italiano. (*the best*)

4. Io sono cattivo a scuola, ma Giovanni è _____ di me. (*worse*)

5. Delle tue amiche chi è _____ ? (*the youngest*)

6. Come studenti, noi siamo _____ di tutti. (*the worst*)

7. In matematica, tu sei _____ di me. (*better*)

8. Il professore dice che loro sono _____ della classe. (*the best*)

9. Chi è _____ di te, Paolo o Orazio? (*older*)

I. Use the irregular forms of the **superlativo assoluto** to complete the vacation update that follows. (5 points)

È un posto ideale. Di giorno la temperatura _____ (grande) è di 25°C e di sera la _____ (piccolo) è di 16°C. Il cibo ed i mezzi pubblici di trasporto sono _____ (buono), ma devo dire che la situazione economica del paese è ancora _____ (cattivo). Ho imparato molto sulle persone e sulla cultura.

L'idea di venire qui è stata _____ (buono).

J. Compare the following people using the **comparativo irregolare** of the adverbs mentioned. (8 points)

1. Noi mangiamo poco, ma loro mangiano _____ di noi.
2. Mi sento male oggi, ma ieri mi sentivo ancora _____ .
3. Tu suoni bene, ma Chiara suona _____ .
4. Voi guadagnate molto, ma noi guadagniamo _____ di voi.
5. Hai risposto bene, ma io ho risposto _____ .
6. È vero che io ti do poco, ma tu mi dai _____ .
7. Per Natale ricevete molto, ma loro ricevono _____ di tutti.
8. Io canto bene, ma Lucio canta _____ .

K. Complete the following sentences with the appropriate preposition, where needed. (10 points)

1. Ieri sera speravo _____ vedere un documentario con Anna, ma mi sono dimenticato _____ telefonarle.

2. Avevo bisogno _____ trovare il suo numero di telefono perché avevo promesso _____ chiamarla alle tre.

3. Sono riuscito _____ trovare il numero, ma non potevo _____ parlarle. Era uscita.

4. Volevo _____ dirle che doveva _____ venire più tardi.

5. La madre mi ha detto che era andata _____ studiare in biblioteca perché desiderava _____ superare l'esame di fisica.

Scrittura

L. In Rome, someone asks you for directions to the Vatican. Answer in at least ten sentences, including the means of transportation available: taxi, bus, or subway. Use your imagination to describe what each costs, which is the best, which is the worst, and so on. (20 points)

_____

_____

_____

_____

_____

_____

_____

_____

_____

_____

Cultura (opzionale)

M. Check the statements that are true according to the cultural information in the text. (3 points)

	Vero
1. Gli italiani usavano la macchina di più anni fa.	_____
2. In Italia molto è cambiato a causa dello sviluppo delle diverse industrie.	_____
3. Il mezzo di trasporto principale nelle città italiane rimane attualmente la motocicletta.	_____

Test Bank Scripts

Lezione 1

ESAME A: Comprensione

A. You will hear a dialogue between two new students at the University of Rome. Listen to the dialogue twice. The second time, check the appropriate column to indicate whether each statement refers to Franco or Rita. (7 points)

(Franco) Ciao!
(Rita)   Ciao!
(Franco) Sei di Roma?
(Rita)   Sì, e tu di dove sei?
(Franco) Abito a Roma, ma sono di Palermo.
(Rita)   Che cosa studi?
(Franco) Studio medicina, e tu?
(Rita)   Studio biologia.
(Franco) Sei italiana?
(Rita)   No, sono americana.
(Franco) Dove abiti?
(Rita)   Abito a Latina.
(Franco) Ecco il professore; comincia la lezione.
(Rita)   Arrivederci!
(Franco) Arrivederci!

B. Listen to the following descriptive paragraph twice. As you listen, determine whether each printed statement is true (**vero**) or false (**falso**). (8 points)

Angelo e Giovanni sono due studenti italiani. Angelo ha ventiquattro anni ed abita a Pisa, in via Cavour, 50. Studia arte all'università di Firenze. Giovanni ha ventun anni, studia legge a Roma ed abita a Roma in via Risorgimento, 15.

ESAME B: Comprensione

A. You will hear two Italian students describe themselves. Listen to each description twice, and then determine whether the statements that follow are true (**vero**) or false (**falso**). (10 points)

Mi chiamo Michele. / Ho diciotto anni. / Abito a Siracusa. / Studio architettura. / Parlo italiano ed inglese.

Now answer **vero** or **falso**.

1. Michele ha diciotto anni.
2. Michele abita a Siracusa.
3. Michele studia medicina.
4. Michele parla francese.
5. Michele parla inglese.

Mi chiamo Alberto. / Ho sedici anni. / Frequento il liceo. / Abito a Siena, ma sono di Venezia. / Sono italiano. / Parlo italiano e francese.

Now answer **vero** or **falso**.

1. Alberto ha venti anni.
2. Alberto è uno studente liceale.
3. Alberto è di Siena.
4. Alberto parla italiano.
5. Alberto studia a Venezia.

B. Listen to the following descriptive paragraph twice. As you listen, determine whether each printed statement describes Angelo, Giovanni, or neither of the two (**nessuno dei due**). (5 points)

Angelo e Giovanni sono due studenti italiani. Angelo ha ventiquattro anni ed abita a Pisa, in via Cavour, 50. Studia arte all'università di Firenze. Giovanni ha ventun anni, studia legge all'università di Roma ed abita a Roma in via Risorgimento, 15.

Lezione 2

ESAME A: Comprensione

A. Complete the written statements based on the conversation you will hear. Listen to the conversation twice. (7 points)

(Signora Lantino)   Dove abita la nuova famiglia?
(Signor Ferreri)   In via Manzoni.
(Signora Lantino)   Quante persone ci sono nella nuova famiglia?
(Signor Ferreri)   Quattro persone: il padre, la madre e due figli: un figlio e una figlia.
(Signora Lantino)   Hanno un cane?
(Signor Ferreri)   No, hanno un gatto.
(Signora Lantino)   Di dove sono?
(Signor Ferreri)   Sono di Torino. Il padre è meccanico, la madre è impiegata.
(Signora Lantino)   Ecco la signora! Buon giorno, signora!
(La nuova vicina)   Buon giorno!

B. Listen twice to the following description of a student's Monday schedule, and then indicate whether each of the printed statements is true or false. (8 points)

Sono le dieci di mattina. Carlo ha lezione di scienze politiche con il professor Bruzzone. A mezzogiorno Carlo è a casa. Ha lezione di storia alle quattro del pomeriggio con la professoressa Rinaldi.

ESAME B: Comprensione

A. Listen twice to the following conversation between a man and a woman who meet on a train. Then indicate whether each printed statement is true or false, or if the information is not given (**informazione non data**). (7 points)

(Signore) Buon giorno!
(Signora) Buon giorno!
(Signore) È di Milano lei?
(Signora) No, sono di Genova. Lavoro a Milano.
(Signore) Anch'io lavoro a Milano. Sono dottore. E lei?
(Signora) Sono ingegnere.
(Signore) È sposata?
(Signora) Sì. Sono sposata ed ho un figlio di cinque anni. E lei?
(Signore) Anch'io sono sposato ed ho una figlia. Come si chiama il bambino?
(Signora) Si chiama Massimo. E la bambina, come si chiama?
(Signore) Si chiama Rossana.
(Signora) Benissimo . . . ma ecco, siamo a Milano. Arrivederla!
(Signore) Arrivederla, signora!

B. Listen to the following descriptive passage. Then listen again and check off the printed statements that are *false*. (8 points)

Mi chiamo Sandra Fortuna. Ho trentatré anni. Sono farmacista e lavoro al centro di Firenze. Abito fuori città in una villa con mio marito, Claudio. Lui studia musica. Abbiamo due gatti.

Lezione 3

ESAME A: Comprensione

A. Listen to the following telephone conversation. Then listen again, and indicate whether the printed statements are true or false. (8 points)

(Ilaria) Pronto?
(Gaetano) Ciao, Ilaria, sono Gaetano.
(Ilaria) Ciao, Gaetano. Che fai di bello?

(Gaetano)   Senti, stasera c'è un bel film giapponese al cinema vicino a casa tua. Desideri andare con me?
(Ilaria)   È una buona idea. Ma prima ho bisogno di studiare. Domani ho un esame di matematica.
(Gaetano)   Il film comincia alle otto. Arrivo a casa tua alle sette. Va bene?
(Ilaria)   No, un po' più tardi, per favore. Ho bisogno di un po' di tempo per studiare. Il cinema è vicino.
(Gaetano)   Va bene, passo a casa tua alle sette e mezzo?
(Ilaria)   D'accordo. Ciao!

B. You will hear a waiter's questions to his customers. Two possible answers will be given for each question. Check the answer that is most logical. You will hear each question-and-answer set twice. (7 points)

1. —Desidera, signora?
   a. Un gelato, per favore.
   b. È una buona idea, grazie.
2. —E poi?
   a. A più tardi.
   b. Desidero un espresso.
3. —E lei, signore, ha sete?
   a. Sì, prendo un gelato.
   b. Sì, prendo un'aranciata.
4. —E da mangiare?
   a. Il nonno, grazie.
   b. Niente, grazie.
5. —Ha bisogno di un telefono, signora?
   a. Sì, per parlare con mia figlia.
   b. Sì, per mangiare il gelato.
6. —Torno con l'aranciata e il gelato, per adesso, va bene?
   a. Ecco il telefono!
   b. D'accordo.
7. —Signora, è per lei il gelato?
   a. Sì, grazie.
   b. Sì, alle sei.

ESAME B: Comprensione

A. Listen to the following conversation. Then listen again and check the suggestions that the speakers consider good ideas. (6 points)

(Fabio)   Che facciamo stasera?
(Marina)   Perché non andiamo a teatro? C'è un dramma di Dario Fo al teatro qui vicino.
(Fabio)   Non ho voglia di andare a teatro.

(Cristina)   Andiamo al cinema. C'è un film con Roberto Benigni. E dopo andiamo allo stadio; c'è una bella partita di calcio.
(Angelo)   No, ho fame. Perché non andiamo a mangiare una pizza e dopo facciamo una passeggiata al centro?
(Marina)   D'accordo, la pizza è sempre una buona idea! E poi prendiamo un gelato.
(Cristina)   Va bene, ho fame anch'io. E tu, Fabio?
(Fabio)   Ma sì, perché no? È una buona idea!

B. Listen to the following telephone survey. Then listen again and check or fill in the missing information. (9 points)

(Donna)   Pronto?
(Uomo)   Buon giorno, signorina. È occupata o desidera rispondere a una o due domande?
(Donna)   No, non sono occupata adesso.
(Uomo)   Va bene. Guarda la televisione di giorno o di sera, e verso che ora?
(Donna)   Di solito guardo la televisione di sera, dalle sei alle otto.
(Uomo)   Ascolta la radio?
(Donna)   Sì, quando guido la macchina.
(Uomo)   Ascolta musica classica o musica rock?
(Donna)   Ascolto musica classica.
(Uomo)   Frequenta l'università o lavora?
(Donna)   Insegno all'università.
(Uomo)   Va bene . . . Lei abita al centro o fuori città?
(Donna)   Abito in un appartamento al centro.
(Uomo)   Grazie. Lei è molto simpatica. Buon giorno.
(Donna)   Prego, signore. Arrivederla.

Lezione 4

ESAME A: Comprensione

A. Listen to the following conversations twice. Determine where each conversation is taking place, and write the corresponding letter in the blank provided. (7 points)

1. —Francesco, a che ora comincia il film?
   —Alle otto.
   —Siamo in anticipo. Abbiamo una lunga attesa.
2. —Parlo con la signorina Genovesi?
   —No, mi dispiace. Ha sbagliato numero.
   —Mi scusi tanto!
3. —Ciao, Maria. Vuoi venire a sentire il concerto stasera?
   —Chi parla? Marco?
   —Sì, sono io. Passo a casa tua alle sette, va bene?
   —D'accordo! L'idea mi piace.

4. —Pronto, Luisa? Sono Rita. Oggi fa caldo. Andiamo al mare?
   —Perché no! È veramente una bella giornata e non devo fare niente di speciale.
5. —Pago un espresso e un cappuccino.
   —Quattro euro, per favore.
   —Ecco a lei!
   —Grazie, buon giorno.
6. —Cameriere, desidero un panino al prosciutto.
   —Subito. Desidera anche qualcosa da bere?
   —No, grazie.
7. —Hai lezione di filosofia ora?
   —Sì. È molto interessante. Vuoi venire?
   —Credo di no, grazie. Sono impegnata stamattina.

B. Listen to the following conversation twice, and indicate whether each printed statement is true or false. (8 points)

(Donna A)   Ciao, Graziella, che fai di bello?
(Donna B)   Niente di speciale.
(Donna A)   Io non ho compiti, e tu?
(Donna B)   Devo fare i compiti per la classe d'italiano.
(Donna A)   Ho due nuove cassette di musica rock. Vuoi venire a casa mia per ascoltare un po' di musica?
(Donna B)   Sì, a che ora?
(Donna A)   Va bene alle cinque?
(Donna B)   No, vengo alle sei.
(Donna A)   D'accordo, Graziella. Arrivederci a più tardi.

ESAME B: Comprensione

A. Listen to the following conversations twice. Determine whether each conversation is formal or informal, and where it takes place. Review the list of places before you begin. (8 points)

1. —Francesco, a che ora comincia il film?
   —Alle otto.
   —Siamo in anticipo. Abbiamo una lunga attesa.
2. —Parlo con la signorina Genovesi?
   —No, mi dispiace. Ha sbagliato numero.
   —Mi scusi tanto!
3. —Ciao, Maria. Vuoi venire a sentire il concerto stasera?
   —Chi parla? Marco?
   —Sì. Sono io. Passo a prenderti alle sette, va bene?
   —D'accordo! L'idea mi piace.
4. —Pronto, Luisa? Sono Rita. Oggi fa caldo. Andiamo al mare?
   —Perché no! È veramente una bella giornata e non devo fare niente di speciale.

5. —Pago un espresso e un cappuccino.
   —Quattro euro, per favore.
   —Ecco a lei!
   —Grazie, buon giorno.
6. —Cameriere, desidero un panino al prosciutto.
   —Subito. Desidera qualcosa da bere?
   —No, grazie.
7. —Hai lezione di filosofia ora?
   —Sì. È molto interessante. Vuoi venire?
   —Credo di no, grazie. Sono impegnata stamattina.
8. —Mi scusino, signori, hanno i biglietti per entrare?
   —Sì, ecco i biglietti!

B. Listen to the following dialogue twice, then indicate the letter of the correct answer to each question in the space provided. (7 points)

(Manuela)   Francesca, devo comprare un regalo per Giuseppe che fa una gita dopodomani. Sai quale tipo di musica ascolta lui?
(Francesca) Sì, preferisce la musica moderna.
(Manuela)   Ascolta la musica americana?
(Francesca) Credo di sì. Musica rock, in particolare.
(Manuela)   Non so decidere tra un CD e una cassetta.
(Francesca) Una cassetta. È più piccola e più pratica da portare in gita.
(Manuela)   Sì, hai ragione. Tu vieni alla festa per Giuseppe domani sera?
(Francesca) Desidero venire, ma mio fratello ha la mia macchina.
(Manuela)   Passo a casa tua verso le otto, se vuoi venire con me. Va bene?
(Francesca) D'accordo, Manuela. A domani!

Lezione 5

ESAME A: Comprensione

A. You will hear a conversation between two friends who are window-shopping. Listen to the conversation twice. As you listen, mark each printed statement as true or false. Review the list of statements before you begin. (9 points)

(Bettina) Marco, guarda che bella radio!
(Marco)   Sì, hai ragione, è molto bella ed originale!
(Bettina) Perché non compri la radio? È perfetta per la tua casa.
(Marco)   È una buon'idea. Mi piacciono gli oggetti vecchi, e questa radio è molto speciale!
(Bettina) Ora chiedo quanto costa . . .
(Marco)   No, non hai bisogno di chiedere. Il prezzo è indicato qui in vetrina. Ecco, vedi?
(Bettina) Sì, però che prezzo!

(Marco) Hai ragione. Non desidero spendere troppo per una radio. Bettina, perché non andiamo al negozio vicino a casa mia? È un negozio piccolo ma i prezzi sono economici.
(Bettina) Sì, è una buon'idea. I negozi del centro sono cari.

B. You will hear two friends discussing their plans for the day. Listen to the conversation twice. As you listen, choose the letter of the phrase that best completes each printed statement. Read the statements before you begin. (6 points)

(Uomo) Cosa fai di bello?
(Donna) C'è una mostra (*exhibit*) di costumi al museo Nazionale. Vuoi venire?
(Uomo) A che ora apre il museo?
(Donna) Il museo apre alle dieci.
(Uomo) Va bene, sono le nove. Perché non prendiamo un caffè e poi facciamo una passeggiata?
(Donna) Sì, abbiamo abbastanza tempo, però alle due devo andare all'agenzia di viaggi in piazza San Marco.
(Uomo) D'accordo!

Più tardi, gli amici parlano nel museo.

(Uomo) Questa mostra di costumi veneziani è proprio interessante!
(Donna) Sì. Che eleganza, che colori vivaci!
(Uomo) Questi costumi dimostrano che Venezia ha una storia lunga e ricca.
(Donna) Vieni spesso a Venezia?
(Uomo) Vengo a Venezia quasi ogni anno, ed è sempre un'esperienza molto bella!

ESAME B: Comprensione

A. Listen to the following conversation twice, then answer the printed questions. Limit your response to two or three words. If necessary, stop the recording to complete your answers. (10 points)

(Bettina) Marco, guarda che bella radio!
(Marco) Sì, hai ragione, è molto bella ed originale!
(Bettina) Perché non compri la radio? È perfetta per la tua casa.
(Marco) È una buon'idea, mi piacciono gli oggetti vecchi, e questa radio è molto speciale!
(Bettina) Ora chiedo quanto costa . . .
(Marco) No, non hai bisogno di chiedere. Il prezzo è indicato qui in vetrina. Ecco, vedi?
(Bettina) Sì, però che prezzo!
(Marco) Hai ragione. Non desidero spendere troppo per una radio. Perché non andiamo al negozio vicino a casa mia? È un negozio piccolo ma i prezzi sono economici.
(Bettina) Sì, è una buon'idea. I negozi del centro sono cari.

B. Listen to the following exchanges twice. Decide whether the response in each is logical (**logica**) or illogical (**illogica**), and check the appropriate column. (5 points)

1. —Quanto costa questo costume?
   —Benissimo.
2. —Che cosa devi comprare?
   —Un vecchio costume.
3. —Vengo da te verso le sei.
   —È piuttosto presto. Perché non vieni alle sette?
4. —Vai alla festa di Carnevale?
   —Sì, mi piace dormire.
5. —Tonio è molto sgarbato.
   —È vero. È così gentile.

Lezione 6

ESAME A: Comprensione

A. Listen to the following conversation twice, and determine whether each printed statement is true or false. (7 points)

(Amica) Dove vai adesso, Franco?
(Franco) Vado in centro alla biblioteca. Perché, tu cosa fai?
(Amica) Devo andare dal meccanico per prendere la mia macchina.
(Franco) Perché? Non è nuova la tua macchina?
(Amica) Nuova, sì, però l'altro ieri non andava troppo bene.
(Franco) Davvero! Sei tornata a casa senza problemi?
(Amica) Sì, per fortuna la macchina ed io siamo tornate a casa senza problemi.
(Franco) Che acquisto! Vengo con te dal meccanico. Così non soffri troppo.
(Amica) Grazie, sei un vero amico. Dopo andiamo al bar a prendere una birra e pago io.

B. Listen to the dialogue twice, and indicate whether each of the printed statements is spoken by or refers to Stefano, Maurizio, or Laura. (8 points)

(Laura) Ciao, Maurizio.
(Maurizio) Ciao, Laura.
(Laura) Hai veduto Stefano ieri?
(Maurizio) No, perché?
(Laura) Perché Stefano ha comprato una macchina una settimana fa e non viene più con noi perché va sempre in giro con la macchina nuova.
(Maurizio) Ma come ha comprato una macchina nuova?
(Laura) Ho sentito che ha ricevuto i soldi dalla nonna per la laurea. Tu, Maurizio, che cosa hai ricevuto per la laurea?

(Maurizio) Ho ricevuto un libro di poesie e . . .
(Laura) Una macchina anche tu?
(Maurizio) No, un computer.
(Laura) Allora, solo io non ho ricevuto niente per la mia laurea!

ESAME B: Comprensione

A. Listen twice to the following conversation between two friends. Determine whether each printed statement is true or false. (7 points)

(Fabrizio) Luisa, guarda cosa ho trovato per strada!
(Luisa) Che cos'è?
(Fabrizio) Ma non vedi, è un biglietto della lotteria!
(Luisa) Fabrizio, ma è della settimana scorsa!
(Fabrizio) Lo so, ma forse mi aiuta a vincere.
(Luisa) Ma tu giochi ogni settimana e non vinci mai.
(Fabrizio) È vero, ma io continuo a giocare. Stasera vinco con questo biglietto.
(Luisa) Sei sempre il solito ottimista! Andiamo alla pizzeria, ho fame!
(Fabrizio) Sì, però quando vinco alla lotteria andiamo in un elegante ristorante del centro.
(Luisa) Speriamo!

B. Listen to the following exchanges. Then listen again, and decide whether each response is logical or illogical. Place a check mark in the appropriate column. (8 points)

1. —Di che marca è questa moto?
   —È giapponese.
2. —Ti piace la birra?
   —Sì, anche se non ho fame.
3. —Funziona bene la tua macchina?
   —Non mangio a casa.
4. —Hai incontrato Fabrizio?
   —Sì, un'ora fa.
5. —Mi piace la birra.
   —Hai mangiato troppo?
6. —Dove andiamo?
   —Perché non andiamo al cinema?
7. —Quando è partito per l'Italia tuo padre?
   —Domani.
8. —Devo comprare un libro.
   —Andiamo dal meccanico?

Lezione 7

ESAME A: Comprensione

A. You will hear a series of questions, each followed by three possible responses. You will hear each set twice. The second time, write the letter of the most appropriate response in the space provided. (7 points)

1. —Buon giorno, signora, desidera un po' di frutta oggi?
   a. —Sì. Un chilo di mele, per favore.
   b. —Sì. Tre chili di carote, per favore.
   c. —Sì, è una mela rossa.
2. —Signora, oggi c'è un'offerta speciale! Solo due euro e cinquanta centesimi per due chili di mele!
   a. —Sì, è verdura speciale.
   b. —Che fortuna!
   c. —Sono due chili.
3. —Desidero anche un po' di verdura. Cosa suggerisce?
   a. —Le fragole sono dolci.
   b. —I peperoni sono freschi.
   c. —Le albicocche sono buone.
4. —Desidero un chilo di peperoni.
   —Quali peperoni preferisce?
   a. —Quelli rossi, per favore.
   b. —La verdura, per favore.
   c. —Quelle bianche, per favore.
5. —Guardi che bell'ananas! Vuole comprare un ananas oggi?
   a. —Per oggi basta.
   b. —Devo fare la spesa.
   c. —Oggi è lunedì.
6. —Ecco tutto, signora.
   —Grazie. Quanto pago, per favore?
   a. —Cinque euro.
   b. —Un chilo.
   c. —Subito.
7. —Grazie e arrivederla, signora!
   a. —Certo.
   b. —Piacere.
   c. —Buon giorno.

B. You will hear each of the following questions twice. The second time, check the most appropriate response. (8 points)

1. —A che ora ti svegli la mattina?
2. —Quando ti alzi la domenica?
3. —Che cosa mangi la mattina?
4. —Quando fai la spesa?
5. —Dove vai a fare la spesa?
6. —Dove compri la frutta?
7. —C'è un mercato vicino a casa tua?
8. —Perché preferisci fare la spesa al mercato?

ESAME B: Comprensione

A. Listen to the following dialogue between a shopper and a fruit vendor. Listen again, and indicate whether each printed statement is true or false. (8 points)

(Donna)	Buon giorno. Desidero un po' di frutta.
(Fruttivendolo)	Certamente. Vuole provare quest'uva? È arrivata stamattina.
(Donna)	Sì, grazie. Due chili di quella bianca, per favore.
(Fruttivendolo)	Desidera queste ciliege? Sono veramente dolci!
(Donna)	Va bene, un chilo di ciliege rosse e mature, per favore.
(Fruttivendolo)	Non c'è una bancarella al mercato con ciliege migliori di queste!
(Donna)	Se lo dice lei!
(Fruttivendolo)	Vuole un chilo di mele rosse?
(Donna)	No, grazie. Mi sembra di avere tutto. Basta per oggi.
(Fruttivendolo)	Va bene. Grazie a lei, signora, e buon giorno!
(Donna)	Buon giorno!

B. The next passage will be read twice. Then you will be asked a series of questions, each one accompanied by three possible answers. Choose the most appropriate answer, *a*, *b*, or *c*. (7 points)

Oggi devo comprare dei fiori perché domani viene una mia cara amica dagli Stati Uniti. Ho voglia di mettere dei bei fiori freschi in casa; i fiori sono così belli! Vado al mercato rionale vicino a casa mia. Si chiama il mercato di Campo de' Fiori. È molto conveniente e tutto è a buon mercato. È famoso per i bei fiori che vengono dalla campagna vicino a Roma. Il mercato è vivace, pieno di colori e di persone che comprano e vendono. Mi piace particolarmente l'atmosfera folcloristica del mercato. Ogni giorno sembra un giorno di festa al mercato rionale!

1. Chi viene dagli Stati Uniti?
    a. un amico
    b. un'amica
    c. un'amica da Campo de' Fiori

2. Cosa ha voglia di fare con i fiori la signora?
   a. mettere i fiori fuori casa
   b. offrire fiori all'amica
   c. mettere i fiori in casa
3. Dove va a comprare i fiori?
   a. al mercato rionale
   b. dal fruttivendolo
   c. in negozio
4. Dov'è il mercato di Campo de' Fiori?
   a. vicino alla casa della signora
   b. negli Stati Uniti
   c. lontano dalla casa della signora
5. Com'è il mercato di Campo de' Fiori?
   a. caro
   b. lungo
   c. molto conveniente
6. Perché è famoso Campo de' Fiori?
   a. Lì i fiori vengono dagli Stati Uniti.
   b. Lì ci sono fiori molto belli.
   c. C'è una festa ogni giorno.
7. Perché piace Campo de' Fiori alla signora?
   a. La verdura e la frutta sono care.
   b. Le persone comprano e vendono.
   c. L'atmosfera è folcloristica e allegra.

Lezione 8

ESAME A: Comprensione

A. You will hear each of the following exchanges twice. Determine where each conversation takes place and write the corresponding letter in the space provided. (8 points)

1. —Buon giorno, desidero fare una gita in Sicilia.
   —Sì, quando desidera partire?
   —Il quindici giugno.
2. —Tu sei bravo. Giochi sempre così bene?
   —Ma no, mi piace questo gioco e così lo pratico spesso.
3. —Mi sento sempre stanco e non mi sento bene. Cosa mi suggerisce?
   —Deve dormire di più e deve cominciare a praticare uno sport.
4. —Mi può riparare la macchina? Ho un impegno importante.
   —Sì, posso farlo subito.
5. —Mi può cambiare quest'assegno in dollari, per favore?
   —Subito, signora.

6. —La lezione di chimica è stata molto interessante oggi, non è vero?
   —Sì, però adesso voglio pensare alla fine settimana.
7. —Dove deve andare, signora?
   —Mi porti in via Cavour, per favore.
8. —Ho bisogno di una valigia.
   —Mi dispiace. Le abbiamo vendute tutte.

B. Read the questions before listening to the dialogue. You will hear the dialogue twice. Choose the most appropriate response for each of the questions that follow. (7 points)

(Laura)   Massimo, devo andare al centro. Mi puoi accompagnare con la macchina?
(Massimo)   No, ho un appuntamento con il mio amico per giocare a tennis. Abbiamo già prenotato il campo una settimana fa! Perché non prendi l'autobus?
(Laura)   Non posso prendere l'autobus perché non ho abbastanza tempo!
(Massimo)   Anch'io non ho tempo!
(La mamma) Ragazzi, ma perché discutete sempre?
(Laura)   Lui ha sempre una scusa per me!
(La mamma) Meno male che domani finisci le lezioni di guida, così non hai bisogno di tuo fratello!
(Massimo)   Va bene. Ti accompagno, ma facciamo presto perché ho da fare.
(Laura)   Domani prendo la patente di guida e non ti devo chiedere più favori!
(Massimo)   Finalmente!

ESAME B: Comprensione

A. You will hear a conversation between two friends. Listen twice and decide whether each of the printed statements is true or false. (8 points)

(Carlo)   Ciao, Marisa. Dove vai così in fretta? E come mai ti sei alzata così presto oggi?
(Marisa) Ciao, Carlo. Oggi devo andare in centro. È un giorno molto importante per me, e non voglio assolutamente essere in ritardo.
(Carlo)   Ah sì, adesso mi ricordo. Oggi cominci il tuo nuovo lavoro!
(Marisa) Sì, ho trovato un lavoro che è molto conveniente.
(Carlo)   Dov'è questo lavoro?
(Marisa) In un'agenzia di viaggi. Comincio alle nove e finisco all'una.
(Carlo)   Che fortunata! Come l'hai trovato?
(Marisa) Mio zio lavora in una banca vicino all'agenzia e conosce il proprietario molto bene.
(Carlo)   Se vuoi, ti posso accompagnare in macchina. Non ho molto da fare oggi e sono solo dieci minuti da qui al centro.
(Marisa) Sì, sei proprio gentile! Sei un vero amico, Carlo!

B. In the following dialogue between a tourist and an information officer, you will hear only the tourist's lines. Each line will be said twice. Choose the most appropriate printed response for each. Before listening, review the list of possible responses. (7 points)

(La turista) Voglio noleggiare una macchina. Dov'è un'agenzia?
(L'agente) 1
(La turista) Ah, grazie. Ho bisogno di una patente di guida italiana?
(L'agente) 2
(La turista) Meno male! C'è una stazione di servizio qui vicino o devo uscire dal centro della città?
(L'agente) 3
(La turista) Benissimo. Tutto sembra molto conveniente. Dove devo andare per parcheggiare la macchina?
(L'agente) 4
(La turista) È molto usato?
(L'agente) 5
(La turista) Tutte le grandi città hanno il problema del parcheggio.
(L'agente) 6
(La turista) Signore, lei è stato molto gentile. Grazie delle informazioni.
(L'agente) 7

Lezione 9

ESAME A: Comprensione

A. Listen as Stefano's letter to his parents is read twice. Then determine whether each of the printed statements is true or false. (7 points)

Cari genitori,
  vi scrivo questa breve lettera da New York dopo una settimana. Non ho avuto molto tempo; qui c'è tanto da fare. Sto con una famiglia americana molto gentile ed ho fatto la conoscenza di molte nuove amicizie. Fa abbastanza caldo. Ieri sono andato alla spiaggia con gli amici e ho fatto fotografie. Come state voi? Che tempo fa lì? Vi devo chiedere un favore. Qui tutto è molto caro. Potete mandarmi un po' di soldi? Vi saluto affettuosamente.
                                                                                vostro figlio, Stefano

B. Listen to the following exchanges and decide whether the response given in each is logical or illogical. You will hear each exchange twice. (8 points)

1. —Com'è il tempo lì?
   —Non fa molto freddo.
2. —Cosa fa la gente quando fa freddo?
   —Nevica.

3. —È una camicia italiana?
   —No, è in pieno autunno.
4. —Andate spesso in montagna?
   —No, andiamo di quando in quando.
5. —È afoso d'estate?
   —Sì, e tira molto vento.
6. —Dove studi?
   —All'università per Stranieri a Perugia.
7. —Quando cominciano le lezioni?
   —Quando ho tempo.
8. —Provi nostalgia?
   —Sì, ho visto molte belle maglie.

ESAME B: Comprensione

A. You will hear a dialogue between two friends. Listen again, and then answer the questions by checking the best response. (7 points)

(Anna) Roberto, dimmi, com'è il tempo a New York d'inverno?
(Roberto) Perché lo vuoi sapere, Anna?
(Anna) Devo andarci quest'inverno. Di solito non viaggio d'inverno, ma devo andare a visitare una mia vecchia zia che non sta bene.
(Roberto) Beh, il tempo a New York è molto differente dal tempo in Italia. D'inverno fa molto freddo, nevica, piove e tira vento.
(Anna) A me piace la neve. Infatti, vado spesso in montagna con gli amici.
(Roberto) Allora, devi prepararti per temperature di parecchi gradi sotto zero.
(Anna) Sì, l'idea mi piace già!

B. You will hear a statement or a question followed by three possible responses. Write the letter of the one response that is *not* appropriate. Each set will be heard twice. (8 points)

1. Questo oggetto di ceramica è molto antico.
   a. Sì, è bellissimo.
   b. Sì, è parecchio.
   c. Voglio vederlo. Non l'ho ancora visto.
2. Guardate. Ho fatto una bella fotografia delle Alpi.
   a. Provi nostalgia?
   b. Quando ci sei andato?
   c. Chi è il fotografo?
3. I prezzi sono molto cari qui.
   a. Ricordo che l'anno scorso i prodotti erano a buon mercato.
   b. Sì, che sfortuna non avere molti soldi!
   c. Basta così.

4. Quando vai in montagna?
    a. Con i miei genitori.
    b. Di tanto in tanto.
    c. Di solito vado a febbraio.
5. Che tempo fa lì?
    a. Faccio una gita lì ogni estate.
    b. Di notte fa fresco.
    c. Di giorno il clima è mite.
6. Quando ha ricevuto la lettera?
    a. Non li ha ancora ricevuti.
    b. Non l'ha ancora ricevuta.
    c. Non ha ricevuto niente da molto tempo.
7. Mi piace l'arte antica.
    a. Io preferisco l'arte moderna.
    b. A proposito, vuoi andare al museo locale domani?
    c. Sì, fa bel tempo.
8. Provi nostalgia del tuo paese?
    a. Ti prego di cambiare idea.
    b. Raramente.
    c. Sì, ogni tanto.

Lezione 10

ESAME A: Comprensione

A. You will hear a series of exchanges at a clothing store. Identify the article of clothing mentioned in each exchange and write the corresponding letter in the space provided. You will hear each exchange twice. (10 points)

1. —Che cosa ti metti?
   —Questa camicetta elegante!
2. —Di che cosa hai bisogno?
   —Di un paio di sandali.
3. —Guarda, hai visto questa maglia?
   —Sì, è una bella maglia.
4. —Ti serve una giacca?
   —No, ho una bella giacca di pelle che mi piace molto.
5. —Vuoi provare questi pantaloni marrone?
   —No, non ho abbastanza tempo.
6. —Perché non compri una cravatta di seta per il compleanno di tuo padre?
   —Ho già comprato un regalo per lui.
7. —Cosa devi comprare oggi?
   —Devo comprare una gonna di velluto per la festa di mia cugina.

8. —Cosa ti metti per andare alla discoteca?
   —Desidero comprare un vestito nero.
9. —Hai fatto cadere qualcosa.
   —Grazie, sono i miei guanti.
10. —Cosa compri per la spiaggia?
    —Voglio comprare un bel costume da bagno.

B. Luciana and Tiziana are talking about going to a film festival. Listen to their dialogue twice, then decide whether each printed statement is true or false. (5 points)

(Tiziana) Luciana, ho ricevuto l'invito per la mostra cinematografica. L'hai ricevuto anche tu?
(Luciana) Sì. Sono molto felice. Che avvenimento!
(Tiziana) Hai deciso cosa metterti?
(Luciana) No, non lo so. Devo andare a comprare un vestito nuovo. Voglio trovare un abito di seta.
(Tiziana) Anch'io desidero mettermi qualcosa di nuovo. Infatti, perché non andiamo insieme al centro?
(Luciana) È una buona idea. Andiamo domani mattina, va bene?
(Tiziana) D'accordo. Ci vediamo al bar Roma verso le dieci.
(Luciana) Ciao, a domani!
(Tiziana) Ciao!

ESAME B: Comprensione

A. You will hear several people talking about a reception at a film festival. Indicate whether the speakers in each exchange are commenting on the food, the clothes, or the music and atmosphere. You will hear each exchange twice. (10 points)

1. —Avete ballato?
   —Sì, un po'. Ma c'era tanta gente.
2. —Hai visto Franco?
   —Sì, indossava una giacca di lino e una camicia a tinta unita. Bellissime tutte e due.
3. —Era un bell'abito.
   —Sì, era di velluto ed era molto costoso.
4. —Hai mangiato bene?
   —Sì, il pesce era proprio delizioso!
5. —Che eleganza!
   —Tu eri proprio elegante con quella gonna lunga di seta.
6. —Tutti gli invitati ridevano e ballavano.
   —Ho visto che tutti si sono veramente divertiti.
7. —Tutti gli invitati erano vestiti molto bene.
   —Sì, ma hai visto com'era bello l'abito di Bettina?

8. —Sai chi ha preparato quel cibo così buono?
   —No. Dobbiamo chiedere a Pino.
9. —Hanno servito un ottimo vino bianco. L'hai provato?
   —No. Non bevo vino.
10. —Pensi di comprare un abito di seta?
    —No, costa troppo.

B. You will hear an announcement for a fashion show. Listen twice, then decide whether each of the printed statements is true or false. (5 points)

Il negozio Moda Giovane annuncia la sua mostra annuale al Palazzo Pitti, a Firenze, il 16 aprile 2002 alle ore 16,00. Dopo la mostra siete invitati nei locali di "Villa Dante".

Lezione 11

ESAME A: Comprensione

A. Listen twice to the following dialogue between two friends and decide whether each of the printed statements is true or false. (7 points)

(Umberto) Ciao, Sergio. Cosa vuoi fare questa fine settimana?
(Sergio) Ho sentito che hanno aperto un nuovo albergo in montagna. E durante questo mese offrono prezzi ridotti. Perché non andiamo a sciare?
(Umberto) Ottima idea! Non vado in montagna da un po' di tempo. Andavo quando mio cugino aveva il suo appartamento, ma poi lui l'ha venduto.
(Sergio) Ed io posso finalmente provare i miei nuovi sci.
(Umberto) Sono facili le piste? Io non ho molta pratica!
(Sergio) Non ti preoccupare, Umberto! Io sono un ottimo sciatore e ti posso dare una mano.
(Umberto) Allora, non mi preoccupo proprio!
(Sergio) Ci sono già troppe persone con braccia e gambe rotte.
(Umberto) Sì, hai ragione! Allora, ti telefono fra un paio di giorni per farti sapere tutti i particolari della fine settimana.

B. You will hear each of the following exchanges twice. Determine where each takes place, and write the corresponding letter in the space provided. (8 points)

1. —Come sono buoni gli spaghetti!
   —Sì. Ogni volta che vengo qui, mangio bene.
2. —La pista è ottima!
   —Sì. Adesso vediamo se i miei nuovi sci sono buoni.
3. —Che giorno afoso!
   —Invece, l'acqua è così fredda! Mi fa piacere di essere venuta qua!

4. —Dov'è il mio zaino?
   —Non lo vedi? È sul letto.
5. —Ahi! Mi sono tagliato!
   —Non devi avere fretta quando usi il rasoio!
6. —Pronto. Chi è? . . . Ah, sì. Ciao, Gabriella.
7. —A che ora parte il treno?
   —Alle diciotto e trenta.
8. —Mi fanno male i piedi.
   —Anche a me, ma fra cinque minuti siamo in piazza Colonna.

ESAME B: Comprensione

A. You will hear a series of brief exchanges. Listen to each exchange twice, and then decide whether the response is logical or illogical. (8 points)

1. —Desidera, signore?
   —Ho bisogno di un nuovo paio di sci.
2. —Vuoi provare le piste difficili?
   —Sì, sono in vendita a prezzo ridotto oggi.
3. —Che prezzi pazzeschi!
   —Sì, qui non puoi risparmiare niente.
4. —Che cosa mi suggerisce?
   —Perché non trova un altro albergo?
5. —Che tipo di macchina guidi?
   —Un bel modello della FIAT.
6. —Si è rotto la gamba?
   —Sì, se non ti dispiace.
7. —Andiamo in treno, vero?
   —No, neanche a me.
8. —Possiamo dormire lì?
   —Sì, non si preoccupino.

B. Listen to the following questions and statements. After each, choose the appropriate printed response and indicate the corresponding letter in the space provided. If necessary, stop the recording after each item. (7 points)

1. —Mio cugino si è rotto un piede.
2. —La mia macchina è dal meccanico.
3. —Quando vai dal dottore?
4. —Allora, d'accordo, partiamo presto domani.
5. —L'albergo è chiuso per riparazioni.
6. —Puoi prestarmi le tue forbici?
7. —Fa caldo oggi!

Lezione 12

ESAME A: Comprensione

A. Listen twice to the following dialogue between two friends and decide whether each of the printed statements is true or false. (7 points)

(Antonio) Perché non andiamo alla partita domani? Ci sarà la mia squadra preferita.
(Carla) Non so se potrò venire, perché a mezzogiorno devo andare alla stazione centrale per prendere mio fratello che ritornerà dall'università.
(Antonio) Allora, non c'è nessun problema. La partita non comincerà prima dell'una. Sarà un bell'incontro e non dobbiamo perdere quest'opportunità.
(Carla) Quanto costeranno i biglietti?
(Antonio) Non lo so di sicuro, ma penso che costeranno un bel po' di soldi; è una partita molto importante.
(Carla) Io verrò se arriverà il treno quando è previsto, ma dovrò affrettarmi un po'.

B. Listen to the following exchanges and determine where each takes place. You will hear each exchange twice. Review the list of places before you begin. (8 points)

1. —È stata una buon'idea venire qui a fare un po' di alpinismo.
   —Sì, siamo stati fortunati. Ha nevicato solo di sera, e non durante il giorno.
2. —L'incontro comincerà fra cinque minuti. Dobbiamo affrettarci ad entrare.
   —Sì, ecco i biglietti.
3. —Chi è quella bell'attrice?
   —È Sophia Loren. Forse non la riconosci in questo film perché è molto giovane qui.
4. —Mi scusi. Può dirmi se restano ancora biglietti per il dramma stasera?
   —Sì, ma ormai restano pochi biglietti.
5. —Venite qui spesso con i bambini?
   —Sì, passeggiamo qui e guardiamo i bei fiori. Poi ci sediamo sulla nostra panchina preferita.
6. —Perché non andiamo in barca?
   —Non posso; non so nuotare. Io ti aspetto qui, sulla spiaggia.
7. —Quale maglia preferisci, questa o quella?
   —Preferisco quella perché puoi indossarla per andare in bicicletta.
8. —Sai nuotare?
   —Sì, ma l'acqua è troppo fredda oggi. Domanderò all'albergo se domani la temperatura potrà essere più calda.

ESAME B: Comprensione

A. You will hear the following dialogue twice. Listen carefully, and determine whether each of the printed statements is true or false. (7 points)

(Lorenzo)	Ciao, Marco. A che ora comincia la partita di calcio?
(Marco)	Non sono sicuro. Telefona a Gianni; lui lo saprà certamente!
(Lorenzo)	Buon'idea, gli telefonerò adesso.
(Gianni)	Pronto.
(Lorenzo)	Pronto, Gianni? Andrai alla partita domenica prossima?
(Gianni)	Sì, sarà un incontro da non perdere.
(Lorenzo)	Andremo anche Marco ed io. Sai a che ora incomincerà la partita?
(Gianni)	Comincerà alle tredici. Se volete, potete venire con me.
(Lorenzo)	Sì, verremo a casa tua e poi andremo tutti e tre insieme.
(Gianni)	D'accordo. A che ora?
(Lorenzo)	Ci vediamo verso le undici.
(Gianni)	Bene, arrivederci!
(Lorenzo)	Ciao!

B. Listen twice to the following exchanges and decide whether the response in each is logical or illogical. (8 points)

1. —Vuoi venire a vedere la partita con me?
   —Sì, mi piace giocare al pallone.
2. —Hai visto l'ultimo film con Giancarlo Giannini?
   —No, non ho avuto l'opportunità.
3. —A che ora aprono i negozi?
   —Apriranno verso le nove.
4. —Quanto costa il biglietto?
   —Ci saranno centomila persone.
5. —Porti sempre molti soldi in tasca?
   —No, non porto mai quel vestito.
6. —Mi puoi prestare dieci euro?
   —No, non ho denaro nella borsa oggi.
7. —Hai fatto programmi per domani?
   —No, non ancora. Vuoi vedere un film?
8. —Cosa hai acquistato?
   —Il rivenditore di biglietti.

Lezione 13

ESAME A: Comprensione

A. Indicate the topic of each of the following conversations by placing a check mark in the appropriate column. You will hear each exchange twice. (7 points)

1. —Vuoi venire alla festa di compleanno di Gino?
   —Certamente, a che ora?
2. —Questo antipasto di prosciutto è delizioso!
   —Sì. Sai, è prosciutto di Parma.
3. —Hai visto quanti regali ha ricevuto Adele?
   —Sì, erano bellissimi.
4. —Hai sete?
   —Sì, vorrei una limonata.
5. —Cosa prendi ora?
   —L'espresso, per favore.
6. —Hai i bicchieri da vino?
   —Sì, prendi lo spumante!
7. —Questo pranzo per Umberto è stato proprio delizioso!
   —La madre di Gino è una brava cuoca!

B. Gilda and Pino meet on the street. Listen to their conversation twice and determine whether each of the printed statements is true or false. (8 points)

(Gilda) Ciao, Pino. Da dove vieni?
(Pino) Sono stato a pranzo in un ristorante con due amici che non vedevo da molto tempo.
(Gilda) Ah sì? Com'è stato il pranzo?
(Pino) È stato proprio speciale. C'erano tanti piatti deliziosi!
(Gilda) Che avete ordinato per primo?
(Pino) Uno squisito piatto di spaghetti alla carbonara, cucinati alla perfezione.
(Gilda) E per secondo?
(Pino) Un pollo alla cacciatora con patatine al forno.
(Gilda) Adesso ho fame. Parlare di tutto questo cibo mi ha portato l'appetito!
(Pino) Ti raccomando questo ristorante; si chiama Il piatto d'oro. È un poco caro, ma il cibo è eccellente.
(Gilda) Bene, me lo ricorderò per il futuro. Ciao, ci vediamo!
(Pino) Ciao, Gilda.

ESAME B: Comprensione

A. You will hear the following series of exchanges twice. Check whether the response in each is logical or illogical. (8 points)

1. —Quanti anni hai?
   —Buon compleanno.
2. —Vorrei presentarti mia cugina.
   —Mi fa molto piacere conoscerti.
3. —Domani è il mio compleanno.
   —Tanti auguri!
4. —Cosa c'è da mangiare?
   —Ci sono panini al prosciutto.
5. —Quanto costa questo spumante?
   —Cento di questi giorni.
6. —Che cosa servireste per cena?
   —Spaghetti alla carbonara.
7. —Dove hai comprato le vongole?
   —Dal pasticciere.
8. —Hai avuto successo nel mondo del lavoro?
   —Sì, sto proprio bene a casa.

B. You will hear a telephone conversation. Listen twice and decide whether the printed information is true or false. (7 points)

(Lucia)	Pronto? Ciao, Anna Maria, sono Lucia. Cosa fai?
(Anna Maria)	Ho appena cucinato gli spaghetti alle vongole.
(Lucia)	Buon appetito allora. Sarò breve. Vorresti venire alla mia festa di compleanno questo sabato?
(Anna Maria)	Come no, con piacere. Posso aiutarti a preparare qualcosa?
(Lucia)	Sì, se vuoi, puoi fare uno dei tuoi piatti squisiti.
(Anna Maria)	Volentieri. Chi viene?
(Lucia)	Ho già telefonato ai miei amici Carlo e Giulia, ed i miei cugini Franca e Lina verranno pure.
(Anna Maria)	Potrei portare due o tre dei miei amici?
(Lucia)	Buon'idea! Sarà bello essere in molti.
(Anna Maria)	Bene. Allora, ci vediamo sabato a casa tua.
(Lucia)	D'accordo. Ciao!
(Anna Maria)	Ciao!

Lezione 14

ESAME A: Comprensione

A. Listen to the following newscast. After you hear each news item, choose the headline in the right-hand column that best describes what you heard. Write the letter of your choice in the space provided. Before beginning, review the headlines. (8 points)

Ginevra—La Conferenza Internazionale per l'Unione europea si riunirà a Ginevra questa settimana. Saranno presenti i rappresentanti di dodici paesi.

Roma—Il Primo Ministro ha ricevuto i ministri finanziari inglesi a Roma per un lungo incontro sui nuovi programmi economici.

Parigi—Il Presidente è arrivato in Francia dove resterà per un periodo di tre giorni come invitato del Capo di Stato.

Roma—Il Papa ha celebrato la Santa Messa ieri in Piazza San Pietro. Anche se è piovuto, c'era molta gente.

Firenze—Le case di moda hanno presentato i nuovi vestiti primaverili con grande successo a Firenze oggi, davanti ad un pubblico entusiastico.

Napoli—La squadra nazionale ha vinto a Napoli nell'incontro con la nazionale tedesca, uno a zero.

Milano—Il cattivo tempo ha causato gravi problemi nelle strade della città. Il traffico è fermo da due ore.

Torino—A causa della pioggia e della nebbia intensa nella provincia di Torino, ci sono gravi problemi automobilistici. La polizia ha chiesto che gli automobilisti guidino con prudenza.

B. Two friends are discussing television. Listen to their conversation twice, and decide whether each of the printed statements is true or false. (7 points)

(Stefano) Ciao, Marta. Hai visto che bel film americano hanno dato in televisione ieri sera?
(Marta) Sì, era sulla Rete 2. È stato proprio interessante.
(Stefano) Io di solito guardo i programmi sugli altri canali, ma ogni tanto mi piace vedere i film che danno sulla Rete 2 perché sono film classici.
(Marta) Hai ragione, Stefano, però c'è una cosa che mi disturba: non mi piacciono sempre tutti i film che danno. Molti non sono molto buoni.
(Stefano) È vero, però è necessario mostrare film che piacciono a tutti.
(Marta) Beh, almeno non guardo la televisione spesso. Io preferisco le videocassette che posso guardare quando voglio e senza interruzioni.

(Stefano) Allora, perché non vieni a casa mia una di queste sere a vedere uno dei film che ho?
(Marta) D'accordo, sarebbe piacevole. Ci vediamo presto.
(Stefano) Ciao!

ESAME B: Comprensione

A. Listen to the following dialogue twice, and decide whether each of the printed statements is true or false. (8 points)

(Signor Azzini) Ho sentito alla radio stamattina che il nuovo programma economico include prezzi più alti della benzina.
(Signora Azzini) Ancora più alti? La situazione del prezzo della benzina è proprio incredibile!
(Signor Azzini) Sì, temo che questo ci faccia cambiare le nostre attività di fine settimana.
(Signora Azzini) Eh sì, dovremo eliminare le nostre gite in macchina. Non mi piace dover fare cambiamenti a causa dei prezzi.
(Signor Azzini) Non abbiamo bisogno di cambiare. Continueremo a fare le gite, però adesso faremo le gite a piedi al parco vicino casa nostra.
(Signora Azzini) Sei sempre il solito spiritoso!
(Signor Azzini) Sì, però almeno ho un po' di ottimismo!

B. You will hear a series of exchanges. Listen to each twice and decide whether the response is logical or illogical. (7 points)

1. —È probabile che Mario si preoccupi a causa dell'incidente automobilistico.
   —Può darsi.
2. —Il prezzo della benzina è salito.
   —Non mi dire!
3. —Ci sono almeno cento persone che si sono fatte male.
   —Sarebbe ora!
4. —Nessuno è morto nell'incidente.
   —Meno male!
5. —Si sono riuniti i ministri degli esteri.
   —Che buffo!
6. —Gianni si è sposato finalmente.
   —Non ci credo proprio!
7. —Elimineranno l'euro.
   —Che disgrazia!

Lezione 15

ESAME A: Comprensione

A. You will hear the following dialogue twice. Decide whether each printed statement is true or false. (8 points)

(Sandro) Perché non organizziamo una serata per sabato prossimo? Possiamo andare ad ascoltare un concerto o vedere una bella opera!
(Antonella) Sì, è da molto tempo che tutti e tre non facciamo qualcosa di interessante.
(Fabrizio) Io ho una buon'idea.
(Sandro) Sarebbe ora!
(Fabrizio) Spiritoso! Sentite, ho visto un cartellone pubblicitario per uno spettacolo teatrale. Danno una commedia musicale. Perché non andiamo a vederla?
(Antonella) Non mi sembra che sia qualcosa di speciale. Siamo stati già a teatro il mese scorso.
(Sandro) Sì, è vero. Vorreste vedere un film al cinema di via Roma? Lì danno sempre dei film interessanti.
(Antonella) Credo che questo mese diano film classici del cinema italiano.
(Fabrizio) Sì, e sabato sera c'è un film di Rossellini.
(Sandro) Ma tu sai tutto.
(Fabrizio) Decidete, ragazzi!
(Antonella) Va bene, va bene. Non litigate. Andiamo al cinema, sì o no?
(Sandro) Sì.
(Fabrizio) Sì, e dopo andiamo a ballare.
(Sandro) Un'altra buon'idea. Fabrizio, due; Sandro, uno; e Antonella, zero!

B. You will hear the following exchanges twice. Circle the letter that best describes the topic of each conversation. (7 points)

1. —Che bella musica che hanno suonato!
   —Sì, anche a me l'opera è piaciuta molto.
2. —Che musica divina.
   —Eh sì! Questa donna sa cantare!
3. —Credo che lui sia stato più bravo nel suo ultimo film.
   —Non sono d'accordo. Le scene di questo film sono state più difficili. Io credo che lui sia stato eccezionale.
4. —Sebbene mi senta male, andrò al concerto questa fine settimana.
   —Certo. Il complesso è molto famoso e viene in Italia di rado.
5. —Quanti complessi ci saranno sabato sera?
   —Forse tre o quattro.
6. —Era indimenticabile: la luce, i costumi, la musica. Tutto era magnifico.
   —Sì, è sempre così alle Terme di Caracalla.

7. —Non sappiamo se sia necessario prenotare i biglietti.
   —È meglio essere sicuri. Ho letto sul giornale che ci sarà molta gente.

ESAME B: Comprensione

A. You will hear a series of questions, each followed by two possible responses. Write the letter of the most appropriate response in the space provided. You will hear each item twice. (7 points)

1. Ti piace l'opera?
    a. No, non m'intendo molto di musica leggera.
    b. Sì, ma il prezzo dei biglietti è troppo alto oggi.
2. Conosci molte opere?
    a. Sì, ma dubito che ci sia un orario.
    b. No, solo le più famose.
3. Da quanto tempo vai alle Terme di Caracalla?
    a. Da tre anni.
    b. Mai.
4. Hai mai visto un'opera straniera?
    a. Sì, infatti la mia opera preferita è tedesca.
    b. Sì, quest'estate è venuto un complesso dall'Inghilterra.
5. T'intendi di musica classica?
    a. Sì, perché so suonare il violoncello.
    b. Ma certo. Chi non ha mai visto una fisarmonica!
6. È vero che la tua famiglia è molto musicale?
    a. Sì. Mia sorella è cantante, mia madre suona il clarinetto e mio padre suona il pianoforte.
    b. Sì, io suono l'arpa da quando ero giovane.
7. Hai già i biglietti per sabato sera?
    a. No, li prenderò prima dello spettacolo.
    b. Sì, li ho ritirati all'ufficio postale.

B. Check the topic of each exchange you hear. You will hear each exchange twice. (8 points)

1. —Questa pittura è veramente bella!
   —Sì, l'artista sa usare bene i colori.
2. —Lei canterà domenica prossima?
   —Lei non canta; lei suona l'oboe.
3. —Quanti personaggi in questo film!
   —Sì, sinceramente sono confusa.
4. —Conosci il tenore?
   —No, è sconosciuto qui in Germania.
5. —Vorrei conoscerla.
   —È cortese e sempre gentile. Desidero presentartela.

6. —Quando comincia la manifestazione?
   —Alle undici e mezzo.
7. —Hai visto la nuova videocassetta dei "Cavalieri della notte"?
   —Sì. Che disgrazia! Secondo me, devono rifarla.
8. —Sai, questo cartellone pubblicitario non è come tutti gli altri.
   —È vero; è bellissimo. È probabile che l'artista sia una persona famosa.

Lezione 16

ESAME A: Comprensione

A. Listen twice to the following dialogue between a teacher and a student and decide whether each of the printed statements is true or false. (7 points)

(Professore) Che cosa farai dopo che ti laurei?
(Studentessa) Ci sono molte possibilità. Non è facile prendere una decisione.
(Professore) Ti capisco, è una decisione veramente importante.
(Studentessa) Sono sicura di volere sistemarmi in un'altra città, questo è certo.
(Professore) Quale città hai in mente?
(Studentessa) Mi piacerebbe andare a Bologna o Padova, ma ancora non ho deciso.
(Professore) Quelle sono due città universitarie. Intraprenderai un'altra laurea?
(Studentessa) Può darsi. Mi è piaciuto tanto lo studio pensavo di entrare nel mondo accademico come professoressa.
(Professore) Buona idea, però devi cercare di essere ben preparata. È una professione molto stimolante, specialmente quando ci sono studenti brillanti come voi.
(Studentessa) Ha ragione, grazie del consiglio. Arrivederla!
(Professore) Arrivederci!

B. You will hear some questions asked during an interview at the university. Decide whether the student's response is appropriate in each case. You will hear each question-and-answer set twice. (8 points)

1. —Lei è contento della situazione universitaria?
   —No. L'università deve risolvere il problema dell'assistenza agli studenti.
2. —Perché ha intrapreso il suo corso di laurea?
   —Non studio perché non m'interessa.
3. —Quale carriera ha intenzione di seguire?
   —Mi piacerebbe specializzarmi in ingegneria.
4. —Cercherà un posto qui in paese?
   —Prima o poi spero di guadagnarmi la vita qui.
5. —Non le ha consigliato nessuno di andare in un'impresa nuova?
   —Sì, ho ricevuto quel suggerimento da tutti.

6. —Secondo lei, qual è il problema più grave nelle università di oggi?
   —Mancano i contatti tra l'università e le imprese.
7. —Dato che lei si orienta verso una carriera con un'impresa, le sue osservazioni le saranno utili nel futuro, non è vero?
   —Sì, la ascolto.
8. —Ha paura di laurearsi?
   —Sì, so che riuscirò a sistemarmi appena mi laureerò.

ESAME B: Comprensione

A. Listen to the dialogue twice, and decide whether each of the printed statements is true, false, or based on information not given in the dialogue. (8 points)

(Tonio) Ciao, Paola, cosa fai?
(Paola) Leggo la pagina degli annunci. Ho deciso di rispondere ad un annuncio di lavoro.
(Tonio) Hai trovato qualcosa di interessante?
(Paola) Sì, c'è un paio di offerte che sembrano appropriate alle mie qualifiche.
(Tonio) Sentiamo un po'!
(Paola) Ecco un'opportunità per una carriera in informatica. Questo lavoro richiede una laurea in matematica, una persona indipendente, almeno tre anni di esperienza.
(Tonio) Molto interessante! E che cosa offre?
(Paola) Offre un buono stipendio e possibilità di fare carriera.
(Tonio) Benissimo! Allora, presenta la tua domanda d'impiego e speriamo che riesca a sistemarti. Buona fortuna!
(Paola) Grazie, non voglio continuare ad essere disoccupata!

B. As you listen to the dialogue, complete the printed notes in one or two words. You will hear the dialogue twice. Stop the recording and read the questions before beginning. (7 points)

(Uomo) Allora, signora Sansone, lei è nel mondo del lavoro da parecchi anni. Sebbene attualmente vedere una donna nell'aula, nella fabbrica o nella gestione sia normale, non è stato sempre così. Vuole spiegarci come lei ha potuto guadagnarsi la vita tutti questi anni?
(Signora) Sì, ha ragione. Quando ero più giovane, sembrava che i posti più importanti fossero solo per gli uomini. Perciò ho deciso di scrivere libri: così nessuno mi poteva né assumere né licenziare.
(Uomo) Un'osservazione interessante! Con quale libro ha cominciato la sua carriera?
(Signora) Con un libro per bambini.
(Uomo) Se avesse avuto una scelta, avrebbe scritto il libro lo stesso?
(Signora) Sì, perché l'idea per il libro mi era venuta da un suggerimento di mia nipote Graziella.
(Uomo) Da sua nipote!

(Signora) Sì. Un giorno che lei non si sentiva bene, sono andata a visitarla. Mi ha detto "Zia, se tu potessi raccontarmi una storia, mi sentirei meglio." Così le ho raccontato una storia. Più raccontavo, più piaceva anche a me la storia. Quella storia è diventata il libro che ho scritto tanti anni fa.

Lezione 17

ESAME A: Comprensione

A. For each question you hear, write the letter of the appropriate response in the space provided. You will hear each question and set of possible answers twice. (7 points)

1. —Dove abiti?
    a. —Abito in un appartamento del centro.
    b. —L'abito è molto elegante.
2. —Quante persone abitano con te?
    a. —Siamo quattro studenti.
    b. —È proprio adatto per me.
3. —Quante stanze ci sono?
    a. —Due camere.
    b. —Al quarto piano.
4. —Come l'hai trovato?
    a. —Ho trovato una modesta pensione.
    b. —Ho letto gli annunci.
5. —Com'è l'affitto?
    a. —È un po' costoso.
    b. —È una casa molto comoda.
6. —È costoso il riscaldamento?
    a. —Sì, ma mi accontento nonostante il prezzo.
    b. —Il riscaldamento è centrale.
7. —Quando ti sei trasferita?
    a. —La prossima settimana.
    b. —Due mesi fa.

B. Listen to the conversation twice and decide whether each of the printed statements is true or false. (7 points)

(Carmela) Dove hai deciso di andare dopo il liceo?
(Francesco) Ho deciso di studiare all'università di Bologna.
(Carmela) Prenderai in affitto un appartamentino?
(Francesco) No, per fortuna andrò ad abitare con mio cugino che è andato a Bologna l'anno scorso.
(Carmela) Meno male. Ho sentito dire che è molto difficile trovare casa a Bologna.

(Francesco)   Sì, mio cugino ha dovuto fare una lunga ricerca per trovarla. Poi finalmente si è trasferito in quest'appartamento. È proprio nelle vicinanze dell'università.
(Carmela)   Com'è l'appartamento?
(Francesco)   È piccolo ma comodo. C'è una cucina piccola, un bagno ed ha il riscaldamento centrale.
(Carmela)   Sembra proprio adatto per voi due: tanto conveniente quanto comodo.
(Francesco)   Sì, mi piace molto.

ESAME B: Comprensione

A. For each question you hear, write the letter of the appropriate response in the space provided. You will hear each question and set of possible answers twice. (7 points)

1. Dove abiterai quando andrai all'università?
    a. Mi accontenterò di trasferirmi.
    b. In una modesta pensione.
2. È facile trovare casa in questa città?
    a. Sì, c'è un grande numero di appartamenti liberi.
    b. Sì, è molto occupata.
3. Da quanto tempo stai cercando casa?
    a. Se avessi tempo, la cercherei.
    b. Da molto tempo, ma non sono ancora scoraggiato.
4. Conosci la zona?
    a. No, mi sono trasferito qui la settimana scorsa.
    b. No, ma la ringrazio.
5. Vuoi che ti dia l'annuncio che ho trovato nel giornale?
    a. Mi farebbe piacere.
    b. Non mi sembra proprio l'abito adatto.
6. Perché cerchi un appartamento adesso?
    a. Non è lontano dalla mia casa.
    b. Non voglio più fare il pendolare.
7. Che tipo di appartamento avevi in mente?
    a. Uno nel policlinico.
    b. Uno in periferia.

B. Signora Minelli is placing an ad in the newspaper. Listen to the following dialogue twice and decide whether each of the printed statements is true or false. (8 points)

(Signora)   Vorrei mettere un annuncio sul giornale per la sezione "Appartamenti da affittare", ma non so come scriverlo.
(Signore)   Non si preoccupi. Lo faremo insieme. Dov'è l'appartamento?
(Signora)   In via San Matteo, vicino all'università.
(Signore)   A quale piano?
(Signora)   Al quarto piano.

(Signore)	Vuole mettere qualche caratteristica speciale?
(Signora)	Sì, ha un bagno con doccia e riscaldamento autonomo.
(Signore)	Quante stanze?
(Signora)	Ci sono due camere, un salotto e la cucina.
(Signore)	Bene. Ora mi dica il numero da chiamare e quando è preferibile telefonare.
(Signora)	Preferisco che mi chiamino nel pomeriggio al 30.42.5.
(Signore)	Grazie, arrivederla.
(Signora)	Grazie a lei.

Lezione 18

ESAME A: Comprensione

A. Listen to the following telephone conversation twice and decide whether each of the printed statements is true or false. (8 points)

(Elena)	Pronto, Sabrina? Cosa fai?
(Sabrina)	Ciao, Elena. Non ho molto da fare oggi; sto ascoltando la radio. C'è un programma con il mio cantante preferito.
(Elena)	Vorresti venire con me a fare le spese in centro? Hanno aperto un nuovo negozio che vorrei andare a vedere.
(Sabrina)	Certamente. Stavo pensando di comprare una nuova camicetta da indossare all'opera.
(Elena)	Benissimo, perché non andiamo verso le undici? Dopo possiamo andare a pranzo Alla Cantina dove il cibo è così buono!
(Sabrina)	Come posso dire di no ad un'offerta così interessante? Ci vediamo fra un'ora, alla stazione della metropolitana. Va bene?
(Elena)	Io veramente volevo andare con la mia macchina perché dovremo portare gli acquisti.
(Sabrina)	Non penso che sia una buona idea, Elena. È meglio non essere nel traffico a quest'ora. Ci sono sempre tante macchine.
(Elena)	Hai ragione, non vogliamo perdere tempo.
(Sabrina)	Allora, ci vediamo fra un'ora alla metropolitana di via Como. Ciao!
(Elena)	Ciao! A presto!

B. Listen twice to the following exchanges. As you listen, identify the means of transportation that is being used or discussed. Write the letter of the correct choice in the space provided. (7 points)

1. —È il mio mezzo di trasporto preferito, perché non resta fermo nel traffico.
   —Sì, e poi è più veloce!
2. —Che confusione con tante macchine!
   —Hai ragione, ma meno male che non dobbiamo guidare.

3. —Guarda! Quel signore ha lasciato l'auto in mezzo alla strada!
   —Sì, l'ho visto. Sta' attenta!
4. —Scusi, esco qui per tornare in città?
   —No. Vada alla prossima stazione.
5. —Ti devi ricordare di fermarti per la benzina.
   —Sì, hai ragione. Devo fare il pieno perché il viaggio è molto lungo.
6. —Mi scusi, conducente, mi può dire quando arriveremo alla biblioteca?
   —Fra quindici minuti.
7. —Hai controllato l'olio prima di partire?
   —Certamente. Lo faccio sempre quando vado lontano.

ESAME B: Comprensione

A. You will hear a series of exchanges twice. Write the letter of the logical response. (7 points)

1. Mi scusi, com'è il traffico nel centro in questi giorni?
   a. Peggio che mai.
   b. Per strada.
2. Dovrei lasciare la macchina a casa?
   a. No, prenda la metropolitana.
   b. Sì, se io fossi in lei, andrei a piedi.
3. Quando si muoverà il traffico?
   a. Deve aspettare pazientemente.
   b. A causa d'un incidente.
4. Ho sentito che la metropolitana è sempre piena di gente.
   a. Adesso si sente meglio?
   b. Sì, non posso respirare laggiù.
5. Ho paura che mi perderò se vado a piedi.
   a. Niente è successo.
   b. Non si preoccupi.
6. Temo che non ci sia una soluzione al traffico.
   a. Lei è troppo pessimista.
   b. Non perda tempo ad essere ottimista.
7. C'è un altro mezzo di trasporto per il museo?
   a. No, deve passare per questa strada piena di macchine.
   b. Se avessi più tempo, potresti intraprendere un'altra laurea.

B. You will hear a dialogue twice. As you listen, choose the most appropriate completion for each statement listed. (8 points)

(Uomo) Scusi, mi può dare delle informazioni?
(Donna) Sì, mi dica pure.
(Uomo) Sono nuovo in città e desidero sapere quali sono i migliori mezzi pubblici di trasporto per andare e venire al lavoro.

(Donna) Ha già una macchina?
(Uomo) No, e se fosse possibile, preferirei non comprarmi una macchina. Dopo, dovrei preoccuparmi del parcheggio, dell'assicurazione automobilistica e del traffico.
(Donna) Fa bene a pensare così. Se lo facessimo tutti, forse non ci sarebbero i gravi problemi del traffico che abbiamo in questa città. Comunque senza macchina può arrivare facilmente al lavoro. C'è la metropolitana oppure l'autobus.
(Uomo) Ho sentito che anche con l'autobus c'è il solito problema del traffico all'ora di punta.
(Donna) Certo, ma ricordi che con i mezzi pubblici di trasporto, lei lascia la responsabilità di guidare al conducente. Intanto può leggere il giornale o un buon libro, o semplicemente può guardare la città.
(Uomo) E se prendessi la metropolitana?
(Donna) Laggiù d'estate fa molto caldo. Almeno sarebbe meglio che aspettasse fino all'autunno per la metropolitana.
(Uomo) Mi ha convinto. Per conoscere meglio la città, prenderò l'autobus. Quando c'è troppo traffico, guarderò il panorama. Così non perderò tempo.
(Donna) Ottima soluzione!

Test Bank Answer Key

Lezione 1: Esame A

A. Franco: 1, 3, 4, 7   Rita: 2, 5, 6
B. Vero: 1, 4, 6, 7, 8   Falso: 2, 3, 5
C. 1. diciassette   2. sei, tre, uno, sette, tre, cinque, zero, due, nove, nove   3. trentacinque, dieci   4. sedici
D. 1. un orologio   2. uno sport   3. una sedia   4. un disco   5. uno zaino   6. un tavolo   7. un computer   8. un motorino
E. 1. un televisore   2. un giornale   3. un telefono   4. un'università   5. una rivista
F. Vero: 2, 3, 4, 5, 7, 9
G. 1. tu   2. lei   3. lei   4. voi   5. loro   6. tu   7. voi
H. sono, è, è, siamo, siamo, sei, siete, sono, è, sono
I. 1. ho, ha   2. avete, abbiamo   3. hai   4. ha   5. hanno, avete   6. avete
J. uno (una), una, un', una, un, uno, un, un, una, un, un, una, un, una
K. 1. Quanti anni hai?   2. Come ti chiami?   3. Come stai?   4. Di dove sei?   5. Frequenti il liceo o l'università?
L. 1. Roma   2. il Po   3. Mediterraneo   4. montagne   5. Firenze   6. venti   7. isole   8. la Svizzera (*or* la Francia), l'Austria   9. Lombardia   10. sud

Lezione 1: Esame B

A. (Michele) Vero: 1, 2, 5   Falso: 3, 4
   (Alberto) Vero: 2, 4   Falso: 1, 3, 5
B. Angelo: 2   Giovanni: 4, 5   Nessuno dei due: 1, 3
C. studenti, frequentare, di, medicina, anno, professore, musei
D. 1. cento   2. ottantotto   3. ventisette   4. sedici   5. ventisei   6. ventuno   7. sette   8. quindici   9. diciannove   10. undici   11. quarantaquattro   12. sessantatré   13. trentasette

E. 1. un telefono/un telefonino   2. un televisore   3. un giornale   4. una rivista   5. un'università
F. 1. Marco ha ventisette anni.   2. È il capoluogo del Veneto.   3. Elena studia a Padova.   4. No, Marco non studia.   5. Elena abita a Padova.
G. 1. tu   2. voi   3. voi   4. loro   5. lei
H. 1. lei   2. Lei   3. Lui   4. Loro   5. Noi
I. 1. siamo   2. siamo   3. è   4. sono   5. è   6. sono   7. sono   8. siamo   9. sono   10. è
J. 1. un   2. una   3. uno   4. un   5. un   6. una   7. un'   8. un   9. un'   10. uno
K. *Answers will vary.* 1. Mio fratello ha una radio.   2. Io ho un telefonino.   3. Tu e Annalisa avete un videoregistratore.   4. Luigi e Bruno hanno un computer.   5. Io e Tonio abbiamo un CD inglese.   6. La professoressa ha un motorino.   7. Tu hai uno stereo.   8. Lui ha un film italiano.   9. Le studentesse hanno un dizionario.   10. Laura ha un orologio.
L. *Answers will vary.*
M. 1. Roma   2. il Po   3. Mediterraneo   4. montagne   5. Firenze   6. venti   7. isole   8. la Svizzera (*or* la Francia), l'Austria   9. Lombardia   10. sud

Lezione 2: Esame A

A. 1. via Manzoni   2. figlio, figlia   3. gatto   4. Torino   5. meccanico   6. impiegata
B. Vero: 3, 5, 6, 7, 8   Falso: 1, 2, 4
C. 1. b   2. h   3. a   4. d   5. c   6. e   7. f   8. g
D. 1. Sono le due e dieci (del pomeriggio) *or* le quattordici e dieci   2. Sono le quattro e quindici (di mattina) *or* le quattro e un quarto   3. Sono le otto e trenta (di sera) *or* le venti e trenta *or* le otto e mezzo   4. Sono le undici e quarantacinque (di sera) *or* le ventitré e quarantacinque *or* mezzanotte meno un quarto
E. Vero: 4, 5, 7   Falso: 1, 2, 3, 6

F. 1. b 2. a 3. a 4. a 5. b 6. a 7. a
8. a

G. calendari, matite, libri, dizionari, calcolatrici, penne, videocassette, zaini, film, quaderni.

H. 1. l', la 2. le, la 3. lo, il 4. l', la
5. il, le

I. 1. L'orologio è di Stella. 2. Lo zaino è di Italo. 3. La radio è di Maria Giovanna. 4. Il quaderno è di Antonio. 5. I dizionari sono di Rosa. 6. I telefonini sono di Franco e Aldo. 7. Il giornale è di Nora. 8. La videocassetta è di Giancarlo. 9. La calcolatrice è di Anna. 10. Le riviste sono di Luisa.

J. La mia, mio, mia, i miei, I miei, i nostri, La loro, i nostri, le nostre, Nostro

K. Answers will vary.

L. 1. b. 2. a 3. b

Lezione 2: Esame B

A. Vero: 1, 2, 6 Falso: 5 Informazione non data: 3, 4, 7

B. Falso: 4, 5, 7

C. 1. d 2. a 3. b 4. c 5. e

D. 1. le dodici or mezzogiorno 2. le quattordici e quaranta or le due e quaranta (del pomeriggio) 3. le quindici or le tre (del pomeriggio) 4. le sei e trenta (di mattina) or le sei e mezzo 5. le venti e venticinque or le otto e venticinque (di sera)

E. Francesco: 1, 3, 4 Maria: 2, 5 Lo zio: 6, 7

F. 1. d 2. c 3. g 4. i 5. h 6. f 7. a
8. b

G. 1. audiocassette 2. registratori 3. sedie
4. calcolatrici 5. dischi 6. computer
7. quaderni 8. radio 9. riviste 10. film
11. giornali 12. televisori 13. orologi

H. (Michelina 1) il (Stefania 1) la (M2) i, le
(S2) il, il (S3) lo, i

I. Answers will vary. 1. Il videoregistratore è di Michele. 2. Le matite sono di Adriana.
3. Il computer è di Pietro. 4. Il motorino è di Michele. 5. La macchina è di Alessandro.
6. I quindici CD sono di Rosalba e Aldo.
7. Lo zaino è di Alberto. 8. Gli orologi sono di Marco e Luisa. 9. Il calendario è di Luigi.
10. La musica è di Giulia.

J. mio, la mia, il suo, i miei, le mie, le loro, I suoi, sua, suo, la nostra

K. Answers will vary.

L. 1. a 2. a 3. b

Lezione 3: Esame A

A. Vero: 3, 4, 8 Falso: 1, 2, 5, 6, 7

B. 1. a 2. b 3. b 4. b 5. a 6. b 7. a

C. cinema, museo, ristorante, supermercato, chiesa, biblioteca, gelateria, stazione

D. ha, hanno, ha, ho, hai, ha, abbiamo

E. 1. prendermi 2. di 3. Prima 4. oggi
5. in

F. a. 3, 2, 1, 4 b. 3, 2, 4, 1 c. 1, 3, 4, 2

G. 1. frequento, insegna 2. parlate, desideriamo
3. aspettano, incontrano 4. passi, Lavori
5. guida, arriva 6. trovano, cercano 7. paghi

H. sul, sul, sulle, nello, al, alle, alla, del, dalle, alle, al, nel

I. Ecco, ci sono, ci sono, c'è, c'è, Ci sono, c'è, c'è, Ecco, c'è, c'è, C'è, c'è, c'è

J. Answers will vary.

K. 1. a 2. c 3. c

Lezione 3: Esame B

A. È una buona idea: 4, 5, 6

B. 1. donna 2. di sera 3. sei, otto 4. sì
5. classica 6. no 7. professoressa 8. in un appartamento 9. al centro

C. 1. h 2. k 3. c 4. m 5. q 6. j 7. a
8. l 9. d 10. g 11. i 12. e 13. b
14. n 15. o

D. Vero: 1, 4, 9, 11, 13, 14, 15 Falso: 2, 3, 5, 6, 7, 8, 10, 12

E. entrano, desiderano, guarda, trova, cerca, trova, pensano, comprate, aspettano, pagano

F. di, all', dell', delle, in, delle, al, a, alle, nei

G. 1. Io ho sete oggi. 2. Ma tu hai sempre fame! 3. Noi non abbiamo voglia di lavorare.
4. Voi non avete voglia di studiare. 5. Maria, hai freddo? 6. No, ho caldo! 7. Carlo ha bisogno di un computer. 8. E noi abbiamo bisogno di carta. 9. Marta e Luigi hanno sempre fretta! 10. Sì, e io ho sempre sonno!

H. C'è, ci sono, Ci sono, c'è, C'è, ci sono, Ecco, C'è, Ci sono, Ecco
I. *Answers will vary.*
J. 1. a 2. c 3. b

Lezione 4: Esame A

A. 1. e 2. d 3. d 4. d 5. b 6. b 7. c
B. Vero: 1, 2, 3, 4, 5, 7 Falso: 6, 8
C. impossibile, confusione, attesa, po' di pazienza, l'autobus, teatro, all'aperto, qualcosa da mangiare
D. 1, 3, 6, 5, 2, 4, 7
E. 1. c 2. a 3. a 4. c 5. c
F. 1. e 2. i 3. b 4. g 5. d 6. a 7. j 8. c 9. f 10. h
G. 1. discuto, leggo 2. risponde, chiede 3. perdi, chiudete 4. ricevono, scrivono 5. prendiamo, decidiamo 6. riceve, mette 7. conosciamo, credono 8. vendo
H. 1. Come 2. Quando 3. chi 4. Quanto 5. Quando 6. Cosa *or* Che *or* Che cosa 7. chi 8. Dove 9. Chi 10. Perché 11. Come 12. Quale 13. Perché 14. chi 15. Perché
I. stai, fai, fa, sto, dai, do, dà, fate, facciamo
J. *Answers will vary.*
K. 1. c 2. b 3. b

Lezione 4: Esame B

A. 1. Informale, al cinema 2. Formale, al telefono 3. Informale, al telefono 4. Informale, al telefono 5. Formale, al bar 6. Formale, al bar 7. Informale, all'università 8. Formale, al cinema
B. 1. c 2. b 3. b 4. b 5. b 6. b 7. a
C. 1. i 2. e 3. c 4. g 5. b 6. f 7. a 8. h 9. d 10. j
D. domani, vedere, mercoledì, Dopodomani, sera
E. Vero: 3, 5, 6, 9 Falso: 1, 2, 4, 7, 8, 10
F. 1. d 2. b 3. e 4. a 5. c
G. conosci, prendiamo, discutiamo, vedere, chiedo, decide, legge, crede, decidi, scrivete, scrivono, rispondo, chiudo

H. 1. Come 2. Dove 3. chi 4. chi 5. Perché 6. Cosa *or* Che cosa 7. Cosa *or* Che cosa 8. Dove 9. Quanto 10. Come 11. Quando 12. Cosa *or* Che cosa *or* Che
I. fai, Vedo, facciamo, fa, scrivo, stiamo, facciamo, fa, leggo, scrivo
J. stanno, Fa, diamo, stanno, faccio, sta
K. *Answers will vary.*
L. 1. c 2. b 3. b

Lezione 5: Esame A

A. Vero: 1, 2, 5, 7, 8, 9 Falso: 3, 4, 6
B. 1. c 2. a 3. a 4. c 5. b 6. a
C. centro, eleganti, vetrina, gente, acquisti, cari, mercato, alti
D. 1. g 2. i 3. h 4. a 5. f 6. e 7. d
E. 1. c 2. a 3. c 4. b 5. c 6. a 7. b
F. 1, 8, 3, 6, 4, 2, 7, 5
G. 1. dinamica 2. simpatiche 3. noiosi 4. bei 5. corto 6. vecchia 7. difficili 8. giovani 9. buon 10. allegra 11. scortesi 12. ricca
H. dormono, parte, spedisce, puliscono, sente, preferisce, servo, finisco, restituisco, apre, segue, partono, preferisci, suggerite, soffri
I. 1. andiamo 2. viene 3. vengono 4. va 5. vai 6. vieni 7. Andate 8. vado 9. Vieni 10. vanno 11. vengo 12. venite
J. *Answers will vary.*
K. 1. c 2. c 3. b

Lezione 5: Esame B

A. *Answers will vary.* 1. È vecchia. 2. in vetrina 3. È cara. 4. economici 5. al centro
B. Logica: 2, 3 Illogica: 1, 4, 5
C. 1. venire 2. fare 3. allegria 4. passeggiare 5. economico
D. Opposing meanings: 1, 2, 4, 6, 8, 10
E. Vero: 3, 6, 7, 8 Falso: 2 Informazione non data: 1, 4, 5
F. 1. d 2. e 3. g 4. a 5. b 6. f 7. c
G. 1. dinamica 2. divertenti 3. francesi 4. bei 5. inglese 6. italiane 7. bella

8. eleganti   9. tedeschi   10. bell'
11. originali   12. buon   13. vecchi

H. 1. segue, offre   2. preferiscono, sentono
3. apro, capisco   4. ubbidisce, finisce
5. soffre, dormiamo   6. restituiscono, puliscono   7. parte, serve   8. suggerisco

I. vieni, Vengo, andiamo, Va, Vengo, Viene, vado, vai, vieni, andate, Andiamo, vengo, vai

J. *Answers will vary.*

K. Vero: 1, 3   Falso: 2

Lezione 6: Esame A

A. Vero: 5, 7   Falso: 1, 2, 3, 4, 6

B. Stefano: 1, 2, 3, 5   Maurizio: 5, 6, 7
Laura: 4, 5, 8

C. Ieri, divertente, pizza, birra, Stati Uniti, buoni

D. 1. h   2. i   3. n   4. e   5. a   6. o   7. g
8. l   9. d   10. j   11. f   12. m

E. *Answers will vary.* 1. Frequenta l'università.
2. Non offrono dormitori.   3. in appartamenti o in famiglia   4. nelle maggiori città   5. dall'anno 1000

F. 1. b   2. a   3. e   4. f   5. c

G. 1. abbiamo organizzato, è andato   2. ho ordinato, hanno portato   3. è arrivata, sono arrivati   4. sei uscito/a, sono entrate   5. ha cantato, abbiamo ballato, ha dimenticato   6. avete giocato, ha dormito   7. sono partiti, abbiamo pulito, abbiamo mangiato

H. ha chiesto, ho fatto, ho risposto, abbiamo scritto, abbiamo detto, hai speso, abbiamo deciso, ho preso, ha bevuto, abbiamo offerto, sono rimaste, siamo tornati/e

I. 1. beve, dice   2. beviamo, diciamo
3. escono, dicono   4. esci, bevete

J. *Answers will vary.*

K. Vero: 1   Falso: 2, 3

Lezione 6: Esame B

A. Vero: 3, 5, 6, 7   Falso: 1, 2, 4

B. Logica: 1, 4, 6   Illogica: 2, 3, 5, 7, 8

C. 1. pizzeria   2. meccanico   3. marca
4. favolosa   5. birra   6. in   7. il   8. fa
9. scorso   10. ottobre

D. 1. velocemente   2. inverno   3. primavera
4. tutto   5. ultimo   6. bere

E. 1. molto tempo fa   2. cinque giorni fa
3. qualche tempo fa   4. già   5. aprile, maggio e giugno

F. Vero: 2, 3, 6, 9   Falso: 1, 4, 5, 7, 8, 10

G. siamo andate, siamo entrate, È stata, siamo restate, abbiamo veduto/visto, siamo uscite, Siamo andate, abbiamo ordinato, abbiamo fatto, abbiamo guardato, siamo ritornate, abbiamo ascoltato, abbiamo telefonato, Abbiamo parlato, è andata

H. 1. sei andato   2. ho ricevuto   3. è partito
4. sono ritornate   5. sono arrivati

I. ho veduto/visto, è nato, abbiamo fatto, Abbiamo invitato, Sono venuti, abbiamo discusso, sono stati, hanno aperto, hanno mangiato, sono rimasti

J. usciamo, beviamo, beve, bevo, dice, dico, escono, dicono, bevono, dici

K. *Answers will vary.*

L. Vero: 2, 3   Falso: 1

Lezione 7: Esame A

A. 1. a   2. b   3. b   4. a   5. a   6. a   7. c

B. 1. a   2. c   3. b   4. c   5. c   6. b   7. b
8. a

C. 1. dolci   2. ogni tanto   3. scelta   4. verdura
5. fresco   6. arancia   7. al chilo
8. bancarella   9. sale   10. fare la spesa

D. 1. tiramisù   2. melanzana   3. pesce
4. ciliegia   5. uva

E. Vero: 1, 5, 6, 8, 9, 10   Falso: 2, 3, 4, 7

F. 4, 5, 3, 1, 2

G. 1. ti alzi   2. mi alzo, mi sono svegliata, mi sono addormentata, Mi sono dimenticata
3. ci siamo fermate, ci siamo divertite   4. ci siamo preparate, si è sentita   5. vi siete annoiate

H. 1. bevi   2. spedite   3. Finiamo   4. Prendete
5. pulite   6. abbi   7. da'   8. Di'   9. Sta'
10. fare

I. si preoccupi, Vada, giri, segua, prenda, continui

J. 1. facciano, Prendano   2. metta, dia
3. Restituiscano   4. scriva, Venga

K. 1. del, della   2. delle, dei   3. del, dei
4. dell', degli
L. *Answers will vary.*
M. Vero: 2, 3   Falso: 1

Lezione 7: Esame B

A. Vero: 2, 4   Falso: 1, 3, 5, 6, 7, 8
B. 1. b   2. c   3. a   4. a   5. c   6. b   7. c
C. *Answers will vary.*
D. 1. millequattrocentocinquanta
2. quattromilacinquecento
3. cinquantaduemilatrecento
4. un milione
5. centocinquantamila
E. *Answers will vary.* 1. Sono di Milano.   2. Sono architetti.   3. Hanno poco tempo.   4. Lei cucina.   5. al mercato   6. verdura e fiori
7. Sono freschi.
F. 1. Da'   2. Abbi   3. Va'   4. fare   5. Sii
6. Sta'
G. 1. rispondi   2. aspetta   3. scrivete
4. aprire   5. mettiamo   6. tornate
7. guarda   8. chiudere   9. finite
H. mi sono svegliato, mi sono preparato, mi sveglio, mi sono lavato, mi sono vestito, mi sono fermato, ci siamo messi, mi sono sentito, mi sono preoccupato, Mi sono sentito
I. 1. ascoltino   2. Cerchi   3. si preoccupino
4. Abbiano   5. facciano   6. restituisca
7. dia   8. vadano   9. sia   10. mettano
J. 1. del   2. del, dei   3. della   4. delle, degli
5. dell', del
K. *Answers will vary.*
L. Vero: 2, 3   Falso: 1

Lezione 8: Esame A

A. 1. d   2. e   3. a   4. b   5. f   6. h   7. g
8. c
B. 1. a   2. b   3. a   4. b   5. a   6. a   7. c
C. 1. d   2. f   3. b   4. n   5. m   6. g   7. o
8. a   9. l   10. e   11. c   12. j   13. k
14. i   15. h
D. Vero: 2, 6, 10   Falso: 1, 3, 4, 5, 7, 8, 9

E. 1. voglio, devo   2. vogliono, possono
3. vuole, deve   4. puoi, devi   5. volete, dovete   6. vogliamo, dobbiamo
F. 1. queste   2. quest'   3. Quegli   4. quel
5. questo   6. quei   7. quest', quello
8. queste   9. quegli
G. 1. mi   2. ci   3. le   4. capirle   5. li   6. Vi
7. accompagnarti   8. lo
H. 1. l'ho capita   2. l'abbiamo visto   3. ci hanno chiamato   4. li hanno discussi
5. Le ho invitate   6. l'ho fatta   7. mi ha accompagnato   8. le abbiamo portate
9. ti hanno trovato   10. li abbiamo sentiti
I. *Answers will vary.*
J. Vero: 2   Falso: 1, 3

Lezione 8: Esame B

A. Vero: 1, 3, 7   Falso: 2, 4, 5, 6, 8
B. 1. h   2. a   3. e   4. f   5. b   6. c   7. d
C. da fare, giocare a tennis, programma, cancellare, lezione di guida, cominciare a, nonni
D. 1. g   2. d   3. b   4. a   5. j   6. f   7. h
8. c
E. 1. tre   2. ingegnere   3. una biblioteca
4. un appartamento   5. giardino   6. due
7. nella strada   8. Salerno   9. sette   10. le figlie (*or* le bambine)
F. 1. Voglio, posso, devo   2. Vogliamo
3. Devono, vogliono   4. Vuole, può   5. vuoi, puoi
G. 1. quella, questa   2. quell', Questo
3. questi, quel   4. queste, quelle   5. queste, quel
H. 1. la guardo   2. li leggo   3. le ascolto
4. le capisco   5. visitarvi   6. la posso
7. accompagnarti   8. lo voglio   9. Mi incontrate *or* Incontratemi   10. La chiamo
I. 1. l'ho comprata   2. li ha chiamati   3. l'hai comprato   4. l'abbiamo fatto   5. li hanno chiamati   6. vi hanno invitato   7. le ho portate   8. mi ha accompagnato   9. l'ho presa   10. le abbiamo chiuse
J. *Answers will vary.*
K. Vero: 2   Falso: 1, 3

Lezione 9: Esame A

A. Vero: 1, 2, 4, 6, 7 Falso: 3, 5
B. Logica: 1, 4, 5, 6 Illogica: 2, 3, 7, 8
C. 1. h 2. a 3. e 4. g 5. d 6. c 7. b
D. 1. e 2. h 3. a 4. j 5. b 6. i 7. f 8. d 9. l 10. g
E. Vero: 2, 4, 5, 6, 7, 8, 10 Falso: 1, 3, 9
F. ero, andavo, andavamo, facevamo, ci divertivamo, diceva, ascoltavo, mangiavamo, bevevano, parlavamo, mi addormentavo, pensavo, mi svegliavo, volevo, Erano
G. 1. Non incontro nessuno 2. non scriviamo mai 3. non hanno parlato né francese né italiano 4. non esce più 5. non hanno capito affatto 6. Non facciamo niente 7. non ho cominciato ancora (*or* non ho ancora cominciato) 8. non ha nemmeno (*or* neppure, neanche) 9. non telefonano mai 10. non ho nessun
H. 1. noi 2. te 3. lui 4. sé 5. lei 6. loro 7. me 8. lei 9. loro 10. voi 11. loro 12. sé 13. te
I. *Answers will vary.*
J. francobolli, biglietti, sigari

Lezione 9: Esame B

A. 1. b 2. c 3. b 4. c 5. b 6. b 7. a
B. 1. b 2. c 3. c 4. a 5. a 6. a 7. c 8. a
C. 1. d 2. f 3. e 4. h 5. b 6. c 7. i 8. a
D. ogni mese, di quando in quando (*or* a volte, ogni tanto, di tanto in tanto), Di solito, Qualche volta, ogni settimana, A volte, Ogni tanto, raramente (*or* di rado)
E. Pertinente: 2, 3, 6, 8 Non pertinente: 1, 4, 5, 7, 9, 10
F. facevi, Parlavo, parlavi, Era, vedevo, abitava, studiavamo, frequentavamo, uscivamo, avevi, uscivo, spiegavo, mi sentivo
G. 1. Non conosco nessuno 2. Non telefoniamo mai 3. non vanno più 4. non ho cambiato idea affatto 5. non prende niente 6. non uso ancora 7. non vogliono né tè freddo né caffè 8. Non abbiamo trovato niente (nulla) 9. Non hanno nemmeno (*or* neppure, neanche) 10. non ho nessuna 11. non lo studio più 12. Nessuno
H. 1. te, me 2. noi, voi 3. me, loro 4. lui 5. lei, sé 6. voi 7. lei, me
I. *Answers will vary.*
J. 1. c 2. b 3. a

Lezione 10: Esame A

A. 1. g 2. h 3. l 4. d 5. a 6. c 7. k 8. f 9. i 10. j
B. Vero: 3, 5 Falso: 1, 2, 4
C. *Answers will vary. Possible answers:* 1a. una maglia di lana 1b. una sciarpa di lana 2a. un vestito di seta 2b. una cravatta di seta 3a. un paio di sandali di cuoio 3b. un costume da bagno di poliestere
D. 1. d 2. f 3. g 4. k 5. e 6. a 7. c 8. h 9. i
E. 1. e 2. b 3. d 4. a 5. f 6. c 7. h 8. g 9. i
F. Vero: 1, 2, 3, 7 Falso: 4, 5, 6
G. 1. preparava, leggeva 2. andavamo, guardavamo 3. ascoltava, è entrato 4. era, è andato, ha comprato 5. è rimasta
H. 1. giacche 2. simpatici 3. larghi 4. ciliege 5. biblioteche 6. dischi 7. laghi 8. lunghi 9. ricchi 10. alberghi 11. parchi 12. amici 13. banche
I. 1. conosco 2. conoscono 3. sa 4. sappiamo 5. conosce 6. conoscete 7. sa 8. sanno 9. so 10. sanno 11. sai 12. So
J. *Answers will vary.*
K. 1. b 2. b 3. c

Lezione 10: Esame B

A. Alimentari: 4, 8, 9 Abbigliamento: 2, 3, 5, 7, 10 Musica e atmosfera: 1, 6
B. Vero: 2, 3, 4 Falso: 1, 5
C. 1. ha avuto luogo 2. belle 3. successo 4. vestiti 5. più
D. 1. maglie di lana 2. abito di seta 3. i sandali 4. l'impermeabile 5. lana 6. spogliarmi 7. lunghe 8. cuoio 9. misura

E. Vero: 1, 2, 4 Falso: 3, 5
F. 1. a, c 2. a, c 3. a, b
G. facevano, guardavano, hanno visto (*or* hanno veduto), mangiava, è caduto, era, si è messo, si sentiva, voleva, è arrivato, ha cambiato
H. Era, dormivo, ho sentito, Avevo, volevo, dormiva, Era, sorrideva, dormiva, mi sono alzato/a, sono andato/a, ho sentito, ho capito, parlava, dormiva
I. 1. Loro preferiscono ciliege rosse. 2. Noi conosciamo biologi esperti. 3. Le farmacie sono chiuse. 4. Le valige sono vecchie. 5. Noi conosciamo meccanici simpatici. 6. I medici sono bravi. 7. Le biblioteche sono antiche. 8. Le camicie non sono italiane. 9. Le autostrade non sono lunghe. 10. I laghi italiani sono meravigliosi.
J. conoscere, conosco, so, conosco, conosce, sa, conosce, sappiamo, sappiamo, sanno
K. *Answers will vary.*
L. 1. c 2. b 3. a

Lezione 11: Esame A

A. Vero: 1, 3, 5, 6 Falso: 2, 4, 7
B. 1. e 2. a 3. h 4. c 5. i 6. j 7. f 8. d
C. 1. il sapone 2. asciugarsi 3. la spugna 4. pettinarsi 5. la spazzola 6. le forbici 7. asciugacapelli 8. i denti 9. il naso 10. radersi
D. 1. b 2. b 3. c 4. a 5. a 6. a 7. c
E. 7, 1, 4, 5, 3, 2, 6, 8
F. loro, gli, le, mi, loro, ci, loro, mi, le, mi, vi, Vi, ti
G. 1. piace 2. piacciono 3. piace 4. piace 5. piacciono 6. piacciono 7. piace 8. piace 9. piace, piace
H. 1. piaceva 2. piaceva 3. è piaciuto 4. è piaciuto 5. è piaciuta 6. sono piaciute 7. piaceva 8. piaceva 9. piaceva
I. ci siamo viste (vedute), ci siamo abbracciate, ci siamo baciate, si sono fidanzati, si sposano, Si amano, vi vedete, Vi telefonate, Vi incontrate, Vi scrivete
J. *Answers will vary.*
K. 1. c 2. c 3. a

Lezione 11: Esame B

A. Logica: 1, 3, 4, 5, 8 Illogica: 2, 6, 7
B. 1. h 2. e 3. f 4. b 5. g 6. a 7. c
C. 1. j 2. g 3. d 4. a 5. e 6. k 7. i 8. c 9. b 10. f
D. 1. dentifricio, spazzolino 2. sapone 3. forbici 4. rasoio
E. 1. b 2. a 3. c 4. a 5. c
F. Vero: 2, 4, 8 Falso: 1, 3, 5, 6, 7
G. 1. Sì, vi ha telefonato. 2. No, non le ho parlato. 3. Sì, ci ha regalato un telefonino. 4. Sì, gli hanno offerto un caffè (*or* hanno offerto loro un caffè). 5. Sì, gli danno molti soldi (*or* danno loro molti soldi). 6. Sì, abbiamo tempo per risponderle. 7. Sì, ti hanno spedito la lettera. 8. Sì, gli è piaciuto il regalo. 9. No, non ho niente da chiedergli. 10. Sì, mi puoi spedire (*or* puoi spedirmi) un pacco.
H. 1. piacciono 2. piace 3. piace 4. piacciono 5. piacciono 6. piacciono
I. piaceva, piaceva, piaceva, è piaciuto, è piaciuta, piacevano, piacevano, è piaciuto
J. 1. si sono visti (veduti), si sono baciati 2. ci siamo incontrati, ci siamo abbracciati 3. ci aiutiamo, ci parliamo 4. vi telefonate, vi scrivete 5. vi date, vi mandate 6. si sono viste (vedute), si sono dette 7. ci conosciamo
K. *Answers will vary.*
L. 1. c 2. c 3. a

Lezione 12: Esame A

A. Vero: 2, 3, 5 Falso: 1, 4, 6, 7
B. 1. h 2. b 3. f 4. j 5. a 6. g 7. c 8. e
C. 1. denaro 2. domenica 3. rivenditore 4. partita 5. incontro 6. squadra 7. tifoso
D. 1. c 2. e 3. b 4. f 5. a 6. g 7. h 8. d
E. 1. a 2. a 3. b 4. b 5. c 6. c
F. 5, 3, 2, 4, 1
G. 1. andrò, darà 2. saranno 3. balleremo 4. ascolteremo, suonerà 5. verrà 6. usciranno 7. canterà 8. indosserò 9. spiegherai 10. dovranno 11. potrà

H. 1. scriverò, avrò (scrivo, ho) 2. saranno 3. vedremo 4. Partiranno, verrà (Partono, viene) 5. troverà, comprerà (trova, compra) 6. saranno 7. devo, viene (dovrò, verrà)

I. 1. aveva indossato 2. avevano comprato 3. ero tornata 4. avevano ballato 5. mi ero divertita 6. era diventato 7. avevamo mangiato 8. avevate portato 9. avevano pagato 10. avevano detto

J. 1. ne ho 2. ci 3. Ne 4. ci voglio andare (voglio andarci) 5. Ne 6. ci 7. Ci 8. Ci 9. ne

K. *Answers will vary.*

L. 1. c 2. c 3. a

Lezione 12: Esame B

A. Vero: 2, 3, 5, 6, 7 Falso: 1, 4

B. Logica: 2, 3, 6, 7 Illogica: 1, 4, 5, 8

C. 1. b 2. a 3. c 4. b 5. c 6. a 7. c 8. b 9. b

D. 1. f 2. b 3. h 4. k 5. e 6. d 7. j 8. c 9. a 10. g

E. 1. a 2. b 3. c 4. b 5. a 6. c

F. Vero: 1, 4, 5 Falso: 2, 3

G. andrà, Vorrà, Vedrà, incontrerà, potranno, partiranno, Saranno, vedranno, si divertiranno, dovranno

H. 1. Deciderà 2. verrai 3. Farà 4. arriverò 5. ti divertirai 6. Sarà 7. partiremo 8. Andrò 9. giocherà

I. erano andati, avevano visitato, avevo preparato, avevo suggerito, erano partiti, si erano fermati, erano arrivati, Avevano viaggiato, avevano deciso, si erano divertiti

J. 1. ne 2. Ci 3. ne 4. Ci 5. Ne 6. ci 7. ne 8. ci 9. ne 10. ci

K. *Answers will vary.*

L. 1. c 2. c 3. a

Lezione 13: Esame A

A. Cibo: 2 Bevande: 4, 5, 6 Festa: 1, 3, 7

B. Vero: 3, 4, 6, 7 Falso: 1, 2, 5, 8

C. *Answers will vary.* 1. il cucchiaio (la scodella) 2. la forchetta, il coltello (il piatto) 3. la tazza, il cucchiaino 4. il bicchiere 5. la forchetta, il coltello (il piatto)

D. 1. panettiere 2. pasticceria 3. salumiere 4. pescivendolo 5. macellaio 6. lattaio 7. salumeria 8. pasticceria 9. latteria 10. macelleria

E. Informazione data: 1, 3, 5, 6

F. *Possible answers:* 1. È a Roma. 2. una settimana 3. alle diciannove 4. No, andrà con Antonia. 5. Fa caldo. 6. un bel regalo 7. tante notizie nuove

G. Avresti, partirei, andremmo, rimarremmo, vorrebbe, faremmo, saremmo, ci sederemmo, berremmo, ci divertiremmo, mostreremmo, faremmo, Sarebbe

H. 1. Me le 2. Te la 3. Ve lo 4. glieli 5. glielo 6. le, loro 7. Ce li 8. la, loro 9. glielo 10. ve la

I. in cui, che, con cui, a cui, che, di cui, che, a cui, che, che

J. *Answers will vary.*

K. Vero: 3 Falso: 1, 2

Lezione 13: Esame B

A. Logica: 2, 3, 4, 6 Illogica: 1, 5, 7, 8

B. Vero: 1, 4, 6 Falso: 2, 3, 5, 7

C. 1. auguri 2. piatto 3. pescheria 4. cucchiaio 5. pasticciere 6. bicchiere 7. coltello, tovagliolo

D. 1. e 2. k 3. a 4. m 5. c 6. l 7. b 8. g 9. j 10. i 11. d 12. h

E. Vero: 2, 3, 4 Falso: 1, 5

F. Informazione data: 1, 2, 4, 5

G. 1. Vorrei 2. andremmo 3. Pagheresti 4. incontrerebbe 5. Farebbe 6. preferirebbero 7. potresti 8. Berremmo 9. Preparerei 10. Mangerei

H. 1. Gliele 2. me li 3. ce l' 4. gliel' 5. glielo 6. te lo 7. me le 8. ve lo 9. li, loro 10. ce la 11. ce le 12. gliele

I. 1. che 2. in cui 3. di cui 4. che 5. con cui 6. che 7. a cui 8. che 9. da cui 10. che 11. con cui 12. di cui

J. *Answers will vary.*

K. Vero: 3 Falso: 1, 2

Lezione 14: Esame A

A. 1. e 2. h 3. g 4. a 5. d 6. b 7. f 8. c
B. Vero: 3, 4, 6, 7 Falso: 1, 2, 5
C. 1. e 2. a 3. g 4. b 5. h 6. c 7. f 8. d 9. j 10. i
D. 1. d 2. h 3. a 4. g 5. b 6. e 7. c
E. 1. f 2. a 3. e 4. h 5. d 6. g 7. c 8. b
F. 1. a 2. b 3. a 4. a 5. a 6. a 7. b 8. b 9. b
G. 1. partiate 2. guardi 3. faccia 4. pulisca 5. vedano 6. finisca 7. cerchi 8. dia 9. venda 10. ci aiutiamo 11. possa 12. usciate 13. rimanga 14. vengano 15. siate
H. beva, porti, esca, mi tagli, rimangano, devo, telefonino, parlino, ascolti, capisca
I. 1. vengano 2. noleggi 3. sia 4. spenda 5. facciamo 6. abbia 7. prepari 8. diminuisca 9. presti 10. seguiate
J. *Answers will vary.*
K. Vero: 2, 3

Lezione 14: Esame B

A. Vero: 4, 6, 7, 8 Falso: 1, 2, 3, 5
B. Logica: 1, 2, 4, 6 Illogica: 3, 5, 7
C. 1. b 2. b 3. a 4. a 5. a 6. a 7. b 8. a 9. b 10. a
D. 1. h 2. l 3. g 4. a 5. d 6. e 7. f 8. i 9. k 10. c
E. Vero: 1, 2, 4, 5, 9, 10 Falso: 6, 8
   Informazione non data: 3, 7
F. 1. impari 2. vada 3. cerchiate 4. aiuti 5. beva 6. discutano 7. veda 8. rimaniate 9. venga 10. facciano 11. stiano 12. usciamo
G. 1. faccia 2. scriva 3. viaggi 4. arrivi 5. rimaniamo 6. esca 7. partano 8. diciamo 9. cucinino 10. troviate 11. cerchi 12. sappiano 13. ha
H. 1. stiamo 2. prepari 3. dorma 4. si vestano 5. prenda 6. beva 7. si preoccupi 8. abbiamo 9. sappiate 10. sia

I. *Answers will vary.*
J. Vero: 2, 3

Lezione 15: Esame A

A. Vero: 1, 4, 6, 7, 8 Falso: 2, 3, 5
B. 1. a 2. b 3. b 4. c 5. b 6. a 7. b
C. 1. h 2. g 3. e 4. a 5. b 6. c 7. d 8. f
D. 1. cartellone 2. tamburo 3. questo scenario 4. l'orario 5. il telefono 6. prenotazione 7. leggere
E. Logica: 4, 5 Illogica: 1, 2, 3
F. Vero: 1, 2, 3, 5, 6 Falso: 4, 7
G. 1. parlino 2. rimanga 3. abbia 4. ascolti 5. dorma 6. legga 7. conoscano 8. vogliate 9. partecipi
H. siano partiti, abbiano telefonato, abbiano perduto (*or* abbiano perso), si sia svegliato, siano arrivati, abbiano preso, abbiano deciso, abbia preparato, abbia avuto, abbiano pensato
I. 1. sia 2. mi intenda 3. possa 4. si senta 5. veniate
J. 1. si parla 2. Si ride 3. si vedono 4. si cucina 5. Si fanno 6. Si beve
K. 1. accenda, perdiamo 2. vengano, possano 3. vogliano, si divertano 4. continui, abbiano 5. facciano, suonano
L. *Answers will vary.*
M. 1. anglosassone 2. dai canali televisivi 3. alle Terme

Lezione 15: Esame B

A. 1. b 2. b 3. a 4. a 5. a 6. a 7. a
B. 1. b 2. a 3. c 4. b 5. a 6. a 7. c 8. c
C. 1. i 2. f 3. h 4. g 5. j 6. a 7. c 8. e
D. classica, interprete, la chitarra, concerto, serata, indimenticabile, eccezionale
E. 1. per il Comune 2. Non ha più lavoro. 3. disoccupata 4. L'ha riletta tre volte. 5. È molto organizzato.
F. 1. a 2. a 3. b 4. a 5. a 6. b 7. b

G. 1. vengano 2. sia 3. abbiamo 4. porti
5. conoscono 6. possiamo 7. arrivi
8. divertirmi 9. voglia, si senta

H. 1. siano arrivati 2. siano andate 3. abbia preso 4. abbiano saputo 5. abbia speso
6. vi siate divertiti 7. abbia partecipato
8. abbiamo frequentato 9. ci sia stato
10. abbia cantato

I. 1. compri 2. voglia 3. stiate 4. possa
5. abbia

J. 1. compri, preferisca 2. presti, chieda
3. scriva, abbia 4. faccia, dia 5. andiate, piova

K. 1. Si danno 2. Si pensa 3. si parla 4. Si paga 5. Non si spende

L. *Answers will vary.*

M. 1. anglosassone 2. dai canali televisivi
3. alle Terme

Lezione 16: Esame A

A. Vero: 1, 2, 3, 7 Falso: 4, 5, 6

B. Appropriata: 1, 3, 4, 5, 6

C. 1. b 2. g 3. d 4. e 5. h 6. a 7. i

D. colloquio, tempo, impiego, gestione, richiedono, laurea, qualifiche, capo

E. Vero: 1, 2, 3, 5, 7, 8

F. 1. si sistemassero 2. si licenziasse
3. assumesse 4. si laureasse 5. licenziasse
6. mi orientassi 7. faceste

G. 1. fossero stati, fossero venuti 2. avesse trovato, avesse perso 3. avessimo capito, avessimo potuto 4. aveste offerto, fosse riuscita

H. 1. andrò 2. partiremmo 3. puoi
4. conoscesse 5. farebbe 6. dovrò
7. avessimo 8. offrissero 9. vieni

I. 1. faceste (aveste fatto) 2. finisca (abbia finito) 3. ritornassimo (fossimo ritornati/e)
4. ti alzassi (ti fossi alzato) 5. arrivassimo (fossimo arrivati/e) 6. preparassi
7. conosceste (aveste conosciuto) 8. trovassi
9. durasse (fosse durato)

J. 1. Io non avrei viaggiato . . . 2. Io e Pina non avremmo dormito . . . 3. Tu, Ada, non avresti mangiato . . . 4. Tu ed Adriana non sareste andati/e . . . 5. Marcella non avrebbe comprato . . . 6. Io non mi sarei fatto/a tagliare . . . 7. Io non avrei speso . . .

K. *Answers will vary.*

L. 1. Brunelleschi 2. fiorentino 3. Giovanni Boccaccio

Lezione 16: Esame B

A. Vero: 1, 2, 3, 6, 7, 8 Falso: 4
Informazione non data: 5

B. 1. gli uomini 2. scrive libri 3. assumere, licenziare 4. bambini 5. nipote 6. libro
7. anni

C. 1. una domanda d'impiego 2. sostenere un colloquio 3. uno stipendio 4. di poche ore
5. sistemare 6. di ferie 7. soddisfatta

D. laureati, lavoro, poche, riuscire, interdisciplinare, possibilità, professioni, sta per

E. Vero: 1, 2, 3, 5, 7, 8 Falso: 4, 6, 9, 10

F. 1. facessi, ti sentissi 2. partecipassi, volessi 3. aiutaste, metteste 4. si laureasse, dovessi 5. esprimeste, foste 6. riuscissimo, ci sistemassimo 7. preferisse, combinasse
8. si lamentassero, ascoltassi 9. scegliessi, finissi

G. 1. avessimo fatto 2. avessi finito 3. avessi saputo 4. fosse arrivato 5. fossero riusciti
6. fosse rimasta 7. avessi lasciato

H. 1. continuerai 2. studierei 3. finirò
4. andreste 5. avessimo 6. avessi invitato
7. avessi perduto (perso)

I. aiuti, prepari, si affretti, andare, prenda, deve (dovrà), arrivano (arriveranno), farebbe, decide (ha deciso)

J. *Answers will vary.*

K. 1. Brunelleschi 2. fiorentino 3. Giovanni Boccaccio

Lezione 17: Esame A

A. 1. a 2. a 3. a 4. b 5. a 6. a 7. b

B. Vero: 1, 3, 5, 6 Falso: 2, 4, 7

C. trasferirvi, ricerca, comodo, vicino a, centrale, lavatrice, camino

D. 1. b 2. a 3. b 4. b 5. a 6. a 7. a
8. b

D. 1. b 2. a 3. b 4. b 5. a 6. a 7. a 8. b
E. 1. c 2. d 3. b 4. f 5. e
F. Vero: 1, 4, 5, 6, 7, 8 Falso: 2, 3
G. 1. al mare 2. per due mesi 3. È vicina al mare. 4. sei 5. 48.51.9
H. 1. tanto grande quanto (or così grande come) 2. tanto moderna quanto (or così moderna come) 3. tanta, quanto 4. tanto, quanto (or così, come) 5. tante, quante 6. tanto quanto 7. tanto nuovo come (or così nuovo come)
I. 1. meno intelligente di 2. più alti di 3. più pigro di 4. più nervoso che 5. più antipatica che 6. più studiosi che 7. meno ambiziosa che 8. studia meno di 9. frequentano più 10. si prepara più degli
J. 1. Sto guardando 2. Stava pensando 3. stavano salutando 4. Stiamo cercando 5. Stavate dormendo 6. stanno prendendo 7. stava spiegando 8. Stai mettendo 9. Si stava lavando, stava ascoltando
K. già, ancora, abbastanza, forse, troppo, mai, raramente, sempre, particolarmente, qui
L. *Answers will vary.*
M. True: 1

Lezione 17: Esame B

A. 1. b 2. a 3. b 4. a 5. a 6. b 7. b
B. Vero: 1, 2, 3, 7, 8 Falso: 4, 5, 6
C. 1. a 2. c 3. b 4. a 5. b 6. c 7. a
D. in cerca di, alloggio, annunci, camere, bagno, piano, cucina, appartamenti
E. 1. l'aspirapolvere 2. scaffale, libreria 3. frigorifero 4. lavastoviglie 5. poltrona
F. 1. una villa 2. per due mesi 3. una vista panoramica 4. nel garage 5. due amici
G. Vero: 3, 4, 5
H. 1. più che 2. più spesso di 3. tanto intelligente quanto (or) così . . . come 4. più penne degli 5. meno . . . che 6. tanto . . . quanto (or) così . . . come 7. più serio di 8. tanto quanto 9. più libri che 10. tante matite quante 11. più riviste che 12. tanto grande quanto (or) così . . . come 13. tanto quanto 14. meno nervosa di 15. più onesta che

I. 1. stai facendo, Sto ascoltando 2. stavi parlando, Stavo chiedendo 3. state ordinando, Stiamo prendendo 4. stavi scrivendo, Stavo spedendo 5. stai pulendo, Sto cercando
J. stavo suonando, stava finendo, stava pensando, si stavano lamentando (or stavano lamentandosi), stava piovendo, si stava facendo (or stava facendosi), stava cantando, stavamo facendo, stava dormendo, stava guardando
K. 1. particolarmente 2. ancora 3. abbastanza 4. regolarmente 5. mai
L. *Answers will vary.*
M. True: 1

Lezione 18: Esame A

A. Vero: 1, 2, 4, 5, 6, 8 Falso: 3, 7
B. 1. a 2. b 3. c 4. a 5. c 6. b 7. c
C. impossibile, poi, Ormai, peggio che mai, pessimista, incidenti, traffico
D. 1. c 2. g 3. f 4. h 5. e 6. a 7. j 8. b
E. Vero: 1, 3, 4, 6, 7, 8 Falso: 2, 5
F. Vero: 1, 3, 4, 5, 6
G. 1. le più larghe 2. il più impossibile 3. i più nervosi 4. i più veloci 5. la più comoda 6. il più pessimista 7. la più stanca
H. 1. vecchissimo 2. antichissima 3. grandissimi 4. bellissime 5. simpaticissime 6. buonissimi 7. gentilissimo
I. 1. peggiore 2. il migliore 3. minima 4. la maggiore 5. la peggiore 6. ottimi (buonissimi) 7. il minore 8. i peggiori 9. il massimo 10. maggiore
J. meglio, meno, peggio, più, meno
K. ___, di, a, ___, a, di, di, di, a, a
L. *Answers will vary.*
M. Vero: 2

Lezione 18: Esame B

A. 1. a 2. b 3. a 4. b 5. b 6. a 7. a
B. 1. b 2. a 3. a 4. b 5. a 6. b 7. b 8. b

C. 1. c 2. b 3. a 4. f 5. d 6. h 7. j 8. g
D. 1. con i viaggi 2. comoda e conveniente 3. sì 4. di noleggiare una macchina 5. per tutti
E. 1. di bellezze naturali e di oggetti d'arte 2. tutti i paesi del mondo 3. bloccate 4. molti anni fa 5. la metropolitana e gli autobus
F. 1. più grande 2. le più piccole 3. la meno invivibile 4. il più veloce 5. più duro 6. la più dinamica 7. i meno simpatici 8. le più strette
G. 1. bellissimo 2. poverissime 3. benissimo 4. giovanissimo 5. antipaticissime 6. cattivissimi 7. intelligentissima
H. 1. minore 2. i maggiori 3. la migliore 4. peggiore 5. la minore 6. i peggiori 7. migliore 8. i migliori 9. maggiore
I. massima, minima, ottimi, pessima, ottima
J. 1. meno 2. peggio 3. meglio 4. più 5. meglio 6. meno 7. più 8. meglio
K. 1. di, di 2. di, di 3. a, ____ 4. ____, ____ 5. a, ____
L. *Answers will vary.*
M. Vero: 2